Seria
Daniel Gol

DANIEL GOLEMAN (n. 7 martie 1946) e psiholog și cercetător în psihologie clinică și științe comportamentale, discipline în care și-a obținut doctoratul la Harvard. Este autorul bestsellerului internațional *Inteligența emoțională*, publicat pentru prima dată în 1995. A primit premiul Career Achievement (Premiul pentru Întreaga Carieră) din partea American Psychological Association (Asociația Americană de Psihologie). A colaborat cu numeroase publicații prestigioase, printre care *The New York Times*, *People*, *Time*, *Journal of Social and Clinical Psychology*, *Psychology Today*, *Publishers Weekly*, *Journal of Transpersonal Psychology*, *Observer*, *American Journal of Psychotherapy*, *Journal of Consulting and Clinical Psychology* și *Journal of Applied Behavioral Science*. Pentru articolele sale, a fost nominalizat de două ori la Premiul Pulitzer.

Dr. Goleman a publicat mai bine de 12 ani articole despre științele creierului și științele comportamentale în *The New York Times*. Este codirector al Consortium for Research on Emotional Intelligence in Organizations (Consorțiul pentru Studierea Inteligenței Emoționale în cadrul Organizațiilor).

Dintre cărțile semnate de Daniel Goleman, la Curtea Veche Publishing au mai apărut: *Inteligența emoțională*; *Inteligența emoțională în Leadership* (împreună cu Richard Boyatzis și Annie McKee); *Inteligența socială. Noua știință a relațiilor umane*; *Inteligența ecologică. Cunoaște costul ascuns al fiecărui produs cumpărat și cum influențează acesta lumea în care trăim*; *Emoțiile distructive. Cum le putem depăși? Dialog științific cu Dalai Lama*; *Focus. Motivația ascunsă a performanței*; *Forța binelui. Viziunea lui Dalai Lama pentru lumea de azi*; *Leadership. Puterea inteligenței emoționale (selecție de texte)*; *Ce înseamnă să fii un lider bun. De ce este importantă inteligența emoțională*; *Creierul și inteligența emoțională* și *Însușiri modificate. Știința și arta meditației* (împreună cu Richard J. Davidson).

DANIEL GOLEMAN

dialoguri cu

DALAI LAMA

despre rațiune, emoții și sănătate

Emoții vindecătoare

Ediția a II-a, revizuită

Traducere din engleză de
VIOREL ZAICU

CURTEA VECHE

Descrierea CIP a Bibliotecii Naționale a României
DALAI LAMA
Emoții vindecătoare : dialoguri cu Dalai Lama despre rațiune, emoții și sănătate / ed.: Daniel Goleman ; trad. de Viorel Zaicu. - Ed. a 2-a, reviz. - București : Curtea Veche Publishing, 2021
Index
ISBN 978-606-44-0603-3

I. Goleman, Daniel (ed.)
II. Zaicu, Viorel (trad.)

294.321

ISBN epub: 978-606-44-0737-5
ISBN mobi: 978-606-44-0738-2
Carte publicată și în ediție digitală

Corectori: Cornelia Florea, Elena Tătaru
Tehnoredactor: Chirachița Dogaru

CURTEA VECHE PUBLISHING

str. Aurel Vlaicu nr. 35, București, 020091
redacție: 0744 55 47 63
distribuție: 021 260 22 87, 021 222 25 36, 0744 36 97 21
fax: 021 223 16 88
redactie@curteaveche.ro
comenzi@curteaveche.ro
curteaveche.ro

DANIEL GOLEMAN
Healing Emotions: Conversations with the Dalai Lama on Mindfulness, Emotions, and Health

Carte publicată pentru prima dată în limba română la Curtea Veche Publishing în anul 2008

Cuprins

Mulțumiri 7
Cuvânt înainte 13
Introducere. 17

PARTEA ÎNTÂI
Etica
Ce ne învață corpul

Capitolul 1
Trei perspective asupra virtuții, *Lee Yearley*. 27

Capitolul 2
Emoții dăunătoare și emoții care hrănesc: impactul lor asupra sănătății, *Daniel Goleman* 51

PARTEA A DOUA
Fundamente biologice

Capitolul 3
Sinele corpului, *Francisco Varela*. 69

Capitolul 4
Creierul și emoțiile, *Cliff Saron și Richard J. Davidson* 89

Capitolul 5
Stresul, trauma și corpul, *Daniel Brown* 112

PARTEA A TREIA
Mijloacele iscusite și medicația

Capitolul 6
Practica mindfulness ca medicament,
Sharon Salzberg și Jon Kabat-Zinn 131

Capitolul 7
Medicina comportamentală, *Daniel Brown* 171

PARTEA A PATRA
Emoția și cultura
Orient și Occident

Capitolul 8
Virtuțile în tradițiile creștină și budistă, *Lee Yearley* 191

Capitolul 9
Rădăcinile respectului de sine: diferențele dintre
Orient și Occident 211

PARTEA A CINCEA
Natura conștienței

Capitolul 10
Mintea, creierul și corpul în dialog 239

Capitolul 11
Subtilitățile conștiinței 255

PARTEA A ȘASEA
O etică universală

Capitolul 12
Medicina și compasiunea, *Dalai Lama* 273

Anexă
Despre Institutul Mind and Life,
R. Adam Engle și Francisco J. Varela 281

Despre participanți 291

Indice 293

Mulțumiri

De-a lungul anilor, conferințele Mind and Life au fost sprijinite de generozitatea mai multor oameni și organizații.

Fondatorii

Fără interesul inițial, sprijinul și participarea continuă a președintelui de onoare, Sanctitatea Sa Dalai Lama, Institutul Mind and Life nu ar fi apărut niciodată și nu s-ar fi putut dezvolta. Este absolut extraordinar ca un lider religios și un om de stat să fie așa deschis la descoperirile științifice și așa dornic să-și dedice timpul pentru inițierea și dirijarea unui dialog plin de învățăminte între budism și știință. În ultimii cincisprezece ani, Sanctitatea Sa a petrecut mai mult timp participând la dialogurile Mind and Life decât orice alt grup netibetan din lume, iar pentru acest fapt îi suntem îndatorați și etern recunoscători. Dedicăm munca noastră viziunii sale, care cuprinde dialogurile dintre știință și budism și colaborările în cadrul cercetării, spre binele tuturor ființelor umane.

Francisco J. Varela a fost omul de știință care a fondat institutul și ne lipsește foarte mult. Neurolog de renume mondial și practicant serios al budismului, Francisco a trăit tot timpul la granița dintre știință și budism, fiind convins că o colaborare profundă între acestea ar fi foarte benefică pentru ambele părți și pentru umanitate în general. Direcția pe care a trasat-o Institutului Mind and Life a fost curajoasă și plină de imaginație, respectând în același timp cerințele rigorii științifice și ale sensibilității budiste. Mai presus de orice, în această lume a vitezei, el a creat timp pentru cultivarea muncii institutului, cu o grijă deosebită. Continuăm să mergem pe calea deschisă de el.

R. Adam Engle este întreprinzătorul care, auzind că Sanctitatea Sa este interesat de un dialog între știință și budism, a speculat oportunitatea și a contribuit pentru a face lucrurile să meargă în așa fel încât munca institutului să înflorească și să progreseze.

Protectorii

Barry și Connie Hershey, de la Fundația familiei Hershey, au fost cei mai loiali și mai stabili protectori ai noștri din 1990 încoace. Generosul lor sprijin nu numai că a garantat continuitatea conferințelor, dar a și insuflat viață Institutului Mind and Life. De asemenea, din 1990 încoace, Daniel Goleman a fost generos în privința timpului, energiei și spiritului, pregătind acest volum fără să ceară vreo recompensă, ca un cadou pentru Sanctitatea Sa Dalai Lama și pentru Institutul Mind and Life, care primesc toate veniturile obținute din publicare.

De-a lungul anilor, Institutul a primit sprijin financiar de la Institutul Fetzer, Fundația Nathan Cummings, Klaus Hebben, Bennett și Fredericka Foster Shapiro, Edwin și Adrienne Joseph, Branco Weiss, Adam Engle, Michael Sautman, domnul și doamna R. Thomas Northcote, Christine Austin, Dennis Perlman, Marilyn și Don Gevirtz, Michele Grennon, Klaus Hebben, Joe și Mary Ellyn Sensenbrenner, Howard Cutler, Richard Gere și John Cleese. Le mulțumim călduros tuturor din partea lui Dalai Lama și a tuturor participanților. Generozitatea lor a avut un impact semnificativ asupra vieților multor oameni.

Oameni de știință, filozofi și învățăcei sau practicanți budiști

Am dori, de asemenea, să le mulțumim celor care au făcut, prin munca lor, în așa fel ca institutul să aibă succes. Mulți dintre aceștia ne-au fost alături de la început. În primul rând, îi mulțumim Sanctității Sale Dalai Lama, oamenilor de știință și filozofilor care au participat la întâlnirile noastre, precum și consiliului: Francisco Varela, Richard Davidson, Paul Ekman, Anne Harrington, Matthieu Ricard, Arthur Zajonc, Robert Livingston, Newcomb Greenleaf, Jeremy Hayward, Eleanor Rosch, Patricia Churchland, Antonio Damasio, Allan Hobson, Lewis Judd, Larry Squire, Daniel Brown, Daniel Goleman, Jon Kabat-Zinn, Sharon Salzberg, Clifford Saron, Lee Yearley, Jerome Engel, Jayne Gackenbach, Joyce McDougall, Charles Taylor, Joan Halifax, Nancy Eisenberg, Robert Frank, Elliott Sober, Ervin Staub, David Finkelstein, George Greenstein, Piet Hut, Tu Weiming, Anton Zeilinger, Owen Flanagan, Mark Greenberg, Venerabilul Kusalacitto, Jeanne Tsai, Antoine Lutz, Michael Merzenich, Steven Chu, Stuart Kauffman, Ursula Goodenough, Eric Lander, Pier Luigi Luisi, Michel Bitbol, Jonathan Cohen, John Duncan, David Meyer, Anne Treisman, Ajahn Amaro, Daniel Gilbert, Daniel Kahneman, Georges Dreyfus, Stephen Kosslyn, Marlene Behrmann, Daniel Reisberg, Elaine Scarry, Evan Thompson, Jerome Kagan, Gregory Simpson, Sogyal Rinpoche, Tsoknyi Rinpoche, Rabjam Rinpoche și Mingyur Rinpoche.

Biroul Personal al Sanctității Sale și susținătorii tibetani

Le mulțumim și le suntem recunoscători lui Tenzin Geyche Tethong, lui Tenzin N. Taklha și altor oameni minunați de la Biroul Personal al Sanctității Sale. Le suntem recunoscători lui Rinchen Dharlo, lui Dawa Tsering, lui Nawang Rapgyal, de la Biroul Tibetan din New York, precum și lui Lodi Gyari Rinpoche, de la Campania Internațională pentru Tibet, pentru sprijinul pe care ni l-au acordat de-a lungul anilor. Le mulțumim în mod special lui Tendzin Choegyal și lui Ngari Rinpoche, care ne-au fost ghizi minunați și prieteni adevărați.

Alți susținători

Mulțumirile noastre se îndreaptă către Kashmir Cottage, Chonor House, Pema Thang Guesthouse și Glenmoor Cottage, din Dharamsala; Maazda Travel din Statele Unite și Middle Path Travel din New Delhi; Elaine Jackson, Zara Houshmand, Alan Kelly, Peter Jepson, Thupten Chodron, Laurel Chiten, Clifford Saron, Billie Jo Joy, Nancy Mayer, Patricia Rockwell, George Rosenfeld, Andy Neddermeyer, Kristen Glover, Maclen Marvit, David Marvit, Wendy Miller, Sandra Berman, Will Shattuck, Franz Reichle, Marcel Hoehn, George Rosenfeld, Geshe Sopa și călugării și călugărițele de la Deer Park Buddhist Center; Dwight Kiyono, Eric Janish, Brenden Clarke, Jaclyn Wensink, Josh Dobson, Matt McNeil, Penny și Zorba Paster, Jeffrey Davis; Magnetic Image, Disappearing, Inc., Sincerely Yours, Health Emotions Research Institute, University of Wisconsin; Harvard University's Mind/Brain Behavior Initiative, Karen Barkow, John Dowling, Catherine Whalen, Sara Roscoe, Jennifer Shephard,

Sydney Prince, Metta McGarvey, Ken Kaiser, Jennifer Greenfield, Robyn Brentano, Gere Foundation, Geoff Jukes, Meridian Trust, Gillian Farrer-Halls, Tony Pitts, Edwin Maynard, Daniel Drasin, David Mayer, Nick Ribush, Dinah Barlow, Shambhala Publications, Wisdom Publications, Oxford University Press, Bantam Books și Snow Lion Publications.

Translatorii

În sfârșit, le mulțumim în mod special translatorilor care ne-au ajutat de-a lungul anilor: Geshe Thupten Jinpa, care a participat la toate întâlnirile, B. Alan Wallace, care nu a lipsit decât o dată, și José Cabezón, care i-a ținut locul lui Wallace în 1995. Legarea unui dialog între budiștii tibetani și oamenii de știință occidentali cere abilități foarte mari de traducere. Acești prieteni sunt, literalmente, cei mai buni din lume.

Cuvânt înainte

În 1990, la Dharamsala, în India, câțiva psihologi s-au adunat pentru a discuta împreună cu Dalai Lama despre modul în care emoțiile afectează sănătatea. Ca organizator și moderator al acelei întâlniri de cinci zile, eram conștient că descoperirile recente ofereau o nouă înțelegere științifică legăturilor dintre emoții și sănătate – totuși, majoritatea rezultatelor erau preliminare sau sugestive, nicidecum definitive.

Aceste legături deveniseră obiectul unor studii științifice serioase doar cu puțin înaintea acelei întâlniri. Cu toate că asocierea dintre o viață plină de stres și sensibilitatea la boli fusese semnalată în urmă cu decenii, oamenii de știință făcuseră puține progrese în studierea mecanismelor biologice care ar fi putut face legătura dintre stres și boală. Drept urmare, ne confruntam cu frontierele științei, cu date ispititoare care încă nu fuseseră ferm stabilite ca fiind adevărate.

Prin urmare, multe dintre concluziile întâlnirii noastre erau mai degrabă ipoteze decât idei validate prin cercetări riguroase. Acest lucru era de înțeles, de vreme ce principalele domenii științifice care studiază emoțiile și sănătatea – mai ales medicina comportamentală și psihoneuroimunologia – se aflau la acea vreme în stadiul unor încercări necoapte.

Azi, după mai bine de un deceniu, acest dialog s-a dovedit premonitoriu sub mai multe aspecte. Doi dintre participanți au fost implicați direct în cele mai semnificative cercetări care au confirmat aceste idei: Jon Kabat-Zinn, de la facultatea de medicină a Universității Massachusetts din Worcester, și Richard Davidson, de la Universitatea Wisconsin (care a fost reprezentat la întâlnirea noastră din 1990 de către Cliff Saron).

De exemplu, în prezentarea pe care am făcut-o pentru Dalai Lama, am încercat să stabilesc legături între emoțiile neplăcute și sănătatea precară, precum și între emoțiile pozitive și starea de bine fizic. În acel moment, dovezile pe care le aveam în acest sens erau în mare parte circumstanțiale – ne lipseau datele precise care să arate că aceste legături puteau fi făcute la nivelul creierului și al funcționării sistemului imunitar. Dar astăzi grupul de cercetători al lui Davidson, de la Universitatea Wisconsin din Madison, a făcut aceste legături precise între emoțiile neplăcute, cronice și imunitatea scăzută.

De asemenea, doctorul Ronald Glaser, de la Universitatea de Stat Ohio, a arătat că stresul emoțional intens împiedică exprimarea genelor din sistemul imunitar, care luptă cu bacteriile și virusurile. Stresul studiat nu a fost foarte diferit de stresul obișnuit al vieții; era vorba despre anxietățile provocate de examenele susținute la facultatea de medicină. Doctorul Glaser și colegii săi au descoperit că, atunci când oamenii sunt puși în astfel de situații neplăcute, genele importante din leucocite – care în mod obișnuit produc molecule pentru recunoașterea bacteriilor și virusurilor invadatoare – sunt inactive. Pentru că leucocitelor le lipseau acești receptori, nu au mai putut lupta împotriva invadatorilor, ceea ce a avut drept rezultat creșterea numărului de pacienți răciți sau cu gripă printre mediciniștii stresați.

Pe un ton mai optimist, doi dintre participanții la întâlnirea prezentată în această carte – Kabat-Zinn și Davidson – au evaluat împreună modul în care o metodă simplă de meditație, numită mindfulness, ar putea influența pozitiv funcționarea sistemului imunitar. Kabat-Zinn, care i-a învățat pe pacienți să fie înțelegători, pentru a-i ajuta să lupte mai eficient cu stresul și cu simptomele bolii cronice, a predat un curs special unui grup de oameni de știință din departamentul de cercetare și dezvoltare al unei firme de biotehnologie.

Oamenii de știință erau stresați în permanență de presiunea exercitată de obținerea rapidă a rezultatelor, dictată de competiția din industria biotehnologică. Dar o pregătire de trei ore pe zi, timp de zece săptămâni (incluzând și o ședință intensivă de o zi), a avut rezultate benefice. Măsurătorile parametrilor creierului au arătat cum centrii lor emoționali se îndreptaseră spre zona pozitivă și, fapt remarcabil, reacția imunitară a fost semnificativ întărită.

Astfel de descoperiri științifice subliniază oportunitatea și semnificația dialogului nostru cu Dalai Lama. Sperăm că impulsul științific semnalat de acest dialog va continua, spre binele umanității.

DANIEL GOLEMAN

Introducere

Poate mintea să vindece corpul? Ce emoții sunt asociate cu accentuarea stării de bine? Cum funcționează tehnica mindfulness în context medical? Există un fundament biologic pentru etică? Cum ne poate ajuta moartea să înțelegem natura minții? În vara anului 1990, zece oameni din mediul academic occidental, care se ocupă de o gamă largă de discipline, s-au adunat în sala de întâlniri a lui Dalai Lama din Dharamsala, în India, pentru a se confrunta cu aceste întrebări în cadrul celei de-a treia conferințe Mind and Life. Această carte este o culegere de prezentări și dialoguri susținute cu ocazia acelei întâlniri.

Experți în psihologie, fiziologie, medicină comportamentală și filozofie au prezentat cele mai importante descoperiri din domeniul lor și au discutat legăturile dintre acestea cu Dalai Lama și cu profesioniștii meditației budiste. Scopul acestui schimb de idei a fost acela de a crește înțelegerea reciprocă și de a ușura apariția unei noi perspective asupra relațiilor dintre sănătate și experiența emoțională.

Abia în ultimii douăzeci de ani, medicii, biologii și psihologii occidentali au început să înțeleagă legăturile reciproce dintre stările emoționale și starea de bine mintală și fizică. Totuși, gânditorii budiști erau conștienți de mai bine de două mii de ani de capacitatea de vindecare a minții. Prezența la această conferință a celui mai înalt lider al budismului tibetan a furnizat o sinteză Orient-Occident unică. Dalai Lama a jucat rolul unui mediator pentru proaspetele descoperiri științifice raportate de ceilalți participanți.

Întâlnirile Mind and Life

Dalai Lama trăiește în India, după ce a condus mii de oameni spre libertate, în urma opresiunii chineze din 1959. Câștigător al Premiului Nobel pentru Pace, în 1989, el este recunoscut de toată lumea ca purtător de cuvânt al rezolvării pașnice și înțelegătoare a conflictelor umane. Interesul său personal pentru știință este mai puțin cunoscut. A spus odată că, dacă n-ar fi fost călugăr, i-ar fi plăcut să fie inginer. În tinerețe, la Lhasa, el era cel chemat să repare mașinăriile din palatul Potala, fie că era vorba despre un ceas, fie despre un vehicul.

Începând din octombrie 1987, Dalai Lama s-a întâlnit în mod regulat cu oamenii de știință pentru a discuta despre punți și interfețe către ceea ce, în general, s-ar putea numi științele minții și ale vieții – biologia, științele cogniției, neuroștiințele, psihologia și filozofia minții –, disciplinele cu cea mai mare relevanță pentru tradiția budistă. Spiritul acestor întâlniri a fost unul de sinceritate și respect de ambele părți, după cum se poate vedea din alegerea și pregătirea întâlnirilor, din natura lor particulară, din atenția acordată excelentelor traduceri și din timpul generos pe care Dalai Lama l-a dedicat acestora. Cărțile care apar în urma acestor dialoguri – sperăm că inclusiv aceasta – oferă cititorilor senzația de spontaneitate și de apropiere de un schimb de idei fără precedent între calea spirituală și știința de ultimă oră, între înțelepciunea străveche și goana modernă după răspunsuri.

Istoric

Această serie de dialoguri a fost începută în 1985 de Adam Engle, avocat și om de afaceri, și de doctorul Francisco Varela, un neurobiolog din Paris care colaborează cu Centrul Național de Cercetare Științifică și care și-a dat seama de importanța unui dialog serios între știință și budism. Prima conferință Mind and Life a durat o săptămână, la Dharamsala, în India, și a avut ca subiect neuroștiințele și științele cogniției în general. O carte bazată pe această primă conferință, editată de Francisco Varela și Jeremy Hayward, a fost publicată sub titlul *Gentle Bridges: Conversations with the Dalai Lama on the Sciences of Mind* (Boston, Shambhala Publications, 1993). După acea primă întâlnire, au mai avut loc încă patru, fiecare dintre ele aducându-l pe Dalai Lama alături de grupuri de oameni de știință, dialogurile purtându-se într-o atmosferă de respect reciproc. Subiectele au inclus emoțiile și sănătatea (prezentate în acest volum), somnul și visul, care vor fi prezentate într-un volum în curs de apariție, numit *Sleeping, Dreaming and Dying* (Boston, Wisdom Publications, 1997), iar cea mai recentă, ținută în 1996, a avut ca subiect altruismul, etica și compasiunea. (Pentru o prezentare integrală a istoricului conferințelor Mind and Life, vezi Anexa.)

Fiecare zi a început cu prezentarea unui subiect științific, de pildă neurobiologia emoțiilor, urmată de un dialog și o dezbatere cu Sanctitatea Sa, care a dat dovadă în mod constant atât de o minte avidă din punct de vedere științific, cât și de un orizont și de o profunzime care ating hotarele științei. De exemplu, în acest dialog Dalai Lama sugerează că ar putea exista niveluri subtile ale conștiinței, pe care știința occidentală încă nu le cunoaște și care nu depind de funcționarea creierului, spre deosebire de nivelurile grosiere, legate direct de activitatea creierului.

Un exemplu de minte deschisă și iscodire temerară, Dalai Lama a preluat inițiativa, deschizând un dialog între budism și știința modernă. El își dă seama foarte bine că, dacă budismul tibetan vrea să supraviețuiască, o poate face doar în măsura în care nu este contrazis flagrant de descoperirile oamenilor de știință moderni; el consideră că, dacă prin metodele științei se va dovedi că vreun principiu budist nu este corect, atunci budismul va trebui să-l modifice în concordanță cu descoperirile științei.

Pe de altă parte, dialogurile au arătat și că știința occidentală are multe de câștigat de pe urma acestor intuiții care provin din Orient. Explorările tibetane în domeniul psihicului au produs o sofisticată fenomenologie a minții care i-ar putea inspira pe oamenii de știință moderni, dacă aceștia i-ar da atenție. Dialogurile reprezintă începutul conversației. Unul dintre roadele acestui dialog este un proiect de cercetare aflat în desfășurare, care izvorăște direct din a treia rundă a întâlnirilor Mind and Life: un studiu neuropsihologic referitor la stările creierului yoghinilor tibetani, menit să conducă la o mai bună înțelegere a potențialului oferit de antrenarea atenției.

Budism și știință, emoții și sănătate: dialogul

Budismul are ca scopuri principale transformarea percepției și a experienței și sincronizarea minții și a corpului. Conform învățăturilor budiste, procesul de armonizare a minții și a corpului și de transformare a experienței este gradat. Această cale se sprijină pe practicarea diferitelor forme de meditație, la care se adaugă un imperativ moral de angajare într-o acțiune virtuoasă. O astfel de acțiune se bazează pe conștiența interdependenței prezente în tot ceea ce înseamnă viață și pe compasiunea universală care decurge din această stare de conștiență.

Gânditorii budiști tibetani sunt preocupați de multă vreme de sănătatea psihofizică a omului și au scris numeroase tratate, unele datând chiar din secolul al XI-lea. Cele patru Tantre (explicații) principale au fost traduse din sanscrită în tibetană de Lama Vairochana în secolul al IX-lea și au fost transmise de la învățător la elev până în ziua de azi. Conform acestei tradiții, boala este rezultatul unui dezechilibru în corpul psihofizic, produs de emoțiile conflictuale, de pildă, furia sau lăcomia. Folosind metode experimentale moderne, oamenii de știință care au participat la conferința Mind and Life s-au aplecat asupra acelorași probleme ridicate de gânditorii budiști de-a lungul secolelor.

Începem cu trecerea în revistă a sistemelor etice occidentale, făcută de Lee Yearley, și cu o cercetare asupra posibilelor fundamente ale unui sistem etic care să nu-și aibă originea în religie. Sanctitatea Sa Dalai Lama și-a exprimat părerea despre necesitatea unui astfel de sistem, care ar putea atrage miliardele de oameni de pe planetă lipsiți de convingeri religioase puternice. Daniel Goleman propune apoi teoria conform căreia procesele corpului ar putea oferi un astfel de fundament, organizat după distincția dintre stările mintale care întrețin sănătatea și cele care fac corpul mai vulnerabil la boală. El trece în revistă anumite descoperiri ce sugerează că emoțiile neplăcute pot submina sănătatea, în timp ce stările pozitive o pot proteja.

Secțiunea privitoare la fundamentele biologice ia în considerare cercetările experimentale cu o importanță deosebită în relația dintre emoții și sănătate. Această secțiune începe cu un discurs al dr. Francisco Varela despre sistemul imunitar și implicațiile cognitive ale acestuia. Cercetătorii din domeniul imunologiei au ajuns să conștientizeze faptul că sistemul imunitar este aproape un „al doilea creier", o rețea de celule specializate care dau corpului o identitate flexibilă. Mai mult, această identitate somatică are legături speciale cu rețelele neuronale pe care se bazează viața cognitivă și constituie baza unui nou domeniu: psihoneuroimunologia.

Prezentarea dr. Varela și dialogul care o însoțește sunt urmate de discursul lui Clifford Saron despre modul în care creierul stăpânește emoțiile. Cercetările sale și ale lui Richard Davidson elucidează modul în care tiparele activității electrice din creier sunt corelate cu expresiile faciale și cu alți parametri ai dispoziției.

Discursul lui Daniel Brown despre modul în care stresul afectează corpul detaliază fundamentele biologice ale impactului emoțiilor asupra sănătății. Dr. Brown întreține o discuție despre tulburările de stres posttraumatic și despre felul în care acestea sunt tratate; Dalai Lama arată că, spre deosebire de cazurile altor victime ale torturii, care suferă ulterior de simptome posttraumatice, experiența multor tibetani torturați de chinezi demonstrează modul în care credința și convingerile ce dau sens suferinței pot constitui, într-o anumită măsură, un antidot.

Metoda mindfulness, o atenție sporită acordată experienței cotidiene, este o practică budistă contemplativă, clasică. Sharon Salzberg explică bazele acesteia printr-o introducere în aplicațiile acestei tehnici la sănătate. Cultivarea emoțiilor benefice joacă un rol în tratamentul bolii în orice domeniu medical. Jon Kabat-Zinn ține un discurs despre modul în care este folosită practica mindfulness, cu efecte benefice, pentru sprijinirea dezvoltării de către pacienți a unei conștiențe mai puțin expuse supremației emoțiilor – o utilizare a practicilor de meditație care alină simptomele și ușurează vindecarea.

Medicina comportamentală folosește tehnici psihologice pentru a preveni sau trata suferințe cronice. Daniel Brown descrie multitudinea simptomelor medicale provocate de sistemele psihologice aflate sub stres și, prin aceasta, dezechilibrate. Tehnicile de ultimă oră ale medicinei comportamentale le oferă pacienților mijloace de a recâștiga controlul asupra sistemelor biologice care le provoacă simptomele. Această nouă perspectivă asupra vindecării include metode moderne, cum ar fi răspunsul biologic, și metode străvechi, de pildă meditația.

În Occident, psihologii sunt foarte ușor dispuși să considere că unele patologii ale sinelui, în special respectul de sine scăzut, sunt în creștere printre oamenii moderni. Totuși, pentru Dalai Lama conceptul de respect de sine este necunoscut; în culturile orientale, în care „sinele“ are o cu totul altă conotație decât în individualismul occidental, s-ar putea să nu existe o astfel de problemă. Rădăcinile respectului de sine sunt explorate într-un dialog care sugerează că sinele occidental ar putea fi pus în fața unor probleme unice, foarte rar întâlnite în Orient.

Un punct de divergență între știința modernă și budism este relația dintre minte și creier. Știința occidentală consideră mintea o proprietate emergentă a conștiinței dependente de creier, în timp ce gândirea budistă tibetană postulează o ordine subtilă a conștiinței, ce nu depinde de creier. Oare eșecul științei occidentale în identificarea unor procese mintale care nu se reduc la funcțiile creierului înseamnă că nu există o conștiință care să nu depindă de creier? Dalai Lama susține că anumite niveluri foarte subtile ale conștiinței, încă nedescoperite în Occident, sunt accesibile maeștrilor în meditație, care le pot folosi pentru a visa lucid sau pentru a muri conștient. Dacă vor fi confirmate de știință, astfel de realizări vor modifica serios paradigma neuroștiințelor occidentale.

În final, e vorba despre un dialog foarte amplu despre nevoia de compasiune și despre un sistem etic care să poată atrage miliardele de oameni fără o credință religioasă anume. Astfel, dialogul se încheie cu întrebarea dacă noua înțelegere manifestată de știință față de legăturile dintre minte, creier și sănătate ar putea oferi într-o bună zi o parte din fundamentul unei etici – o sumă de principii de viață – care să confirme valorile marilor religii ale lumii.

PARTEA ÎNTÂI

Etica

Ce ne învață corpul

Capitolul 1

Trei perspective asupra virtuții

Lee Yearley

Lee Yearley introduce în dialog un fir filozofic și etic care se întrețese tot mai strâns în dezbatere, pe măsură ce aceasta progresează. El trece în revistă trei tradiții filozofice occidentale diferite: individualismul, perfecționismul și raționalismul. Individualismul susține că este bun ceea ce satisface un anumit individ. Raționalismul consideră că o acțiune etică trebuie să aibă, în mod logic, această calitate în orice context. Perfecționismul compară acțiunile individului cu un ideal postulat; cu cât comportamentul este mai etic, cu atât el este mai conform cu situația ideală.

Etica, în general, se ocupă de întrebări legate de ceea ce este corect și bine, adică virtuos. Dar virtutea depinde de perspectiva filozofică. Ceea ce este considerat virtuos într-un sistem s-ar putea să nu aibă aceeași calitate într-un altul. Dr. Yearley se întreabă dacă anumite virtuți – cum ar fi compasiunea – pot sluji ca fundament pentru un sistem etic și pot explica modul în care gândirea filozofică occidentală a eliminat-o dintre fundamentele unui sistem etic, odată cu respingerea religiei. Contradicțiile dintre aceste sisteme filozofice occidentale sunt scoase la iveală în conversația care urmează. Dr. Yearley susține că perfecționismul influențat de raționalism ar putea reprezenta cea mai bună soluție pentru generarea unui sistem etic universal. Dalai Lama răspunde printr-un îndemn de a găsi un fundament pentru principiile morale, care să atragă trei sau patru cincimi dintre oamenii care populează planeta și sunt lipsiți de o convingere religioasă fermă.

LEE YEARLY: În istoria eticii occidentale au predominat trei atitudini.* Individualismul fundamentează etica pe dorințele individului. Etica implică identificarea acestor dorințe, apoi acțiunea pentru îndeplinirea lor. Perfecționismul judecă dacă dorințele sunt bune sau rele, prin comparație cu un ideal referitor la ceea ce înseamnă o persoană perfectă. Acest ideal se bazează de obicei pe o idee despre natura umană perfectă. În sfârșit, raționalismul este cea mai distinctivă poziție modernă și occidentală. El susține că rațiunea este singura călăuză etică potrivită, definind-o drept ceea ce le permite oamenilor să gândească despre lucruri universale abstracte.

O privire mai atentă: individualism, perfecționism și raționalism

Individualismul nu întreabă niciodată dacă ceea ce vrea o persoană este bine sau rău în mod abstract. Este preocupat doar de modul în care se poate obține cel mai bine ceea ce dorește o persoană. Problema nu este dacă eu ar trebui să-mi doresc un Rolls-Royce nou, ci dacă aș putea avea mașina, dacă îmi pot lua o vacanță și dacă pot merge la psiholog. Rațiunea umană are un loc important în acest cadru, dar nu face nimic mai mult decât să calculeze. De fapt, dacă aș putea obține tot ceea ce îmi doresc, nici măcar nu ar mai trebui să

* Denumirile acestor atitudini etice sunt diferite de cele utilizate în discuțiile de specialitate din Occident. (*N. a.*)

calculez. Calculez, așadar, cum pot avea cea mai mare parte dintre lucrurile pe care mi le doresc mai mult. Decid, de exemplu, că vreau cu adevărat un Rolls-Royce, așa că renunț la vacanță și la psiholog. Sau decid că prefer să merg în vacanță și la psiholog, așa că renunț la mașină. Dorințele individuale constituie baza, iar rațiunea îmi permite să fac în mod mai eficient ceea ce deja vreau să fac.

Cei care cred în individualism știu că au nevoie de serviciile pe care le oferă societatea; de exemplu, protecția poliției. Dar ei nu fac decât să dorească acele chestiuni sociale care i-ar ajuta să obțină ceea ce vor și fac socoteli în funcție de asta. Astfel, un individualist ar putea să nu găsească niciun motiv pentru a ajuta un om sărac. Această poziție individualistă a avut o istorie foarte lungă în Occident, începând din Grecia antică și continuând până azi. Mulți oameni, poate în mod special americanii, o acceptă ca pe o cale normală de a gândi etic.

Poziția perfecționistă constituie fundamentul celor mai multe tradiții religioase din Occident. Perfecționiștii presupun că există un fundament pentru a judeca dacă dorințele umane sunt bune sau rele, virtuoase sau vicioase. Ei fixează standarde – de pildă, egoismul este rău și compasiunea este bună – și le folosesc pentru a se judeca pe ei înșiși și pe alții. Perfecționiștii nu pornesc doar de la dorințele pe care le au. Ei privesc mai degrabă spre un ideal, spre o ființă umană perfectă, și încearcă să acționeze punându-se în locul unei astfel de persoane. Întrebarea pe care și-o pune un perfecționist nu este dacă își poate permite un Rolls-Royce, ci dacă trebuie să folosească banii pentru a-i ajuta pe săraci sau pentru a-și completa educația, să spunem prin studierea meditației.

Persoana ideală care reprezintă standardele este regăsită de obicei în dogmele religioase tradiționale – de exemplu, dorința lui Iisus de a se sacrifica de dragul altora. Perfecționiștii se orientează nu după oameni *așa cum sunt*, ci după oameni *așa cum ar putea fi* atunci când sunt desăvârșiți. Rațiunea nu încape în acest tablou, dar ajută oamenii să identifice standardul de perfecțiune și să-l urmărească. O întrebare importantă de care se lovește rațiunea în cadrul perfecționismului este cea privitoare la existența unui singur tip de stare umană perfectă. De exemplu, un mare artist, care sacrifică prea puțin de dragul altora, poate fi un ideal potrivit? Disputele în această privință s-au aprins în Occident, dar cele mai multe tradiții susțin că nu există decât o singură stare perfectă.

Poziția raționalistă e cel mai dificil de înțeles. Ea limitează etica la un mic număr de situații în care putem spune că se aplică o regulă universală. Din această perspectivă, rațiunea este definită ca fiind ceea ce permite oamenilor să recunoască faptul că este aplicabilă o regulă universală. Rațiunea este crucială din două motive. Doar ea poate vedea regulile universale. Mai mult, doar înțelegând aceste reguli indivizii își pot da seama de ce dorințele lor individuale nu pot ghida astfel de acțiuni. De pildă, să spunem că vreau să mă port urât cu o persoană doar pentru că este femeie sau are o altă religie. Rațiunea mea ar trebui să mă facă să mă întreb dacă aș vrea să fac din dorința mea o regulă universală. Bunăoară, aș accepta un astfel de comportament orientat împotriva mea? Presupunând că aș respinge universalitatea unei astfel de reguli, rezultă că eu știu că nu trebuie să acționez în acest fel și că trebuie să-mi înfrânez dorința. Conform raționalismului, rațiunea descoperă reguli care se aplică universal, și numai acestea ar trebui să ghideze acțiunile etice ale individului.

Cele mai multe guverne occidentale se bazează pe o anumită versiune a raționalismului atunci când iau în considerare regulile etice care ar trebui să ghideze societatea. Asta înseamnă că raționalismul domină gândirea guvernului cu privire la principalele drepturi ale omului și la condițiile minime pentru o viață umană decentă. Astăzi, aceasta este o poziție foarte influentă. Totuși, reprezintă în același timp și o poziție care pune probleme serioase. Unii partizani ai raționalismului merg până în miezul ideii de bază, conform căreia judecățile universale ar trebui să ne ghideze acțiunile. De exemplu, unul dintre cei mai cunoscuți filozofi ai acestei tradiții, Immanuel Kant, susține că nicio persoană nu ar trebui să mintă vreodată, deoarece faptul că o comunicare cu sens pornește de la premisa că oamenii spun adevărul constituie o realitate universală. Totuși, să presupunem că cineva vă împrumută o armă și se întoarce mai târziu într-o stare de agitație, cerând arma înapoi pentru că vrea să-și ucidă sora. Kant v-ar spune să-i dați arma înapoi, pentru că nu trebuie să mințiți. Mulți s-au gândit că e ceva în neregulă cu o poziție care ar putea conduce la această decizie.

O altă problemă, poate mult mai importantă, este ridicată de faptul că par să existe puține legi universale pe care rațiunea le poate descoperi. Asta înseamnă că etica acoperă foarte puțin din ceea ce înseamnă viața umană. Altfel spus, rațiunea poate demonstra că nimeni nu trebuie să ucidă sau să fure, dar, dincolo de descrierea câtorva legi generale de acest tip, ceea ce face o persoană pare să depindă doar de dorințele sale individuale. Această situație a însemnat adesea o combinare a raționalismului cu individualismul în Occidentul modern. Mulți oameni urmează câteva reguli universale stricte, definite de rațiune. Totuși, în celelalte aspecte ale vieții, ei sunt ghidați doar de ceea ce doresc. Prin urmare, își folosesc rațiunea doar pentru a calcula cum își pot satisface mai bine dorințele.

O explicație a faptului că această combinație e atât de importantă susține că mulți oameni din Occident resping perfecționismul. Unii nu acceptă ideile religioase pe care se sprijină acesta. Mai mult, chiar dacă le acceptă, ei cred că nu putem construi o societate pluralistă reală bazată pe anumite idei religioase deoarece există oameni cu idei religioase diferite sau care resping toate ideile religioase. În plus, mulți se îndoiesc de perfecționism deoarece cred că istoria Occidentului demonstrează faptul că oamenii cu astfel de idei au tratat de obicei în moduri îngrozitoare anumite grupuri. De pildă, sclavia și rolul inferior al femeii au fost deseori justificate de creștini.

În sfârșit, perfecționismul trebuie respins pentru că leagă prea strâns ființele umane de restul lumii naturale. Criticii susțin că nu putem vorbi despre perfecțiunea naturii umane în același fel în care putem vorbi despre perfecțiunea unei ființe naturale. Un stejar frumos este un exemplu de sământă de stejar perfecționată, dar există prea multe tipuri de perfecțiune umană pentru a putea spune că numai unul dintre acestea este un exemplu de „sământă" umană perfecționată. Așadar, funcțiile lumii naturale nu furnizează un model adecvat pentru perfecțiunea umană.

Patru argumente împotriva compasiunii ca fundament al unui sistem etic

Cu toate că multe tradiții religioase occidentale au accentuat importanța compasiunii, mulți occidentali moderni o consideră un fundament insuficient pentru un sistem etic, cu toate că toți vor accepta compasiunea ca pe o trăsătură personală importantă. Criticii compasiunii se referă la faptul că, în ciuda acestui ideal, creștinătatea și alte tradiții au tolerat multe tipuri de nedreptate. Ei cred că acest fapt nu este pur și simplu o întâmplare, ci reflectă problemele ridicate de ideea de a fundamenta etica pe compasiune. Ei susțin că, pe lângă compasiune, avem nevoie de ideea de drepturi, despre care mulți consideră că nu poate veni decât din partea raționalismului, pentru a instaura o situație socială în care oamenii sunt bine tratați.

Pentru acești critici, compasiunea rezidă în sentimente instabile în toți oamenii, cu excepția celor mai buni. În mod normal, cei mai mulți simt compasiune doar uneori sau față de anumiți oameni. Prin urmare, sunt necesare directivele universale pe care doar rațiunea le poate da. Mai mult, ei cred că doar la un nivel interpersonal compasiunea funcționează bine, ceea ce înseamnă că nu poate furniza liniile generale după care trebuie să ne ghidăm dacă vrem să corectăm principalele nedreptăți din cadrul societății. Compasiunea îmi poate spune cum să reacționez atunci când întâlnesc pe stradă o persoană care suferă, dar nu îmi poate spune de una singură ce ar trebui să fac pentru a mă asigura că acea persoană sau altele ca ea nu vor mai suferi.

În legătură cu această problemă, apare o altă tendință critică. Criticii consideră că aproape întotdeauna compasiunea produce paternalism sau, cel puțin, ierarhii problematice – situații în care un grup se îngrijește de un alt grup. O astfel de situație subminează libertatea oamenilor aflați în îngrijire. Asta înseamnă că îi reduce la postura de copii și le afectează abilitățile de a deveni complet liberi. Pentru acești critici ai compasiunii, este foarte important ca oamenii să nu fie dependenți, să poată alege liber, chiar dacă alegerile lor sunt greșite.

Compasiunea mai este considerată problematică și pentru că e legată de obicei de o viziune religioasă în care viața actuală a oamenilor pe pământ este doar o mică parte a vieții pe care o vor trăi în viitor. Mulți critici cred că aceste idei religioase despre viața de după moarte fie nu sunt adevărate, fie, în cel mai bun caz, nu sunt dovedite în mod științific. Mai mult, ei consideră că este foarte important ca oamenii să accepte că, în realitate, cunosc foarte puține lucruri. De asemenea, cei mai mulți critici cred că aceste concepții religioase îi determină pe oameni să fie mai puțin preocupați de actuala suferință pe care o îndură decât dacă ar trăi în alte circumstanțe. Altfel spus, ei cred că oamenii își fac griji mai puține pentru suferința din prezent dacă neajunsurile actuale sunt considerate doar o mică parte din întregul vieții lor, o viață care se întinde dincolo de moarte.

O etică fără religie

DALAI LAMA: Ați vorbit despre înțelegerea eticii din punctul de vedere al concepțiilor occidentale. Întrebarea mea este dacă se poate formula un sistem etic fără a fi nevoie să facem apel la principiile religioase. Fără a-l accepta pe Dumnezeu sau alte forțe misterioase, fără a accepta viețile anterioare sau karma este oare posibil, doar pe baza vieții actuale, să tragem o linie de demarcație între virtute și non-virtute sau să distingem binele de rău?

LEE YEARLEY: Tocmai asta au încercat să facă cele mai multe etici moderne din Occident. Poziția raționalistă încearcă să înlocuiască principiile religioase, prezentând și în lipsa acestora motive acceptabile pentru care oamenii ar trebui să nu se angajeze într-un comportament non-etic, cel puțin nu în formele sale cele mai îngrijorătoare. Criza eticii din ultima parte a secolului al XX-lea constă în faptul că această poziție a lăsat multe tipuri de acțiune fără niciun fel de direcții orientative. Există aceste principii foarte generale, dar foarte multe dintre acțiunile oamenilor – modul în care își tratează familiile, felul în care privesc furturile mărunte sau cel în care își stăpânesc furia – par să nu fie deloc justificate de acestea.

Un răspuns la aceste probleme este premisa eticii occidentale conform căreia societatea trebuie organizată doar pe principii non-religioase, deoarece există prea multe religii și prea mulți oameni care nu sunt credincioși. O a doua idee, mai provocatoare, afirmă că lucrul cel mai problematic pentru ființa umană este să aleagă în mod liber dacă e cazul să facă sau nu un anumit lucru. Oamenii nu ar trebui să fie niciodată conduși de idei ce nu pot fi dovedite științific; printre acestea se numără și ideile religioase. Dacă fac greșeli teribile, acesta este doar prețul cerut de libertatea umană. Unii dintre cei mai buni apărători ai acestei viziuni liberale cred că, dacă prețul existenței lipsite de principii religioase este irosirea unor vieți, trebuie să acceptăm pur și simplu acest lucru și să trăim cu ceea ce rezultă de aici. La cel mai profund nivel, mulți dintre cei care apără acest sistem consideră că putem cunoaște foarte puține lucruri din orice domeniu. Ei susțin că cea mai bună viață posibilă este aceea în care recunoaștem cât de puține lucruri știm despre ceea ce reprezintă o viață bună.

Dalai Lama: Cred că este foarte important să încercăm să prezentăm principiile morale fără vreo implicare religioasă. Astăzi este o realitate faptul că, din cinci oameni, doar unu sau doi sunt credincioși. Așadar, trebuie să ne preocupăm în mod serios de majoritatea rămasă. De asemenea, simt uneori că este mai ușor să-i abordăm pe cei care nu cred. Compasiunea însăși are un conținut diferit în diverse ideologii. Așa că o anumită metodă de a preda compasiunea ar putea să nu fie considerată acceptabilă de către cei care au credințe diferite. Chiar dacă mințile celor care nu cred sunt indiferente în privința compasiunii, tot trebuie să găsiți o cale de a ajunge la acești oameni. În Norvegia, am găsit un grup de oameni care s-au angajat în promovarea valorilor umane – și, în special, a compasiunii – fără vreo implicare religioasă.

Compasiunea ca fundament al eticii

Sharon Salzberg: Budismul Theravāda abordează etica prin distincția dintre ceea ce produce suferință și ceea ce pune capăt suferinței. Acest lucru este chiar mai exact decât a spune că acțiunile sunt corecte sau greșite, bune sau rele – ceea ce este adevărat atât pentru sine, cât și pentru ceilalți. Nu putem produce suferință pentru noi înșine fără a-i face să sufere și pe ceilalți, și nici nu-i putem face să sufere pe alții fără a suferi noi înșine. Astfel, modelul perfecțiunii pentru cea mai înaltă dezvoltare a ființei umane este un individ care a ajuns să pună capăt definitiv propriei suferințe și care, astfel, nu va produce niciodată suferință celorlalți. Prin urmare, este foarte important să punem compasiunea în centrul unui sistem etic.

De asemenea, atunci când folosim cuvântul „compasiune" asta nu înseamnă că o persoană sănătoasă privește o persoană bolnavă. Poate din cauza faptului că noi considerăm că am făcut diverse lucruri de-a lungul vieților noastre anterioare, nu credem că a ajuta o persoană implică faptul că suntem mai buni ca ea. Ne-am aflat cândva în ambele situații. Așadar, compasiunea este mai degrabă un sentiment de egalitate decât unul de superioritate.

Importanța compasiunii este sprijinită, de asemenea, de învățătura conform căreia motivația este cea mai puternică și mai durabilă parte a acțiunii. De exemplu, dacă îi dăm cuiva să mănânce pentru că îi este foame, mâine îi va fi foame din nou. Din cauza karmei, motivul care stă în spatele acțiunii are un efect mult mai puternic și pe o perioadă mai lungă decât acțiunea însăși.*

Dalai Lama: Diferite religii subliniază importanța compasiunii. Din punct de vedere budist, consider compasiunea un aspect important al naturii umane, o parte a minții umane. Este una dintre calitățile omului. Religiile încearcă să promoveze sau să întărească această însușire umană elementară, dar ea nu este o achiziție externă sau vreo nouă invenție a credinței religioase. Este deja acolo, fie că ești budist, fie că nu. Există atât de multe religii, încât practica religioasă nu este în mod necesar aceeași cu cea a

* Conceptul budist „karma" este un proces de tipul cauză și efect: motivele și acțiunile produc efecte mintale și fizice care afectează atât persoana implicată în acțiuni, cât și pe cea asupra căreia se răsfrâng efectele. (*N. a.*)

compasiunii. Bunătatea iubitoare și compasiunea pot fi prezentate sau promovate fără conotații religioase. Ideea ta, Lee, a fost bine exprimată atunci când ai vorbit despre inadecvarea compasiunii ca unic fundament al eticii, pentru că, dacă cineva manifestă numai altruism, acesta va fi limitat – prea limitat. Dar compasiunea, combinată cu înțelepciune și metode eficiente de acțiune, devine ceva mai împlinit, nu-i așa?

Jon Kabat-Zinn: Sanctitatea Voastră, care sunt perspectivele pe care le aduce înțelepciunea și pe care compasiunea singură nu le poate produce?

Dalai Lama: O aplicație ar fi, pentru a ne referi la exemplul lui Sharon, astâmpărarea foamei unei persoane pentru o zi. Dacă ați recurge la înțelepciune, ați gândi mai departe: cum aș putea influența circumstanțele în așa fel încât această persoană să nu mai sufere și în viitor sau, mai ales, să nu mai ajungă în această situație? Apoi, din nou, atunci când vorbim despre înțelepciune, trebuie să știm că există tipuri diferite. În primul rând, semnificația nu este aceeași pentru un budist ca în cazul unui non-budist. Apoi, printre budiști există mai multe tipuri de înțelepciune.

Cred că înțelepciunea non-budiștilor este mai practică – uneori, înțelepciunea budiștilor devine prea sofisticată, prea idealistă. Idealul este ca toate ființele sensibile să dobândească ceea ce ține de budism prin practicarea meditației. Dar pentru a dobândi această înțelepciune nu este suficient să manifești compasiune sau preocupare. Trebuie să-ți dai seama că, dacă oamenii nu încearcă să se perfecționeze, nu se poate face nimic. E nevoie de înțelepciune, nu doar de compasiune, pentru ca oamenii să meargă înainte. Dar, în acest caz, ceea ce ține de budism este încă departe. [*râsete*]

Lee Yearley: Cei care susțin că nu este suficientă compasiunea spun că și atunci când e combinată cu înțelepciunea implică până la urmă faptul că unii au grijă de alții. Compasiunea însăși nu va conduce niciodată la ideea drepturilor omului, spre exemplu, pentru că acestea nu pot fi derivate dintr-o înțelegere compătimitoare sau dintr-o bunătate iubitoare. Cere un mod cu totul diferit de a privi lumea. Acesta este argumentul lor, iar eu cred că e corect din punct de vedere istoric faptul că, indiferent cât de multe tradiții au pus accentul pe compasiune, de obicei ele nu au legat-o de ideea drepturilor omului și, prin urmare, s-au întâmplat lucruri îngrozitoare.*

Francisco Varela: În Occident, nu există un precedent pentru ceea ce Sanctitatea Sa spunea în legătură cu ideea de a nu izola compasiunea, ci de a o combina cu o metodă – nu neapărat înțelepciunea – care s-o declanșeze? De asemenea, în ceea ce privește perfecționismul, se pare că echivalăm tot timpul atingerea unei stări de perfecțiune cu deținerea unui tip de credință. Dar credința nu trebuie să fie acolo. Ar putea fi o aspirație, cu metodă, fără să existe un anumit set de credințe teologice.

Lee Yearley: Sunt anumite părți din principalele tradiții occidentale, fie iudaice, fie creștine sau laice, care au folosit astfel de metode, lucrând cu impulsurile umane primare – de pildă, compasiunea – și antrenând apoi sinele prin metode, cum ar fi cea a vizualizării. De exemplu, ne putem gândi la cele mai rele cazuri de

---

* „Modul cu totul diferit de a privi lumea", care conduce la ideea drepturilor omului, se dezvoltă din perspectiva raționalistă asupra eticii. De exemplu, conform punctului de vedere raționalist, ideea drepturilor omului este abstractă. Ea nu depinde de anumite sentimente, ci de principii logice generale. Principiul fundamental al metafizicii moravurilor, după Immanuel Kant, spune că trebuie să acționăm „ca și cum maxima conform căreia acționăm ar putea deveni, prin voința noastră, o lege universală". Când acest principiu se aplică relațiilor umane, el obligă în mod logic individul să-i trateze pe ceilalți nu doar ca pe mijloace de atingere a unui scop, ci ca pe un scop în sine. Implicit, și ceilalți au drepturi. Și alți filozofi occidentali, cum ar fi empiristul John Locke, considerau că oamenii au drepturi. După Locke, starea naturală era una a fericirii, caracterizată de rațiune și toleranță. El credea că oamenii au dreptul de a-și trăi viața, de a fi liberi și de a avea proprietăți. (*N. a.*)

lipsă a compasiunii și la cele mai bune cazuri de compasiune, la citirea literaturii potrivite și la tipul de emoții care ne obligă să nu simțim compasiune.

Francisco Varela: Dar aceste cazuri țin toate de o credință. Cum rămâne cu perioada timpurie a marxismului? A existat o aspirație nemaipomenită spre solidaritate și compasiune, care s-a cuplat cu neîncrederea într-un sistem religios. A existat un tip de metodă pentru a construi o societate care să împlinească aceste aspirații, deși știm că modul în care a sfârșit nu a fost tocmai ideal.

Lee Yearley: Aș spune că marxismul, mai ales în perioada sa timpurie, a fost o mișcare religioasă aproape la fel de puternică și de înflăcărată ca acelea pe care Occidentul le-a produs în ultimii cinci sute de ani. A avut toate semnalmentele unei religii. Justificarea sa e plasată departe, în viitor. Oamenilor li se cerea să facă sacrificii cumplite și să se antreneze pentru aceste sacrificii de sine. A avut niște scopuri mărețe, o figură fondatoare venerată, texte sacre care au fost studiate. A fost o instituție fermă și a reprezentat o organizare a oamenilor extrem de solidă. Prin comparație, romano-catolicismul și iudaismul ortodox păreau plăpânde.

Vorbind despre criticii compasiunii, cred că este un adevăr absolut faptul că marile tradiții în care compasiunea joacă un rol central, fie că e vorba despre budism, creștinism sau confucianism, au coexistat întotdeauna alături de societăți în care anumite categorii sau clase, cum ar fi femeile, țăranii sau cei lipsiți de educație, au îndurat multe lipsuri. Indiferent cât de universală a fost ideea compasiunii, au existat puține impulsuri și energii – sau chiar nu au existat deloc – pentru a îmbunătăți starea acestor grupuri. Văzând ce anume a produs în trecut un fundament religios al eticii, oamenii au simțit nevoia s-o ia de la capăt.

Daniel Brown: Lee, dacă înțeleg eu bine, compasiunea, ca motivație a eticii în Occident, este criticată pentru că implică întotdeauna inegalitatea între oameni, o anumită discrepanță de statut, de putere sau de nivel al evoluției. Așadar, inegalitatea joacă un rol central în înțelegerea acestui fapt?

LEE YEARLEY: Inegalitatea joacă un rol central, dar este important, de asemenea, să considerăm compasiunea ca fiind ceva privat, un proces care are loc între persoane.

DANIEL BROWN: Oare practicile budiste care se concentrează asupra iluminării tuturor ființelor – a sinelui și a celorlalți – nu ne-ar ajuta să evităm problema inegalității în cazul compasiunii?

DALAI LAMA: Din punct de vedere budist, există diferite tipuri și niveluri de compasiune, care variază în funcție de individ și care pot reflecta și celelalte însușiri ale sale, cum ar fi înțelepciunea sau intuiția. În stadii preliminare, compasiunea se amestecă de obicei cu dorința sau cu atașamentul. De exemplu, compasiunea manifestată între părinte și copil: puteți avea sentimente de apropiere puternice și un simț al responsabilității, dar motivul este, în primul rând, grija pentru cel care vă este apropiat. Deoarece compasiunea de acest tip e influențată foarte mult de atașament, ea este, în mod natural, foarte limitată.

Este adevărat că, în anumite circumstanțe, în care aveți posibilitatea de a alina suferința unei persoane, există, în acest sens, o inegalitate. Un om are o capacitate pe care celălalt nu o posedă. Dar nu există un astfel de simț al inegalității, un sentiment de superioritate în modul real în care compasiunea se referă la alte ființe sensibile. El este absent. Compasiunea însăși nu distinge în mod necesar un superior și un inferior.

Un tip de compasiune mai profundă și mai cuprinzătoare decât cea influențată prin atașament se bazează în principal pe faptul că cealaltă ființă, pentru care simt compasiune, este la fel ca mine. Acea persoană urmărește fericirea, la fel ca mine, și are toate drepturile să fie fericită și să depășească suferința, la fel ca mine, fie că îmi este apropiată, fie că nu. Atât timp cât e vorba despre ființe sensibile, mai ales despre ființe umane cu dorințe și drepturi asemănătoare, pe *această* bază dezvolt compasiunea. Compasiunea de acest tip se bazează pe egalitatea între sine și ceilalți. Aici nu încape sentimentul superiorității. Prin urmare, *mai întâi* vă dați seama de faptul că și ceilalți au drepturi, iar pe această bază dezvoltați simțul grijii și al responsabilității.

Etică și context cultural

Daniel Goleman: Mi-aș permite să înaintez puțin în problema pusă de dr. Yearley. El a observat că, din punct de vedere istoric, în multe țări foarte religioase, inclusiv Tibetul, au existat țărani care trăiau în condiții mizere și alte clase care o duceau foarte bine. Apoi a observat că abordarea rațională laică și democratică a eticii se ocupă de această situație ca de o problemă care ține de drepturile omului. Cum se face că o asemenea nedreptate există alături de o atât de răspândită învățătură a compasiunii?

Dalai Lama: Există o teză simplă, care spune că oamenii au o „religie orală" – nu-și pun cuvintele în practică. Totuși, cred că dacă veți compara sistemul feudal din Tibet cu cel din China sau India, veți vedea că există mult mai multă compasiune și mai puțină suferință în sistemul tibetan. În general vorbind, cred că motivul pentru care lucrurile stau așa este accentul pus pe compasiune din învățăturile lui Buddha, dar aș fi interesat să iau cunoștință de cercetări făcute în legătură cu acest subiect de către oameni mai puțin influențați. Mulți străini au observat că tibetanii sunt foarte plini de viață și voioși, mai ales cei din generațiile mai vechi, care s-au născut și au crescut în acel sistem disfuncțional. Nimeni nu spune că Tibetul a fost perfect în trecut. Au existat, desigur, o mulțime de neajunsuri și multă înapoiere, dar, în general, era o societate foarte fericită. Cred că religia are importanța ei. Înainte de înflorirea budismului în Tibet, tibetanii erau, din punct de vedere istoric, o națiune de războinici. Budismul ne-a făcut să nu mai fim potriviți pentru asta. În același timp, am reușit să creăm o mulțime de simpatizanți.

Când abordăm problema fundamentării adecvate a principiilor etice din punct de vedere budist, trebuie să luăm în considerare ideea budistă elementară despre interdependența lucrurilor. Nu putem considera compasiunea singurul fundament; nu putem spune că, dacă o avem, totul va merge perfect, iar dacă nu, nimic nu va fi perfect. Compasiunea poate fi un motiv pentru acțiuni etice, dar asta nu înseamnă că ea singură este de ajuns. Din punct de vedere budist, toate cele trei poziții ale eticii occidentale menționate de dr. Yearley – individualismul, raționalismul și perfecționismul – au temeiuri justificate pentru tezele lor.

Individualismul este întemeiat pentru că fiecare individ trebuie să lucreze pentru propriul beneficiu, pentru propria împlinire și pentru că trebuie să luăm în considerare dorințele individuale. Tot așa, trebuie să ținem cont de perfecționism, deoarece scopul pe care-l urmărim este o stare de existență perfectă. În al treilea rând, trebuie să luăm în considerare raționalismul, pentru că avem nevoie de facultatea rațională umană pentru a face judecăți cu privire la ceea ce este corect sau greșit într-un anumit context. Așadar, din punctul de vedere al budismului, nu putem așeza un anumit element solitar ca fundament al eticii – trebuie să luăm în considerare natura interdependentă a lucrurilor. Fiecare dintre cei trei este necesar, dar niciunul nu poate fi suficient singur. În același fel, compasiunea singură nu este un fundament adecvat pentru etică, dar asta nu înseamnă că nu reprezintă un motiv sau un fundament potrivit pentru ea.

Lee Yearley: În etica occidentală, aceste trei idei nu pot fi alăturate, cel puțin nu foarte ușor, deoarece atunci când afirmăm că dorințele individuale sunt importante, fie spunem că tot ceea ce ce-și dorește un individ este corect, fie că anumite dorințe sunt mai bune decât altele. Odată ce începem să distingem dorințele bune de cele rele, devenim perfecționiști. În Occident, poziția individualistă susține că individul este singurul lucru important din întregul univers: indiferent ce-și dorește individualistul, el ar trebui să încerce să obțină acel lucru, iar statul să-i permită să-și împlinească dorințele. Dacă veți căuta un principiu religios în etica modernă occidentală, probabil că acesta este. Nu e foarte clar dacă mai are vreun sens în afară de acela de principiu religios. Poziția raționalistă este un exemplu foarte bun de cât de mult pot prețui unii oameni propriul punct de vedere asupra raționalității, deoarece acesta depinde de posibilitatea de a-i convinge pe alții să nu facă anumite lucruri, pur și simplu pentru că sunt greșite.

Dalai Lama: Dată fiind această poziție raționalistă, ar putea avea de-a face cu anumite acțiuni în cazul cărora să existe consens în privința corectitudinii și a greșelii, dar în multe cazuri judecata depinde de un context specific. Trebuie să luăm în considerare diferite circumstanțe, oamenii implicați, dispozițiile lor, și așa mai departe. Prin urmare, cum își dau seama raționaliștii de faptul că o acțiune poate fi justificată în cazul unui individ, dar ar putea fi nepotrivită în cazul altuia?

Lee Yearley: În termeni occidentali, Sanctitatea Sa prezintă o poziție foarte bună, în tradiția lui Aristotel și a lui Toma d'Aquino. Dar un raționalist ar susține că împrejurările nu impun nicio diferență. Amintiți-vă: Kant a susținut că nimeni n-ar trebui să mintă vreodată, pentru că o comunicare cu sens pornește de la premisa adevărului. Gândiți-vă la exemplul meu cu persoana care vă împrumută o armă și apoi vine s-o ceară pentru a-și ucide sora.

Kant ar spune să-i dați arma înapoi, pentru că nu puteți minți. După cum ați spus – iar ceilalți cred că sunt de acord –, nu este corect ca această poziție filozofică să justifice un astfel de rezultat.

Dalai Lama: Acest exemplu demonstrează relativitatea conceptelor legate de ceea ce e corect sau greșit. Așa că, în cele din urmă, deciziile ar trebui luate pe baza a ceea ce e benefic sau dăunător. Consecințele determină dacă o acțiune este corectă sau greșită. Orice acțiune care conduce la consecințe dăunătoare poate fi considerată greșită, iar acțiunea care are consecințe benefice poate fi considerată corectă.

Lee Yearley: Asta ne conduce spre o altă problemă care apare în cadrul acestei tradiții. Dacă gândim doar în termeni de beneficii și consecințe, se pare că vom găsi câteva cazuri foarte dificile.

Dalai Lama: De aceea sunt importante motivația și compasiunea.

Francisco Varela: În cadrul acestei viziuni asupra perfecționismului, considerată o posibilitate, credeți că există vreo metodă pragmatică ce face parte integrantă din ea? Dacă da, care este aceea? Întreb asta pentru că o astfel de metodă mi se pare – ca unui occidental crescut într-un context creștin – complet absentă din perspectiva asupra perfecționismului. De exemplu, ți se spune să iubești, dar eșuezi lamentabil atunci când încerci.

Lee Yearley: Cred că aici se găsesc bogății minunate în tradițiile occidentale. Nu ți se spune doar să manifești compasiune, să fii iubitor – ți se dau și metode practice sau exerciții pe care să le faci. Dar mulți oameni rămân doar la această teorie, apoi eșuează lamentabil și decid, în consecință, că tradițiile occidentale sunt depășite. Asta arată în ce măsură tradiția a pierdut contactul cu propriile rădăcini și a absorbit anumite aspecte foarte îndoielnice ale lumii moderne. Unul dintre acestea este ideea conform căreia înțelegerea atrage după sine o cale prin care devii imediat capabil să faci un anumit lucru. Cred că acesta este rezultatul tabloului raționalist în care gândul însuși conduce în mod natural și normal la acțiune. Niciunul dintre elementele mai profunde ale tradiției occidentale – nici iudaismul, nici creștinismul și nici celelalte – nu a considerat vreodată acest lucru ca fiind adevărat.

DALAI LAMA: Așadar, concluzia dumneavoastră este că, pentru a avea un principiu etic consistent, suntem nevoiți să facem apel la idei religioase sau transcendentale ce nu pot fi verificate științific? Când spuneți că susțineți un model perfecționist înseamnă că trebuie cu adevărat să faceți apel la vreun fel de religie pentru a instaura fundamentele etice?

LEE YEARLEY: Da, în definitiv. Cred că trebuie să folosim practici și idei religioase și cred că trebuie să atragem energii sau puteri care nu fac parte din experiența umană obișnuită.

DALAI LAMA: Dar cum rămâne cu animalele, în special cu cele sociale? Ele au o formă limitată de altruism și, se pare, un foarte bun simț al responsabilității față de binele comun, dar fără ca asta să implice vreo religie.

LEE YEARLEY: Cu siguranță că există resurse pe care oamenii le au în mod natural și pe care le putem atrage pentru a-i ajuta să-și construiască o comunitate și să-și îndeplinească obligațiile. Sunt foarte întristat de istoria Occidentului pentru că oamenii par să fie din ce în ce mai puțin capabili să opereze în mod etic în absența unui temei religios. În trecut, se întâmpla adesea ca oamenii să acționeze responsabil chiar și atunci când nu erau credincioși, deoarece se inspirau într-un fel dintr-o cultură sau o tradiție religioasă. Se pare că o parte dintre cauzele pentru care America este astăzi într-o situație atât de gravă o reprezintă faptul că oamenii sunt complet lipsiți de fundamentul religios. Li se spune că trebuie să aparțină unei țări, să o ajute și să obțină niște drepturi fundamentale, dar ei nu fac deloc așa și nu există probabil nicio cale pentru a-i convinge sau a-i forța să procedeze astfel.

Dalai Lama: Credeți că principiile etice care privesc ceea ce este corect sau greșit sunt legate de o anumită comunitate religioasă sau susțineți că există niște adevăruri universale pe care le împărtășesc toate ființele umane?

Lee Yearley: Mi-am petrecut ultimii douăzeci de ani încercând să răspund la această întrebare. Cred că există asemănări notabile, cel puțin între religiile sau culturile pe care le cunosc, și mi se pare că această situație este înălțătoare. Dar pentru a vorbi despre aceste adevăruri pare să fie necesar un limbaj care trece dincolo de ceea ce oferă o anumită tradiție. Nicio modalitate de a vorbi despre asta, fie ea confucianistă, creștină sau budistă, nu este pe deplin adecvată. Ne trebuie o nouă cale de a vorbi despre aceste adevăruri, fără a pierde complet contactul cu tradițiile din care provenim. Mi se pare evident că un nou limbaj este absolut necesar.

Thupten Jinpa: Susțineți așadar că există adevăruri religioase universal împărtășite, ce pot fi puse în contextul unor limbaje religioase diferite?

Lee Yearley: Asta spun acum. Mi-a luat mult timp să ajung la această părere și nu știu ce voi gândi despre acest subiect peste patru ani.

Un fundament universal pentru etică

Francisco Varela: Întrebarea Sanctității Sale referitoare la animalele sociale care manifestă un altruism responsabil din compasiune, desigur, fără vreun context cultural sau religios, implică faptul că s-ar putea ca principalul motor al acestor valori să nu fie, în mod necesar, tradiția. Nu e vorba că nu ar putea fi, dar de ce ar trebui să fie ea singurul?

Lee Yearley: Acesta este un aspect discutabil, dar o anumită poziție etică a susținut că o particularitate a ființelor umane este faptul că nu pot fi la fel de ușor atrase într-o comunitate precum celelalte animale și că ceea ce este absolut unic și poate de prețuit în cazul nostru e posibil să devină ceva îngrozitor: nu ne sacrificăm în mod necesar pentru grup și nu îi iubim în mod necesar pe cei care ne sunt apropiați. Putem decide să ne urmăm căile proprii, extrem de inteligente, pentru a avea succes. Cred că între oameni și animale există diferențe radicale, cel puțin în această privință, dar știu că există mulți oameni de știință care se consideră eticieni și care nu sunt de acord cu asta.

Francisco Varela: De aceea aș vrea să răspund acestei întrebări, pentru că eu sunt biolog.

Dalai Lama: Acea libertate de alegere ar putea fi cea mai mare putere a noastră, dar și cel mai mare defect.

Francisco Varela: Sanctitatea Sa sugera că ar putea exista o capacitate fundamentală care nu este religioasă, dar ar putea fi folosită ca fundament pentru etică. Întorcându-mă la întrebarea despre animale: am simțit dintotdeauna că, în cazul lor, compasiunea naturală pentru semeni are o limită foarte neclară. Cunoaștem exemple de compasiune manifestată și în afara speciei. Simbolul Romei este reprezentat de doi copii, Romulus și Remus, hrăniți de o lupoaică. Acea lupoaică nu acționa în folosul speciei ei. Acolo era ceva interior, care i-a permis să treacă granița dintre specii și să hrănească puii de om.

Lee Yearley: Dar acela este un simbol religios. Are sens tocmai pentru că nu are un fundament biologic, și de aceea romanii și l-au însușit ca simbol.

Francisco Varela: Totuși, astfel de lucruri se întâmplă și la nivel biologic. S-au raportat multe cazuri în care delfinii îi ajută pe navigatori.

Lee Yearley: Cu siguranță că se întâmplă și la nivel biologic, dar cred că oamenii au înregistrat astfel de situații tocmai pentru faptul că sunt ciudate.

Francisco Varela: Dar, dacă există ceva ce nu începe cu o cultură, avem o bază enormă pe care putem construi; o bază care poate fi extinsă prin antrenament.

Dalai Lama: În termenii dezvoltării umane, oare nu se poate ca acest lucru să apară în relația dintre părinte și copil sau între persoane de sex opus? De aceea crește populația umană încontinuu. Chiar și la plante există o formă de cooperare. Societatea umană se bazează pe familie, iar aceasta se bazează pe cooperare, nu forțată, ci necesară. Necesitatea inițială produce apoi un rezultat pozitiv, o satisfacție, și astfel familia se dezvoltă. Așa că acest lucru se întâmplă pe baza calităților ale naturii umane. Religia nu face încă parte din peisaj – ea este o calitate fundamentală a minții. Desigur, furia și gelozia sunt și ele produse de minte. Totuși, cred că forțele dominante ale minții sunt compasiunea și afecțiunea. Dacă forța dominantă ar fi fost furia, atunci familia nu s-ar fi putut dezvolta. Ucigând și terorizând oamenii, nu se ajunge la o familie, dar umanitatea există. Acum, ca urmare a acestui lucru, ne facem griji cu privire la suprapopulare. Natura umană este fundamental pozitivă – acesta este fundamentul religiei din punct de vedere budist. Oricum, religia este creația umanității. Desigur, este posibil să-l considerăm pe Dumnezeu ca fiind exterior umanității, dar chiar dacă există un Dumnezeu, fără o ființă umană ca receptor, religia nu poate fi dezvoltată. Principala contribuție vine din partea ființelor umane. Așadar, religia se bazează pe calitățile naturii umane, pe afecțiunea intrinsecă. Atunci când oamenii își dau seama că un anumit lucru este benefic, încearcă să întărească acea calitate și să o impună. Desigur, în anumite ocazii ar putea fi permisă exprimarea furiei. Totuși, nicio religie nu o încurajează ca fiind o manifestare benefică, pentru că furia creează probleme. Ființele umane nu apreciază furia – nu le place distrugerea. Cred că mai degrabă le place foarte mult să construiască.

Lee Yearley: Atunci de ce distrug atât de mult?

Dalai Lama: Dacă examinăm istoria, de-a lungul miilor de ani în care ființele umane au existat, cred că mai mult s-a construit decât s-a distrus. De obicei, atunci când are loc ceva distructiv suntem șocați, pentru că, prin natura noastră, suntem afectuoși și pașnici. Când se întâmplă ceva bun, acest lucru ni se pare normal. Distrugerea are un impact mai mare, așa că ne închipuim că există mai multă distrugere decât o acțiune pașnică precum aceea de a construi. Mă puteți contrazice? Am considerat întotdeauna că este foarte important să ascult și un alt punct de vedere.

Lee Yearley: Rămân atras, dacă nu chiar convins, de cea mai profundă linie a tradiției creștine, care susține că tot ce ați spus despre ființele umane – construiesc, întemeiază familii – este corect, dar există ceva în interiorul oamenilor care îndeamnă la distrugere, violare și automutilare, ceva obscur care are tendința de a răbufni chiar și în cazul lucrurilor îndrăgite cândva. Este inexplicabil, dar așa ceva există și întreaga tradiție creștină încearcă să găsească motivul prezenței acestui rău profund în oameni, în ciuda tuturor celor spuse de dumneavoastră. După cum spunea un teolog creștin, păcatul originar n-ar trebui să existe, dar e limpede că el există.

Daniel Goleman: Există un echivalent budist al păcatului sau al răului originar?

Dalai Lama: Echivalentul budist ar fi ignoranța fundamentală.

Jon Kabat-Zinn: Faptul de a numi răul ignoranță reprezintă o perspectivă plină de compasiune. Lee, ai alcătuit un tablou foarte exact al unei dileme serioase – o problemă epistemologică. Care este opinia ta cu privire la un posibil răspuns în acest caz?

Lee Yearley: M-am convins pe mine însumi și pe alți câțiva prieteni că este posibil un răspuns. Cred că răspunsul constă într-o perspectivă perfecționistă asupra oamenilor. Dar nu vom putea convinge niciodată anumiți oameni de acuratețea acestei imagini, și asta este, într-un anumit fel, neliniștitor.

Jon Kabat-Zinn: Dar prin ce se deosebește acest tablou de perspectiva perfecționistă anterioară, cu dilemele sale?

Lee Yearley: Cred că unele aspecte ale perspectivei raționaliste, inclusiv noțiunile de drepturi și justiție, pot fi introduse în perspectiva perfecționistă. Mai multe probleme întâmpin atunci când încerc să aflu cum s-ar putea pune în practică o perspectivă perfecționistă într-o societate democratică liberă. Mi se pare că asta ar presupune un control asupra oamenilor în anumite moduri extrem de problematice.

Jon Kabat-Zinn: Crezi că știința sau perspectiva mai largă asupra problemei minte–corp ne oferă vreo contribuție la această perspectivă perfecționistă, făcând-o substanțial diferită de cele anterioare, care nu duceau nicăieri?

Daniel Goleman: Cu alte cuvinte, avem un fundament pentru o moralitate nouă?

Lee Yearley: Am anumite îndoieli, dar poate că mă voi lămuri.

Capitolul 2

Emoții dăunătoare și emoții care hrănesc: impactul lor asupra sănătății

Daniel Goleman

EMOȚIILE NOASTRE pot fi foarte importante pentru starea de sănătate. Pe de o parte, datele științifice arată că legătura dintre emoții și sănătate este foarte strânsă în cazul sentimentelor negative: furie, anxietate, depresie. Dacă sunt accentuate și prelungite, aceste stări pot crește vulnerabilitatea la boală, pot amplifica simptomele sau pot împiedica recuperarea. Pe de altă parte, stările pozitive, cum ar fi liniștea și optimismul, par să aibă efecte benefice asupra stării de sănătate, cu toate că datele referitoare la acest proces nu sunt la fel de solide ca în cazul celor negative. Daniel Goleman trece în revistă dovezile și posibilele implicații ale folosirii imperativelor biologice pentru starea de sănătate ca principii ale acțiunii etice.

DANIEL GOLEMAN: Sanctitatea Voastră, ați spus că trei până la patru miliarde de oameni nu au convingeri religioase. Întrebarea este: ce fel de etică îi poate atrage pe aceștia? Voi prezenta dovezi ale experimentelor științifice care sugerează o cale cu totul nouă pentru abordarea acestei chestiuni, și anume că mintea corpului, adică sistemul imunitar, furnizează un fundament pentru un sistem etic *de facto*, prin diferența dintre stările emoționale care ne ajută să rămânem sănătoși și să trăim mai mult și cele care pot provoca boala. Vă voi demonstra că sistemul etic al corpului, „dharma trupului", se apropie de un aspect legat de Buddhadharma – emoțiile dăunătoare tind să ne îmbolnăvească, iar stările psihice de bine întrețin sănătatea. Cercetând noile dovezi științifice, mi se pare izbitoare asemănarea dintre stările psihice care conduc la îmbolnăvire sau la însănătoșire și cele considerate sănătoase sau nesănătoase în multe sisteme spirituale vechi, cum ar fi budismul și creștinismul.

Dați-mi voie să vă ofer mai întâi un context pentru cercetarea despre care voi vorbi. Analizând stările psihice care conduc la însănătoșire sau la îmbolnăvire, nu vreau să sugerez că stările mintale sunt singurele implicate. Dacă vrem să aflăm de ce ne îmbolnăvim într-un anumit moment, trebuie să luăm în considerare mulți factori. Suntem expuși în mod constant acțiunii unor microbi sau unor celule din corp care încep să se transforme în tumori și, cu toate că sistemul imunitar le supraveghează în permanență, există multe lucruri care îl pot slăbi. Unul este ereditatea: putem moșteni o tendință genetică de a contracta boli autoimune, cancer sau altele. Un alt factor este prostul obicei: fumatul poate provoca boli de plămâni, iar alimentația nepotrivită poate slăbi sistemul imunitar. Mediul este și el un factor: poluarea aerului în timpurile moderne a cauzat o creștere semnificativă a problemelor respiratorii, cum ar fi astmul.

O nouă descoperire făcută în ultimii cinci sau zece ani afirmă că stările psihice pot influența puterea sistemului imunitar și robustețea celui cardiovascular. Stările emoționale sunt singurele care au fost cercetate din punct de vedere științific. Cele dăunătoare sunt furia sau ostilitatea, depresia – care nu include doar tristețea, ci și autocompătimirea, sentimentul de vinovăție și disperarea –, stresul, care constă în agitație, nervozitate și anxietate, și reprimarea sau negarea anxietății. Cele benefice sunt: calmul, optimismul, încrederea, bucuria și bunătatea iubitoare.

Impactul acestor stări asupra sistemului imunitar este măsurat prin creșterea sau descreșterea numărului și a eficienței celulelor imunitare. Punctul de vedere dominant în medicină este cel conform căruia măsura în care starea acestor celule variază odată cu emoțiile nu are – din cercetările de până acum – o influență prea mare asupra stării de sănătate, dar această opinie ar putea fi modificată cu ajutorul unor dovezi noi. Să vedem în ce măsură starea celulelor variază: dacă, de exemplu, slăbim cu 80 de procente sistemul imunitar al șobolanilor albi prin șocuri electrice repetate, aceștia încep să moară din cauza diferitor boli, deoarece eficiența imunității lor este grav afectată. Acest lucru nu se întâmplă atunci când scăderea este de 20 sau 30 de procente – valoare descoperită în cele mai multe studii legate de emoții și funcția imunitară –, cu toate că am putea susține că această variație pare să fie totuși diferită în ceea ce privește succesul luptei cu microbii și durata convalescenței. Cercetarea acestor stări psihice include și bolile de inimă sau de alt tip, care nu au nimic de-a face cu sistemul imunitar, așa că ele par să afecteze starea de sănătate în ansamblu.

Prima stare psihică este furia. Dr. John Barefoot, profesor la Universitatea Carolina de Nord, a testat oameni cu potențiale afecțiuni grave ale inimii. Atunci când au venit pentru măsurarea blocajelor din artere, li s-a făcut un test psihologic pentru a afla cât de furioși sunt în general. De exemplu, au fost întrebați cât de des țipă la copiii lor. Cel mai redus blocaj al arterelor a fost descoperit în cazul grupului celor mai puțin furioși, cei mai mânioși suferind de cel mai ridicat blocaj. Asta nu dovedește că furia blochează arterele, pentru că un al treilea factor ar putea cauza atât furia, cât și blocajul.

Ne trebuie, așadar, un alt studiu, care să prezică starea unei persoane în viitor, pornind de la cea actuală. Dr. Redford Williams, de la Universitatea Duke, a studiat 2 000 de muncitori dintr-o uzină, care, din întâmplare, fuseseră supuşi cu 25 de ani înainte unui test ce includea şi măsurarea nivelului de ostilitate. Dintre cei care avuseseră un procentaj foarte mic, muriseră între timp aproape 20%. Aproximativ 30% dintre cei cu un punctaj foarte mare muriseră de inimă, de cancer sau de alte boli, dar şi din cauze ce nu aveau legătură cu starea de sănătate, de pildă accidentele. Asta sugerează că, dacă sunteţi o persoană cronic furioasă, aveţi de 1,5 ori mai multe şanse de a muri în următorii 25 de ani decât un om care nu e mânios.

Putem presupune că accidentele au fost provocate de furie, dar nu ştim asta cu siguranţă. De atunci au mai apărut studii care au demonstrat că furia este un factor puternic în cazul morţii premature. Într-un studiu început la mijlocul anilor '50, câţiva studenţi la medicină au fost testaţi şi catalogaţi ca fiind ostili sau nu. Când Williams i-a reperat, 20 de ani mai târziu, numai trei dintre cei 136 care nu fuseseră etichetaţi drept ostili muriseră. Din grupul celor care manifestau o ostilitate crescută muriseră 16, aşa că se pare că vorbim despre un factor care măreşte foarte mult riscul de deces. Interesant este că cele mai multe morţi ale celor furioşi s-au petrecut înainte ca aceştia să împlinească cincizeci de ani – se pare că furioşii mor mai devreme.

Dr. Williams a studiat cu atenţie şi calitatea particulară a furiei, care pare să conducă la o moarte timpurie, descoperind că aceasta are trei componente. Prima este atitudinea cinică. Dacă avem o perspectivă suspicioasă şi negativă asupra oamenilor, atunci presupunem că este foarte posibil ca ei să ne ameninţe şi, prin urmare, e mai bine să fim atenţi. Această atitudine permanentă de ostilitate conduce ulterior la sentimentul de furie, care ne face să ţipăm şi să ne plângem fără încetare.

Cercetătorii de la Harvard Medical School au descoperit că singura emoţie des întâlnită în cele două ore care preced un atac de cord grav este furia. Odată instalate bolile de inimă, furia pare să fie deosebit de periculoasă. În cazul celor care au suferit deja un atac de cord, un acces de furie poate scădea eficiența inimii cu șapte sau mai multe procente, ceea ce înseamnă o scădere periculoasă a fluxului de sânge care trece prin inimă. Studiile efectuate la facultățile de medicină de la Stanford și Yale au arătat că persoanele care au suferit un prim atac de cord și se enervează foarte ușor sunt de două sau de trei ori mai predispuse să moară de un nou infarct de-a lungul următorului deceniu.

Riscul presupus de ostilitate ar putea fi mai mare pentru bărbați decât pentru femei. Testosteronul este un hormon care, în timpul dezvoltării în uter, determină fătul să devină băiat. Bărbații au mult mai mult testosteron decât femeile. Acest hormon poate crește agresivitatea, cu toate că există o controversă în această privință. Însă oamenii care comit crime violente au un nivel al testosteronului mai mare decât cel obișnuit. În cazul unui nivel crescut al testosteronului ne place să controlăm situația, astfel încât avem tendința să ne certăm sau să ne luptăm mult mai des. Acest lucru pare să ne facă mai vulnerabili la bolile de inimă.

Următoarea stare psihică cu urmări nedorite pentru sănătate este depresia, care constă în tristețe, autocompătimire și disperare. Există multe studii pe care o să le trec sumar în revistă. Dovezile în cazul depresiei sunt mai solide în ceea ce privește influențarea însănătoșirii după o boală gravă decât referitor la cauza inițială a bolii. De exemplu, într-un studiu care a avut ca subiect femei suferind de cancer de sân, cele mai deprimate au prezentat cel mai mic număr de celule naturale imunitare. Se pare că una dintre sarcinile acestor celule este să lupte cu cancerul, patrulând prin corp în căutarea tumorilor care încep să crească. Pacienții deprimați au cele mai puține celule de acest gen și, de asemenea, prezintă tumori care se întind mult mai repede în diferite părți ale corpului.

La Mt. Sinai Medical School din New York, psihiatrii au evaluat nivelurile de depresie ale oamenilor în vârstă sosiți la spital cu fractură de bazin – un accident grav, care i-ar putea împiedica să mai meargă vreodată. Comparativ cu cei deprimați, de trei ori mai mulți dintre cei care nu erau deprimați au reușit să meargă din nou, având de nouă ori mai multe șanse să revină la starea de sănătate anterioară accidentului. Așadar, depresia pare să aibă de-a face cu vindecarea oaselor sau cu funcția de recuperare.

La Universitatea Minnesota, din 100 de pacienți care au suferit un transplant de măduvă, 12 dintre cei 13 care au fost foarte deprimați înainte de operație au murit în primul an de după transplant, în timp ce 34 dintre ceilalți 87 mai erau încă în viață după doi ani. Depresia reprezintă un risc medical și pentru supraviețuitorii atacurilor de cord. La Universitatea din Montreal, în cazul pacienților deprimați aflați sub tratament după un prim infarct, unu din opt era expus unui risc de cinci ori mai mare de a muri decât un pacient cu o boală similară de inimă, dar care nu suferea de depresie.

Să trecem la anxietate sau stres, care poartă numele de agitație sau neliniște în sistemul Abhidharma. În cadrul unui experiment, au fost puse în aceeași cușcă patru maimuțe masculi care nu se mai văzuseră înainte. Maimuțelor, prin natura lor, le place să aibă un comandant și hotărăsc cine e șeful luptându-se; odată ce s-a decis acest lucru, toată lumea urmează ordinele și viața decurge pașnic. În fiecare săptămână, cercetătorii au scos din cușcă două maimuțe, aducând altele două în locul lor, ceea ce însemna că ele trebuiau să se lupte din nou pentru a stabili ierarhia. Cercetătorii au făcut acest lucru un an, timp în care au ținut într-o altă cușcă aceleași cinci maimuțe. După aceea, au descoperit că maimuțele care fuseseră schimbate prezentau blocaje arteriale. Șeful grupului suferea de cea mai gravă boală de inimă, pentru că luptase cel mai mult. Interesant este că șeful celuilalt grup prezenta cel mai mic nivel al blocajului – este mai sănătos să fii șef atunci când nimeni nu se luptă.

Un alt mod de a privi anxietatea a fost furnizat de studiul făcut asupra oamenilor care trăiau în apropierea reactorului nuclear de la Three Mile Island. Sângele celor care, trăind lângă reactor și, din această cauză, fiind anxioși și temători, conținea mai puține celule T și B decât cel al persoanelor aparținând aceleiași comunități, dar care locuiau mai departe de uzina nucleară. Așadar, teama și grijile par să influențeze sistemul imunitar.

Dar studiile referitoare la sistemele imunitare sunt mai ambigue decât cele care au demonstrat efecte corelate. De exemplu, mediciniștii de la Universitatea Ohio care studiau pentru licență – aflându-se astfel sub un stres major – au prezentat scăderi importante ale nivelului celulelor T și B, precum și un număr mai mare de răceli și gripe.

Cele mai semnificative informații provin de la o unitate de cercetare a răcelilor din Anglia, în asociere cu Universitatea Carnegie-Mellon, care expune sistematic voluntarii acțiunii virusurilor răcelii. Nu orice persoană expusă răcește – depinde de robustețea sistemului imunitar în momentul respectiv. Dar stresul și anxietatea par cruciale. Dintre cei care prezentau un stres minor în momentul expunerii la virus, 27% au răcit; dintre cei care prezentau un stres major, s-au îmbolnăvit 47%.

În fine, imaginea de ansamblu pare să sugereze că stările de agitație și de tulburare măresc riscul de boală. Howard Friedman, de la Universitatea California din Irvine, a analizat datele a peste 100 de studii, care puneau în legătură emoțiile predominante ale oamenilor cu starea lor de sănătate. În comparație cu omul mediu, cei care tind în mod obișnuit să fie ostili și furioși, foarte anxioși, triști, pesimiști sau tensionați erau expuși unui risc dublu în privința contractării unei boli grave, inclusiv astm, migrene cronice, ulcere stomacale, boli de inimă și artrită.

Ultima emoție dăunătoare, studiată foarte mult, este reprimarea sau negarea. Cred că aceasta este legată, într-un sens larg, de anumite aspecte ale ignoranței și amăgirii în Abhidharma. Gary Schwartz și colegii săi de la Harvard au cercetat acum câțiva ani mușchii faciali care exprimă emoțiile, în special mușchiul din centrul frunții, care devine tensionat atunci când suntem îngrijorați. Oamenii cu multe dureri de cap au adesea un nivel ridicat al tensiunii acestui mușchi. Uneori, mușchiul este tensionat fără a da la iveală vreo cută. Din această cauză, cercetătorii au folosit un electrod pentru a determina tensiunea. Anumite persoane, cu un nivel ridicat al tensiunii acestui mușchi, au spus că se simt bine și că nu sunt îngrijorate. Acestea au fost observate în continuare și s-a descoperit că negau ceea ce se petrecea de fapt în corpul lor. Cercetătorii au făcut în așa fel încât să-i agite pe acești oameni din punct de vedere fizic, măsurându-le tensiunea musculară și pulsul, care exprimă agitația fizică, iar apoi i-au întrebat dacă se simt relaxați sau tensionați. Mulți oameni spun că sunt tensionați atunci când corpul lor este într-adevăr tensionat, dar aceștia au susținut că *nu* erau tensionați, deși corpul lor prezenta această stare. Despre astfel de oameni se spune că neagă.

Cei care „reprimă“ pot fi mai sensibili la astm, hipertensiune și răceli. În cazul femeilor suferind de cancer de sân care își reprimă starea de tensiune, tumoarea poate recidiva. Repet, așadar, reprimarea pare să fie dăunătoare sănătății.

Emoțiile benefice și starea de sănătate

Dacă cercetăm stările psihice benefice, constatăm contrariul. Să luăm, de pildă, liniștea sau starea de calm. Cele mai multe studii au fost făcute pe oameni care au învățat un mod de relaxare, foarte adesea meditația. Ei au descoperit că aceste practici relaxează într-adevăr corpul – ceea ce doctorul Herbert Benson, de la Universitatea Harvard, numește „răspunsul relaxării“ –, iar de aici rezultă foarte multe beneficii pentru sănătate.

Există o serie de metode folosite în practică pentru a-i ajuta pe oameni să devină mai calmi. În biofeedback, de exemplu, un electrod atașat mușchiului din centrul frunții oamenilor care tind să se îngrijoreze produce un sunet ori de câte ori mușchii devin tensionați, astfel încât pacientul învață să se relaxeze pentru a preveni apariția sunetului. Relaxarea este mai eficientă, pentru că, în acest caz, știu când anume mușchiul este relaxat sau tensionat. Această stare de calm aduce multe beneficii sănătății. Am arătat că celulele T și B se împuținează în cazul studenților care dau examene. Atunci când unii dintre studenții de la Universitatea Ohio, aflați în sesiune, au meditat în fiecare zi, s-a observat că numărul celulelor T a crescut. Cu cât meditau mai des și mai temeinic, cu atât mai puternic era efectul.

Optimismul, următoarea stare psihică pozitivă, este mai mult o perspectivă care are de-a face cu modul în care explicăm lucrurile negative care apar în viața noastră, ferindu-ne de depresie și demoralizare în cazul unor supărări. De exemplu, atunci când pierd un examen, unii spun că asta s-a întâmplat pentru că sunt proști. Ei explică acest lucru în termenii unei trăsături stabile și permanente pe care o au. Aceasta este viziunea negativă sau pesimistă. Alții spun că au picat pentru că a fost un examen greu, dar că data viitoare vor învăța mai temeinic. Ei explică evenimentele supărătoare în termenii unei situații aflate în permanentă schimbare – o viziune mai apropiată de budism, cred. Sunt încrezători că lucrurile vor sta altfel data viitoare. Într-un studiu început în anii '40, studenții de la Harvard au fost clasificați ca fiind optimiști sau pesimiști în funcție de eseurile scrise despre evenimentele importante din viața lor. După aproape 30 de ani, a fost examinat istoricul medical al acelorași studenți după terminarea facultății. Începând cu vârsta de 40 de ani, pesimiștii au avut necazuri și probleme de sănătate mult mai mari decât optimiștii. La Universitatea Michigan, o clasificare asemănătoare a fost făcută în cazul pacienților care au suferit o operație de bypass. Optimiștii au avut mai puține probleme în timpul intervenției și și-au revenit mai repede. Așadar, chiar și în această situație extremă, optimismul pare să fie benefic pentru starea de sănătate.

O altă stare psihică pozitivă este încrederea, sentimentul că suntem capabili să stăpânim situația. În Occident, ea este asociată adesea cu senzația de control. O persoană încrezătoare simte că are lucrurile sub control. Anumite slujbe îi determină pe oameni să simtă că au un control foarte redus asupra situației. De exemplu, un șofer de autobuz trebuie să respecte un anumit orar. Trebuie să se afle acolo unde este programat, indiferent ce se întâmplă, dar pe drum pot apărea situații neprevăzute, iar el nu poate controla asta. În cazul oamenilor cu astfel de servicii, se întâlnesc aproape de trei ori mai multe cazuri de hipertensiune sau de alte probleme medicale decât în cazul celor care au mai mult control asupra a ceea ce fac.

Într-un experiment repetat în câteva centre medicale, doi șobolani albi sunt puși în cuști alăturate. Amândurora li se administrează simultan șocuri electrice, dar unul beneficiază de o manetă pe care o poate apăsa pentru a opri șocurile, pe când celălalt nu are această posibilitate. Primesc exact aceleași șocuri, dar numai unul le poate controla. Cel care nu le poate controla face un ulcer stomacal. Când ambii șobolani sunt injectați cu celule canceroase, tumoarea se răspândește mai rapid în cazul celui care nu deține controlul.

Pacienții internați în sanatorii sau în aziluri simt adesea că nu dețin niciun control, mai ales dacă aceste instituții sunt conduse cu multă strictețe. Psihologii de la Yale au convins conducerea unui azil să permită unui grup de oameni în vârstă să aibă mai mult control asupra deciziilor, cum ar fi alegerea meniului sau a orelor de primire a vizitelor. Ei au dat fiecărui membru al acestui grup o plantă de care să aibă grijă. După un an, grupul înregistra doar jumătate din numărul de decese întâlnit în cazul altor grupuri, ai căror membri nu dețineau niciun control.

O altă stare psihică foarte importantă este dispoziția de a fi prietenos sau, în termeni psihologici, conectivitatea socială: măsura în care cineva își poate face mulți prieteni sau poate găsi oameni care să-i furnizeze sprijin emoțional. Cercetătorii s-au orientat din nou spre studenții aflați în sesiune – un experiment natural pentru stres. Cei care s-au simțit singuri au înregistrat cele mai puține celule imunitare în timpul examenelor. În cazul femeilor suferind de cancer de sân, cele care au avut parte de un sprijin social mai larg au prezentat cu 30% mai multe celule decât cele care nu aveau prea multe legături sociale.

Într-un studiu al Universității California, cercetătorii au intervievat 5 000 de oameni dintr-un oraș mare și i-au întrebat câți prieteni au și câtor oameni le pasă de ei. Nu era vorba doar de prietenii, ci și de diferite moduri în care oamenii iau parte la viața comunității: prin organizații civice, biserică, întâlniri publice, ședințe cu părinții, tot ceea ce dă sentimentul de conectivitate într-o comunitate mai largă. După nouă ani, în rândul celor care aveau foarte puțini prieteni existau de două ori mai multe decese decât în rândul celor care aveau foarte mulți. Multe alte studii au descoperit că factorul conectivității sociale are legătură cu rata mortalității.

Datorită unor asemenea descoperiri, care demonstrează că legăturile umane amortizează efectele stresului, bolnavii sunt din ce în ce mai des plasați în anumite cercuri care acordă sprijin emoțional, alături de cei care suferă de aceeași boală. Ideea potrivit căreia dacă există oameni cărora le pasă de tine și dacă și ție îți pasă de alții beneficiezi de o stare de sănătate mai bună a fost foarte controversată. Acum aproape zece ani, doctorul David Spiegel, de la Universitatea Stanford, a încercat acest lucru în cazul femeilor suferind de cancer la sân aflat într-un stadiu avansat, presupunând că nu avea cum să le dăuneze și că le-ar fi putut ajuta să abordeze corect din punct de vedere emoțional ceea ce în acel stadiu reprezenta o afecțiune aproape sigur letală. Femeilor dintr-un grup li s-a administrat tratamentul medicamentos obișnuit. Cele dintr-un alt grup au primit același tratament, dar s-au întâlnit pentru terapie de grup o dată pe săptămână, timp de un an. Au vorbit despre sentimentele lor referitoare la cancer și la ceea ce a însemnat boala pentru familiile lor. Au devenit prietene apropiate, întâlnirile generând multe astfel de relații. Au învățat și tehnici autohipnotice pentru controlul asupra durerii.

După aceasta, cercetătorii au studiat rata mortalității în cadrul ambelor grupuri, în următorii zece ani. După doi sau trei ani, diferențele au început să se vadă. Femeile care au participat la terapia de grup au murit într-un număr mai mic decât cele care au beneficiat numai de tratamentul obișnuit. După zece ani, rata mortalității era de două ori mai mare în grupul care beneficiase doar de tratamentul medicamentos.

Această influență a fost studiată și în cazul animalelor. O maimuță ținută în cușcă a fost supusă acțiunii unor lumini puternice și a unor sunete bubuitoare, după care a fost măsurat nivelul de cortizol, un hormon produs de corp ca răspuns la stres și la frică și care suprimă activitatea sistemului imunitar. Când a mai fost adusă o maimuță în cușcă, a fost produsă doar jumătate din cantitatea inițială de hormon. Cu alte cinci maimuțe în cușcă, luminile și zgomotele nu au avut niciun efect asupra cantității de cortizol secretat.

Într-un caz asemănător, au fost folosiți iepuri pentru studierea bolilor de inimă. Au primit o alimentație care produce blocaje arteriale. Câțiva iepuri au fost luați din grup și îngrijiți ca animale de casă, cu multă afecțiune. Aceștia au prezentat blocaje mai reduse ale arterelor decât ceilalți.

O altă stare psihică pozitivă este bucuria sau fericirea. Cercetătorii de la Harvard au măsurat hormonii oamenilor care urmăresc comedii și au descoperit că nivelul de cortizol era redus, iar cel al celulelor imunitare crescuse. Așadar, râsul contează, cu toate că nu putem spune dacă are un efect medical semnificativ. Un alt studiu a descoperit că urmărirea comediilor crește numărul celulelor T și că oamenii care râd mult prezintă de obicei cea mai mare creștere a numărului acestor celule în timpul filmului. Un studiu asemănător a urmărit 36 de femei cu cancer de sân care avuseseră tumori. Unele nu au mai avut probleme ulterioare, dar la altele cancerul a recidivat. După șapte ani, 24 dintre ele muriseră. Testele psihologice inițiale au arătat că singura diferență dintre cele care au supraviețuit și cele care au murit a fost un sentiment al bucuriei în viață. Cercetătorii au fost surprinși de faptul că bucuria s-a dovedit a fi un factor mult mai puternic de prezicere a celor care vor trăi și a celor care vor muri decât numărul de zone în care s-a răspândit cancerul. (Este nevoie ca aceste date să fie întărite și de alte experimente înainte de a putea trage vreo concluzie definitivă în acest sens.)

Ne-a mai rămas bunătatea iubitoare, cu toate că în acest caz datele sunt cele mai puține și cele mai speculative. Doctorul David McClelland, de la Harvard, a rugat niște oameni să urmărească un film foarte emoționant, în care Maica Tereza îngrijea niște oameni. Alții au urmărit un film despre naziști, care i-a înfuriat foarte tare. A existat o creștere de scurtă durată a numărului de celule T în rândul celor care au urmărit filmul cu Maica Tereza. Dacă după film au petrecut o oră meditând la bunătatea iubitoare, gândindu-se la toți oamenii din viața lor care au fost afectuoși cu ei, creșterea numărului de celule T a avut o durată mai mare. Inducerea acestei stări psihice pare să stimuleze și să întărească celulele T și sistemul imunitar în general, cu toate că nu știm dacă gradul de schimbare a funcțiilor imunitare în acest caz are vreo semnificație medicală.

Acestea sunt principalele studii de până acum, efectuate atât asupra stărilor psihice negative, cât și asupra celor pozitive. Se pare că există dovezi foarte clare, puternice, în privința efectelor acestora asupra stării de sănătate – în special, impactul nociv al emoțiilor negative puternice, cronice. Această zonă a cercetării medicale este foarte nouă și multe studii trebuie repetate pentru a fi siguri că efectele sunt reale și însemnate. În cazul studiilor care se bazează pe măsurarea imunității, nu știm încă dacă există vreun impact medical real asupra acesteia, provocat de schimbările observate; acestea sunt doar sugestive, nu definitive. Cele mai solide date sunt produse de studiile care au folosit boala sau moartea ca rezultat măsurat, și chiar și în aceste cazuri putem spune că vom fi cu atât mai siguri de existența legăturii dintre emoții și starea de sănătate cu cât cercetătorii confirmă descoperirile printr-un număr mare de cazuri.

Totuși, dacă aceste tendințe științifice continuă să fie verificate de cercetări viitoare, am putea găsi rezolvarea problemei despre care vorbea Lee: cum să determinăm oamenii fără nicio convingere religioasă, care au doar o etică individualistă – „Ceea ce îmi doresc este ceea ce ar trebui să primesc" –, să trăiască într-un mod moral. Poate veți spune că este în interesul lor să fie afectivi, nu furioși.

Dalai Lama: Mi-ați furnizat foarte multă muniție! (*râsete*)

Avertismente

Francisco Varela: Aș vrea să comentez biologia dovezilor despre care a vorbit Dan. Măsurătorile reflectă parametrii globali și activitatea la o scară foarte generală, nespecifică. Este ca și cum ți-ai lua temperatura: îți poate spune ceva general despre starea corpului, dar febra poate fi cauzată de 30 de lucruri diferite. Măsurarea numărului de celule T este, de asemenea, un parametru global foarte imprecis, care ar putea semnifica multe lucruri în termenii activității relative a unor factori-cheie ai organismului. Iar a face o electroencefalogramă este ca și cum ai pune un microfon în centrul orașului. S-ar putea să afli dacă orașul este liniștit sau nu, dar nu poți deduce din asta rata de schimb a dolarului sau a francului. Sistemul imunitar, asemenea creierului, este foarte exact. Scăderea sau creșterea numărului de celule T este un indiciu brut, neclar, care nu îți poate spune, de exemplu, dacă un factor este mai favorabil vindecării rănilor sau prevenirii cancerului.

Vorbim, așadar, despre tehnici care abia încep să se dezvolte și trebuie să ne mulțumim cu măsurători brute, care ar putea fi derutante. Trebuie să fim extrem de prudenți, pentru a nu deveni prea optimiști în interpretarea acestor studii de început.

Daniel Brown: Unele dintre cele mai bune studii fac un pas mai departe, în sensul că nu se rezumă la măsurători globale ale funcțiilor imunitare, cum este cazul numărului de celule T, ci măsoară și variațiile și incidența bolii. De pildă, în studiul efectuat pe studenții la medicină, pe lângă măsurarea funcțiilor, putem face corelații între activitatea imunitară și incidența bolii. Cercetătorii au reușit să demonstreze că atunci când parametrii imunitari au scăzut, oamenii au fost mai bolnavi. Studierea mortalității reprezintă, de asemenea, o măsurare concretă a faptului că aceste lucruri au un efect negativ sau pozitiv. Dar o creștere a numărului de celule imunitare este un indicator foarte imprecis. Procentajul citotoxicității este un indicator mai bun al eficienței celulelor imunitare, deoarece reprezintă acțiunea de apărare împotriva bolii, nu doar numărul lor.

Francisco Varela: Un alt exemplu de măsurători exacte: în *miastenia gravis*, putem măsura creșterea și descreșterea a cinci clone [pentru anticorpi] cunoscute ca fiind foarte relevante pentru această boală. Abordarea este mai degrabă specifică decât globală: se pune un electrod minuscul în creier și se măsoară activitatea unei anumite celule. Un studiu de acest tip are mai multă relevanță, dar este mult mai greu de făcut.

PARTEA A DOUA

Fundamente biologice

Capitolul 3

Sinele corpului

Francisco Varela

DESCRIIND STRUCTURA și funcția sistemului imunitar, Francisco Varela îl numește „al doilea creier“. El face o analogie între sistemul imunitar și sistemul nervos, arătând că ambele se autoreglează și controlează răspunsul corpului la mediu. Sistemul imunitar, asemenea celui nervos, își poate aminti și poate învăța, adaptându-se astfel nu în sens cognitiv, ci fiziologic. Interacțiunea între minte, sistemul nervos și sistemul imunitar furnizează baza fiziologică pentru influențele emoțiilor asupra stării de sănătate. Dovezile legate de forța acestei interacțiuni includ faptul că stresul experimentat de sistemul nervos împiedică funcționarea sistemului imunitar, iar răspunsurile imunitare pot fi condiționate, la fel cum câinele lui Pavlov a învățat să saliveze la auzul clopoțelului. Studierea acestei armonizări reactive între sistemul nervos și cel imunitar se numește psihoneuroimunologie (*psiho* pentru minte, *neuro* pentru sistemul nervos și *imunologie* pentru sistemul imunitar) și reprezintă un nou domeniu de studiu al biologiei. Premisa interdependenței între neurologie, imunologie și psihologie formează o bază conceptuală pentru multe dintre cercetările descrise în această carte.

Francisco Varela: Cercetarea mea se ocupă de bazele biologice ale cunoașterii în toate formele sale, iar în acest context voi descrie sistemul imunitar. Psihoneuroimunologia este studiul relațiilor dintre sistemul nervos, sistemul imunitar și stările psihice. Este un domeniu nou în Occident, neavând o vechime mai mare de 15 ani, extrem de interesant, pentru că furnizează o înțelegere a legăturii dintre minte și corp.

Când întrebăm cum anume afectează emoțiile corpul, trebuie să luăm în considerare sistemul nervos și modul în care funcționează creierul, apoi să ne dăm seama că sistemul imunitar acționează ca un al doilea creier al corpului – nu doar metaforic, ci concret.

Al doilea creier al corpului

Prima întrebare pe care ne-o punem în legătură cu un sistem este: care sunt organele sale? Asemenea componentelor sistemului nervos, organele sistemului imunitar sunt dispersate în întregul corp. Ele includ glanda tiroidă și măduva osoasă – sursele care reînnoiesc constant sistemul –, splina și sistemul limfatic: o rețea formată din noduri de țesut, conectate cu ajutorul unor canale prin care circulă limfa.

Celulele care alcătuiesc sistemul imunitar se numesc limfocite, sau globule albe, și se află în mișcare tot timpul, spre deosebire de neuronii sistemului nervos, care sunt ficși. Cele mai multe limfocite sunt produse de măduva osoasă și se numesc celule B. Celulele tiroidiene – sau celulele T – sunt produse de glanda tiroidă. Cu toate că sunt mai puține, celulele T controlează celulele B, așa cum ofițerii comandă soldații.

Celulele sistemului nervos se disting prin formă și localizare. De exemplu, neuronii din cortexul vizual sunt diferiți de cei din hipocamp. Limfocitele nu sunt identificate prin localizare, de vreme ce se află în mișcare, circulă, ci după *receptorii lor celulari*. Aceștia sunt niște macromolecule de pe suprafața celulei, care interacționează cu receptorii altor celule. Receptorii celulari reprezintă niște repere care ne permit să identificăm funcția specifică celulei, cam așa cum putem recunoaște un anumit neuron din creier.

Printre aceste repere se numără și macromoleculele numite anticorpi. Celulele B sunt identificate prin *anticorpi* unici, care mai există doar în 20 sau 30 de alte celule din sistemul imunitar. Acestea sunt mici familii de clone ale celulelor B care produc anticorpi identici, constituind reperele sau indicatorii, ca un nume de familie unic. Într-un sistem imunitar normal există aproximativ 100 de milioane de familii diferite de clone, fiecare putând fi deosebită prin anticorpii ei unici. Imaginați-vă un oraș mare, cu 100 de milioane de familii, fiecare având anumite afinități cu altele și toate schimbându-și locul în permanență. Este destul de complicat.

La fel ca alți receptori de pe suprafața celulelor, anticorpii au o formă specială, care le permite legătura cu oricare dintre diversele molecule ale căror forme sunt complementare. Ca o analogie: dacă-mi curbez ușor palma, un măr sau o portocală va putea intra în spațiul curbat, rămânând acolo o vreme, dar aceeași poziție nu ar fi bună în cazul unui creion. O celulă B se leagă foarte repede de orice bacterie, celulă sau altceva care se găsește în sânge și are o formă moleculară potrivită. Există un schimb foarte rapid, oscilator, prin care legăturile se creează și se rup. Aceste interacțiuni reprezintă o metodă de comunicare, așa cum neuronii comunică prin impulsuri electrice.

În cadrul sistemului nervos, cele mai importante evenimente sunt activarea și inhibarea neuronilor. Cea mai mare parte a analizelor neuroștiințifice se concentrează asupra măsurării acestor activități. Există o situație analoagă fidelă în activarea și reprimarea celulelor B și T din sistemul imunitar. Aici, activarea se referă la celulele care se divid, astfel încât familia clonată sporește numeric. Reprimarea înseamnă o descreştere a numărului clonelor pe măsură ce mor celulele.

Durata de viaţă normală a unei celule B la om este de una până la două zile, cu toate că unele trăiesc ceva mai mult. Asta înseamnă că sistemul este reînnoit foarte rapid, la scară largă. După o săptămână sau două, limfocitele sunt înlocuite în totalitate. Ceea ce rămâne este un *tipar*: tipul clonelor şi gradul lor de activare. Acest lucru este, desigur, diferit de ceea ce se întâmplă în creier, unde, în cea mai mare parte, neuronii nu mor şi nici nu se reproduc.

Mai există totuşi unele analogii importante între sistemul nervos şi cel imunitar. Organele de simţ care pun creierul în legătură cu mediul, cum ar fi ochii şi urechile, au echivalente într-un număr de organe limfatice. Acestea sunt regiuni distincte care acţionează ca instrumente de simţ şi interacţionează cu diverşi stimuli: de exemplu, porţiuni din intestin puse în legătură în mod constant cu ceea ce mâncăm.

De asemenea, ambele sisteme au executanţi. În cazul sistemului nervos, aceştia sunt de obicei muşchii, care se contractă pentru a produce mişcarea, dar ei nu sunt singurii executanţi. În cazul sistemului imunitar, echivalentă este ajungerea la maturitate a celulelor B, fapt extrem de important pentru sănătate. Când ajunge la maturitate, o celulă B îşi schimbă brusc starea şi devine o fabrică în care se produc 2 000 de anticorpi pe oră, în loc de câteva zeci. Aceşti anticorpi sunt eliberaţi în fluxul sangvin, fiind independenţi de celule. Acest efect este cunoscut sub numele de „reacţie imunitară".

Sinele corpului

Acum putem face o analogie mai profundă între sistemul nervos şi cel imunitar. Aşa cum funcţia sistemului nervos solicită o identitate cognitivă, un simț al sinelui, cu propriile amintiri, idei și înclinații, corpul are și el o identitate a sinelui, cu proprietăți cognitive asemănătoare, cum ar fi amintirea, învățarea și așteptările. Această identitate este funcțională datorită sistemului imunitar.

Sistemul nervos include câteva mecanisme simple, care au ca sarcină apărarea integrității. Un animal evită un stimul dureros; un șofer trage de volan pentru a evita o coliziune. Biologii consideră că aceste reacții de urgență sunt simple reflexe de salvare, care au loc la cel mai de jos nivel al sistemului nervos, fiind foarte puțin sofisticate. Dar sistemul nervos are și o altă latură: emoțiile, imaginația, dorințele și amintirile care fac parte din viața obișnuită și nu presupun măsuri imediate. Există o viață internă continuă, un simț interior al identității care este mult mai complex și mai interesant decât simplele reacții de salvare și care implică cea mai mare parte a cortexului.

În cazul sistemului imunitar, întâlnim exact aceeași situație. Părțile defensive ale sistemului imunitar reacționează la urgențe, cum ar fi infecțiile. De exemplu, când o bacterie pătrunde în corp, sistemul imunitar recunoaște instantaneu o entitate moleculară neobișnuită. Această recunoaștere a unui profil nefamiliar este o operațiune cognitivă simplă. Clonele celulelor B care se pot lega de bacterie încep să se maturizeze și produc foarte mulți anticorpi. Fiecare bacterie este complet înconjurată de anticorpi care se lipesc de ea și este imediat evacuată de fluide. Acest răspuns imunitar constituie baza vaccinurilor.*

* Vaccinurile sunt preparate din fragmente de virusuri, virusuri moarte sau bacterii moarte, ale căror celule superficiale rețin indicatorii moleculari unici, specifici lor. Odată ce acești agenți infecțioși neutralizați sunt introduși în corp prin injectare sau, în anumite cazuri, prin administrare pe cale orală, sistemul imunitar răspunde producând anticorpi cu profilul molecular necesar. Clonele celulelor B încep să se maturizeze și se formează anticorpii. Sistemul imunitar consideră că bacteria moartă, virusul sau fragmentul de virus este un agent viu al infecției. Astfel, corpul produce anticorpi față de un profil molecular pe care nu l-a întâlnit într-o infecție adevărată. Am putea spune că vaccinurile

Apărarea față de intruși a dominat studiile imunologice timp de 100 de ani, iar de aspectul interior, autonom, suntem conștienți doar de puțină vreme, spre deosebire de neuroștiințe. O bună parte a imunologiei de azi încă se mai ocupă de reacțiile imunitare și se bazează pe așa-numita teorie a selecției clonale, formulată explicit de Macfarlane Burnet în anii '50. Nu doresc să susțin că reacția imunitară nu este importantă. Este la fel de necesară vieții precum reflexele neurologice care ne ajută să fugim din calea primejdiei, dar ar fi ridicol să reducem viața noastră cognitivă la reacțiile de salvare. Așa cum salvarea de pericole și prădători reprezintă doar o mică parte a vieții noastre cognitive, o bună parte din timp nu suntem confruntați cu infecții grave. Ce se întâmplă cu sistemul imunitar atunci când nu au loc reacții imunitare? Care este echivalentul vieții cognitive interne?

Permiteți-mi să recurg la o analogie pentru a ilustra un posibil răspuns. Care este natura identității unei națiuni? De pildă, Franța are o identitate; ea nu se află undeva în biroul lui François Mitterrand. Evident, dacă sistemul este invadat de o parte prea mare a unei entități străine, va avea reacții orientate împotriva intrusului. Armata pregătește un răspuns militar. Totuși, ar fi ridicol să spunem că reacția militară reprezintă întreaga identitate franceză. Care este identitatea Franței atunci când nu are loc niciun război? Comunicarea creează această identitate – rețeaua vieții sociale – pe măsură ce oamenii se întâlnesc și stau de vorbă. Este pulsul vital al țării. Ne plimbăm prin oraș, stăm la cafenea, scriem cărți, creștem copii, gătim; dar, cel mai important, vorbim. Ceva asemănător se petrece și în sistemul imunitar atunci când ne construim identitatea corporală. Celulele și țesuturile au o identitate corporală datorită rețelelor de celule B și T aflate în permanentă

---

creează o infecție falsă, un fel de exercițiu de evacuare în caz de incendiu care pregătește sistemul imunitar înainte de apariția amenințării reale. (*N. a.*)

mișcare, legându-se și dezlegându-se de fiecare profil molecular din corp. De asemenea, ele se leagă și se dezleagă în permanență *unele de altele*. Un mare procent dintre contactele celulelor B sunt realizate cu alte celule B. La fel ca într-o societate, celulele construiesc un țesut de interacțiune reciprocă, o rețea funcțională, așa cum arată funcționarea câtorva grupuri. Prin aceste interacțiuni reciproce, limfocitele sunt inhibate sau extinse la clone, așa cum oamenii sunt retrogradați sau promovați, iar familiile se lărgesc sau se micșorează. Această afirmație privitoare la identitatea sistemului, care nu este o reacție defensivă, ci o construcție pozitivă, se impune într-un fel de la sine. Acest lucru constituie „sinele" nostru la nivel molecular și celular (inclusiv determinanții genetici și indicatorii „sinelui").

Voi ilustra cele spuse până acum printr-un experiment, pentru a face lucrurile mai limpezi. Antonio Coutinho și colegii săi de la Institutul Pasteur din Paris au crescut șoareci într-un mediu izolat, fără risc de infecție, în care nu au fost expuși acțiunii niciunui antigen (molecule externe), cu excepția aerului și a alimentelor simple. Dacă ne gândim la viziunea clasică asupra sistemului imunitar ca fiind strict defensiv, ne-am aștepta ca șoarecii să nu aibă un sistem de apărare. Dar, dacă privim sistemul imunitar ca deținând un cod cognitiv intern și o apărare împotriva intrușilor, atunci rezultă că șoarecii care nu sunt expuși antigenilor au un sistem imunitar normal. Rezultatele experimentului sunt foarte limpezi: cu greu se poate diferenția sistemul imunitar al șoarecilor care nu sunt expuși antigenilor de cel al șoarecilor crescuți normal. Evident, în afara laboratorului, ei vor muri, tot așa cum, dacă am crescut un copil într-un mediu lipsit de încercări, acesta nu va ști cum să se ferească de pericole. Totuși, sistemul imunitar al acestui copil ar putea fi cu greu deosebit de cel al unui copil normal. Dacă un șoarece aflat în izolare va fi obișnuit treptat cu diverși antigeni, el va supraviețui. Tot ceea ce îi trebuie este, în principal, să învețe.

Viziunea clasică susține că anticorpii sunt, așa cum sugerează și numele, orientați împotriva a ceva. Nu ar avea sens să se lege de corpul nostru. Dar în viziunea alternativă asupra sistemului imunitar – ca fiind orientat spre sine sau alcătuit ca o rețea –, care își are originea la începutul anilor '70, în opera imunologului danez Niels Jerne, ne așteptăm să găsim celule T care se leagă de fiecare profil molecular din corp. Cam tot așa cum, pentru fiecare aspect al vieții din Franța – muzee și biblioteci, cafenele și cofetării –, trebuie să existe francezi care să se ocupe de bunul mers al acestora. Din punctul de vedere al imunologiei clasice, asta este o erezie. Paul Ehrlich, fondatorul imunologiei, a vorbit despre *horror autotoxicus*, groaza de a-și răspunde sieși. El a considerat sistemul imunitar orientat strict spre invadatori. De fapt, găsim anticorpi în fiecare profil molecular din organism (membrane celulare, proteine musculare, hormoni și așa mai departe). În loc de *horror autotoxicus,* există o tendință în spiritul formulei „cunoaște-te pe tine însuți" în cadrul relației dintre sistemul imunitar și corp. Prin această interdependență distribuită se creează un echilibru general, astfel încât moleculele din piele comunică cu cele din ficat, pentru că ele sunt afectate reciproc prin rețeaua de circulație a sistemului imunitar. Din perspectiva imunologiei ca rețea, sistemul imunitar nu este nimic altceva decât un facilitator al comunicării continue dintre celulele corpului, tot așa cum neuronii leagă zone îndepărtate ale sistemului nervos.

După cum am spus, celulele sistemului imunitar mor și sunt înlocuite în general la fiecare două zile, așa cum într-o societate oamenii mor după un anumit număr de ani și copiii se nasc continuu. Societatea, într-un mod complex, pregătește copiii pentru a juca diferite roluri. În mod asemănător, măduva osoasă produce constant celule B, denumite „infantile" sau în „repaus". Unele dintre celulele B aflate în repaus sunt recrutate de rețeaua imunitară existentă și activate sau pregătite pentru a juca anumite roluri.

În acest mod își reînnoiește sistemul componentele. Învățarea și amintirea au loc pentru că celulele noi sunt „educate“ în cadrul sistemului. Ele nu sunt identice cu cele vechi, dar joacă același rol în cadrul ansamblului.

Distincția dintre celulele aflate în repaus și cele active este importantă pentru deosebirea mai generală dintre sistemul imunitar orientat către intruși – preocupat de apărare – și sistemul imunitar orientat către sine – preocupat de identitatea moleculară sau afirmarea sinelui corporal. Există aici o asemănare foarte mare cu sistemul nervos central și periferic. Le putem numi sistemul imunitar periferic și sistemul imunitar central. Sistemul central constă, în cea mai mare parte, din limfocite activate, care sunt mai mari și au mai mulți receptori pe suprafața lor. Sistemul periferic e constituit în principal din limfocite aflate în repaus, care au mai puțin profile moleculare pe suprafața lor. Așadar, cele două sisteme sunt deosebite nu doar metaforic, ci și prin criterii concrete, detectabile experimental.

Legături cerebro-imunitare

După ce am văzut cum o identitate corporală – asemănătoare identității cognitive a stărilor psihice ale sistemului nervos – creează această rețea de interacțiuni din cadrul sistemului imunitar, ne putem întreba cum anume conlucrează sistemul imunitar și cel nervos. Voi oferi trei exemple legate de conlucrarea sinelui unuia cu sinele celuilalt.

Primele experimente care au convins comunitatea științifică de faptul că există o disciplină numită psihoneuroimunologie au fost făcute de psihologul Robert Adler. El a folosit ideea condiționării, pe care o cunoaștem din experimentele lui Pavlov efectuate pe câini. Potrivit acestei teorii, un stimul real (hrana) este înlocuit cu un stimul simbolic (sunetul unui clopoțel), iar reacția de salivare continuă să apară. Adler a considerat că, dacă există o legătură neuroimunitară, am putea condiționa o reacție imunitară. El le-a dat șoarecilor apă cu zahăr, injectându-le în același timp psihofosfamină, o substanță care reprimă clonele din sistemul imunitar. După repetarea acestei operațiuni o anumită perioadă, apa îndulcită, fără vreo altă substanță, a cauzat reprimarea clonelor. Pentru ca acest lucru să fie posibil, trebuie să existe un mod în care actul cognitiv, perceptual al gustării apei îndulcite să afecteze sistemul imunitar. Acesta este un exemplu limpede din psihoneuroimunologie care a fost foarte surprinzător pentru lumea științifică.

Un al doilea exemplu, de asemenea, foarte recent, este depistarea unei legături între dislexie și bolile autoimune. Dislexia apare la copiii care întâmpină dificultăți la citire – o operațiune cognitivă cerebrală foarte complexă. Ei pot vedea literele inversate, confundându-l, de exemplu, pe *b* cu *d*. Se crede că dislexia este cauzată de probleme apărute în dezvoltarea timpurie a creierului și știm de ani buni că la copiii dislexici există mici diferențe în ceea ce privește fiziologia creierului. Bolile autoimune apar atunci când sistemul imunitar începe să trateze o anumită parte a corpului ca pe o bacterie, declanșând un răspuns imunitar împotriva ei. De exemplu, în *miastenia gravis**, sistemul imunitar atacă joncțiunile dintre mușchi și nervi, cauzând dificultăți de mișcare și multă durere. Există nenumărate boli autoimune, iar medicina întâmpină mari dificultăți în tratarea lor.

Cu câțiva ani în urmă, s-a demonstrat că majoritatea copiilor care suferă de dislexie au, de asemenea, și tulburări autoimune.

---

* *Miastenia gravis* este o tulburare cronică a mușchilor, caracterizată de slăbiciune și de tendința de a obosi ușor. Se întâlnește de obicei la tineri și este cauzată de pierderea receptorilor musculari pentru substanțe chimice, responsabili de inducerea contracției musculare. Mușchii capului și ai cefei sunt foarte des afectați. (*N. a.*)

Cele două aspecte sunt evident interconectate și ambele pot fi puse pe seama unor dezechilibre hormonale apărute pe parcursul dezvoltării, în special ale hormonilor corticoizi gonadotropi. Aceleași derapaje în dezvoltare ale sistemelor nervos și imunitar pot conduce la efecte corelate, dar foarte diferite. Repet, toate acestea nu au sens în imunologia clasică.

Al treilea exemplu este problema stresului. Este evident că stresul are legătură cu stările psihice și cu atitudinea psihologică și produce, de asemenea, câteva efecte în corp. Întrebarea este: care sunt căile prin care acționează? Creierul răspunde la stres într-un mod foarte puternic și sistematic, producând hormoni, cum ar fi glucocorticoizii. Aceștia sunt eliberați în fluxul sangvin sau direct în sistemul limfatic. Ei se combină cu receptorii de pe suprafața limfocitelor, fie reprimându-i, fie activându-i. Pe măsură ce apar schimbări în sistemul imunitar, limfocitele produc și hormoni sau alți mesageri, numiți imunotransmițători. La rândul lor, aceste molecule afectează direct anumiți neuroni din sistemul limbic al creierului, astfel încât legătura funcționează în ambele direcții.

De asemenea, este foarte importantă descoperirea faptului că sistemul nervos autonom, care se ocupă de controlul visceral, cum ar fi reglarea glandelor sau contractarea mușchilor intestinali, poate inerva măduva osoasă. Sistemul nervos autonom se dezvoltă direct în măduva osoasă și poate regla numărul și tipul celulelor T produse acolo. Inervarea măduvei osoase produce schimbări în configurația sistemului imunitar, care, la rândul lui, determină producerea transmițătorilor ce conduc la modificările din creier. Acestea sunt exemple foarte limpezi și exacte de interacțiune neuroimunitară.

Oamenii de știință au reușit, de asemenea, să dea la iveală și alte exemple detaliate și foarte interesante de interacțiuni neuroimune. De curând, s-a descoperit că unele limfocite produc hormonii numiți betaendorfine. Aceștia sunt cunoscuți ca opiacee cerebrale, niște calmante care, în mod normal, sunt produse chiar de creier. Așadar, aceiași hormoni care sunt transmițători în interiorul creierului pot fi produși de limfocite, care, într-un astfel de caz, acționează ca neuroni foarte îndepărtați.

Acestea sunt câteva dintre căile care leagă sistemul imunitar de cel nervos și care devin din ce în ce mai cunoscute. Ceea ce nu se cunoaște e modul în care aceste efecte pot fi și mai specifice. De exemplu, atunci când vorbim despre reprimarea sau activarea imunitară, efectul este specific anumitor clone. În mod similar, se știe că transmițătorii care reprimă sau stimulează neuronii afectează doar anumite zone din creier. Evident, interacțiunile dintre cele două creiere complexe – sistemul imunitar și cel nervos – au efecte specifice. Dar cum? Pentru moment, aceasta este o întrebare deschisă. Reglajul fin al interacțiunilor dintre cele două sisteme nu este încă limpede, dar e clar că aceste legături există și că putem interveni pentru a le întrebuința în scopuri medicale.

Ați putea întreba de unde vine *psiho*, din psihoneuroimunologie. Occidentalii, sau cel puțin oamenii de știință neurologi, echivalează automat în mintea lor stările emoționale, perceptuale sau cognitive ale activității neuronale. Tindem să credem că o stare mintală implică o activitate măsurabilă într-o anumită zonă a creierului, așa cum se întâmplă atunci când oamenii se simt stresați, putând descoperi hormonii eliberați în creierul stresat. Această corespondență psihoneuronală este o premisă importantă în neuroștiințe.

Așa cum avem o identitate neuropsihică, există și o identitate pe care eu o numesc imunosomatică sau imunocorporală. (Există aici o interesantă problemă de limbaj. Când spun *eu*, folosesc o etichetă bine stabilită pentru ceea ce este un complex cognitiv, psihologic. Dar nu avem un cuvânt pentru identitatea corporală, *somatică* echivalentă.) Această imunocorporalitate are același tip de integritate de ansamblu, sau atotcuprinzătoare, ca în cazul sinelui nostru cognitiv. De pildă, atunci când mă identific ca fiind eu, Francisco, pun o etichetă unui complex. Corpul meu se etichetează și el singur, prin funcționare. Dacă înlocuiesc o bucată din pielea mea cu o altă bucată de piele, țesutul este respins, chiar dacă am grijă să folosesc celule de același tip. Corpul recunoaște că nu este vorba despre o parte a sa. Dacă ne-am putea uita în corp, ceea ce pare a fi un simplu țesut menține de fapt niște procese foarte active, în permanentă desfășurare, dar care ies la iveală doar atunci când sunt provocate. Nu suntem obișnuiți să ne gândim la corp ca la un sine care reprezintă o entitate la fel de complexă ca sinele nostru cognitiv, dar, în realitate, chiar așa funcționăm, cu toate că nu îi putem atribui acestui proces, în mod conștient, o etichetă lingvistică.

Întorcându-ne la analogia socială, eu îmi cumpăr în fiecare zi pâinea de la un brutar din Paris, a cărui familie face asta de 200 de ani. El este o parte a societății și știe cum să coacă pâinea. Dacă într-o zi aș găsi la acea brutărie o altă persoană, care ar putea face aceleași acțiuni, vânzând aceeași pâine, lucrurile nu ar sta totuși la fel. Brutarul aparține acelui loc, date fiind lunga istorie a interacțiunilor sale, faptul că e cunoscut de oameni de multă vreme și că au împreună o limbă comună. Îl poți imita pe acest brutar francez, dar, dacă nu deții istoria, limba și capacitatea de interacțiune potrivite, vecinii te vor respinge. Ceea ce fixează celulele mele la locul lor și determină celulele ficatului să se comporte ca niște celule hepatice, iar pe cele ale timusului să se comporte ca niște celule specifice acestui organ etc. este faptul că ele împărtășesc această limbă comună, operând împreună, în același context. În mod asemănător, brutarul știe că bancherul aparține comunității, chiar dacă acesta din urmă se ocupă de altceva.

Suntem atât de obișnuiți cu funcționarea corpului nostru, încât nu mai acordăm atenție complexității procesului care îl menține în funcțiune. La fel ca în creierul uman, unde capacitățile de genul memoriei sau al simțului sinelui sunt proprietăți date ale tuturor neuronilor, în sistemul imunitar există o capacitate de întreținere a corpului, de alcătuire a unui istoric și de a avea un sine. Ca proprietate dată, este ceva care apare, dar nu există nicăieri. Din punctul de vedere al psihoneuroimunologiei, corpul are și el o identitate, care este cunoscută conceptual, dar nu există nicăieri. Identitatea mea corporală nu este localizată în genele mele sau în celulele mele, ci în complexul interacțiunilor.

Dalai Lama: Prezența sistemului imunitar este în mod esențial aceeași chiar și pentru organisme foarte primitive care au un sistem nervos?

Francisco Varela: Este o întrebare foarte bună, Sanctitatea Voastră, care cred că limpezește întreaga problemă. Dacă ne referim la o amibă unicelulară, este evident că nu există nicio urmă de sistem imunitar. Dar atunci când mai multe celule alcătuiesc organisme multicelulare, acolo se pun bazele unui sistem imunitar. Dintre organismele primitive, spongierii au cel mai simplu început de sistem imunitar.

Dalai Lama: Plantele au vreun fel de sistem imunitar? Resping materiile externe?

Francisco Varela: Ele au alte metode de apărare, cum ar fi toxinele. Iar celulele unitare pot înghiți molecule străine. Sistemul imunitar nu este singura cale de a apăra sau de a crea o identitate, ci reprezintă modul în care noi, vertebratele, facem acest lucru.

Dalai Lama: Insectele au un sistem imunitar?

Francisco Varela: Insectele nu au un sistem imunitar. Un sistem imunitar pe deplin dezvoltat se găsește doar la vertebrate.

Dalai Lama: Când se formează corpul uman, putem spune dacă sistemul imunitar apare înaintea celui nervos sau invers?

Francisco Varela: Se formează împreună. După cum am menționat în exemplul cu autoimunitatea și dislexia, când apare o disfuncție în embrion, ambele sisteme sunt afectate. Unul devine autoimun și tinde să-și atace propriile componente, iar celălalt nu instaurează în mod adecvat capacitatea cognitivă necesară citirii.

Dalai Lama: Putem spune care dintre aceste două sisteme se deteriorează primul în procesul morții?

Francisco Varela: Moartea creierului durează cel mult câteva ore, din punct de vedere biologic. Conectivitatea sistemului imunitar se termină odată cu oprirea circulației. Limfocitelor le ia probabil cel mult o zi să dispară. Așadar, ambele dispar destul de rapid.

Dalai Lama: Asta poate reprezenta durata întregului proces de distrugere, dar oare încep să se deterioreze în același timp?

Francisco Varela: În procesul morții, bătăile inimii se opresc. Acest lucru provoacă anoxia creierului. În același timp, întreaga conversație care constituie sistemul imunitar încetează, pentru că celulele nu se mai întâlnesc. Apoi, două tipuri de celule, neuronii și limfocitele, mor în câteva ore. Astfel, cele două sisteme se deteriorează aproximativ în același timp. Din punct de vedere biologic, identitatea ambelor sisteme se dizolvă. Este o moarte a corpului, somatică.

Dalai Lama: Când ai o senzație corporală, cum ar fi plăcerea, sistemul imunitar are vreo implicație?

Francisco Varela: Aceasta este o întrebare deschisă. După cum știm, putem condiționa o reprimare imunitară ca răspuns la un stimul de genul apei îndulcite, care este o percepție a gustului. Nu avem date privitoare la faptul dacă o stare plăcută sau neplăcută poate avea anumite efecte specifice imunomodulatoare, și, de fapt, cei mai mulți dintre noi credem că acest lucru se întâmplă. Este adevărat și că nu există dovezi experimentale, pentru că sentimentele tranzitorii sunt foarte greu de măsurat. Putem măsura doar ceea ce este durabil, cum ar fi stresul.

Dalai Lama: Senzația este în întregime o chestiune de nervi conectați și în bună stare de funcționare? Dacă anesteziem corpul sau îndepărtăm toți nervii, oasele și carnea vor mai avea capacitatea de a simți?

Francisco Varela: Din câte știm, dacă tăiem sau anesteziem toți nervii unei mâini, nu mai există nicio senzație care să provină din acea zonă. Totuși, dacă mâna este arsă accidental, mintea somatică sau corporală simte imediat acest lucru și reacționează foarte inteligent. De exemplu, protejează zona rănită, furnizând o reacție de inflamare. Aduce celule care să repare și să producă țesut. Sistemul imunitar reacționează încercând să păstreze armonia. Așadar, în timp ce mintea sistemului nervos nu e conștientă, cealaltă minte răspunde în mod inteligent.

Dalai Lama: Dar persoana nu va fi conștientă de durere? Acesta este un aspect important: când budiștii vorbesc despre conștiența corpului înseamnă că persoana este conștientă de corp.

Francisco Varela: Am înțeles că în tradiția budistă conștiența corpului este o conștiență sau o facultate discriminatorie, acționând asupra evenimentului, care este corpul.

Dalai Lama: Poate exista o oarecare analogie cu distrugerea unei frunze a plantei? Nu simte nimic și nu știe nimic, dar poate lua măsuri de apărare.

Francisco Varela: Analogia este dificilă, Sanctitatea Voastră. Planta are doar o capacitate simplă de regenerare. Ceea ce poate face corpul nostru este mult mai complex decât atât, și tocmai această complexitate suplimentară îi oferă un statut mai înalt, care ne permite să spunem că seamănă mai mult cu mintea decât cu un reflex imediat al țesutului plantei. Planta reacționează în moduri foarte limitate, care sunt aproape întotdeauna aceleași, în timp ce corpul are o flexibilitate uriașă de a se întreține.

Dalai Lama: Așadar, problema pe care o ridicați este următoarea: ce înseamnă identitatea corpului?

Francisco Varela: Da. Corpul are o înțelepciune a propriei existențe, care implică în mod necesar reglarea. Să luăm un hormon care circulă în corp; cine controlează nivelul acelui hormon? Într-o mare măsură, nivelul este reglat de sistemul imunitar. De exemplu, în timp ce corpul meu este încordat atunci când fac sport, el singur recunoaște ce anume îi trebuie și decide cărui hormon să-i crească sau să-i descrească nivelul. Toată această înțelepciune se manifestă fără ca sinele conștient lingvistic să aibă știre de ea, și totuși, în același timp, ea face parte din noi într-un sens extrem de important.

Dalai Lama: Spuneți că este ca și cum un sine ar avea o existență paralelă cu un altul.

Francisco Varela: Exact asta este ideea. Unul este sinele pe care toți îl folosim și avem un nume pentru el. Celălalt pur și simplu nu are nicio descriere lingvistică, așa că îl putem vedea numai prin efectele pe care le produce. Dar înțelepciunea corpului este o idee care aparține multor tradiții, iar această legătură neuroimunitară poate furniza o perspectivă mai întemeiată științific asupra sinelui pe care nu-l putem numi.

Amăgirea: fiziologicul și mintea

Dalai Lama: De ce uneori sistemul imunitar își atacă propria familie de celule și de ce sunt bolile autoimune atât de periculoase?

Francisco Varela: Este greu de spus, dar probabil că există mai multe cauze. Unii indivizi sunt mai înclinați spre boli autoimune. În multe cazuri, pare să fie vorba despre o componentă genetică, dar evident că aceasta nu este întreaga poveste. E clar că există câteva verigi slabe în funcționarea normală a individului, fie că sunt psihologice, fie că se află la acest nivel al „minții corpului".

Sistemul imunitar ne permite să avem o existență corporală. Dacă întrerupem funcționarea sistemului imunitar ne dezintegrăm, chiar și fără o infecție pătrunsă într-un mediu protejat. Corpul începe să se dezintegreze. Acest lucru se întâmplă în cazul bolii numite *lupus*. Celulele pornesc să acționeze fără coordonare, fiecare în felul său. Coordonarea într-un corp cu milioane de celule diferite este o sarcină foarte grea, la fel cum este coordonarea unei țări cu milioane de oameni, în care brutarul trebuie să-și coacă pâinea, iar bancherul să-și facă tranzacțiile lui, și nu altfel. Acest rol coordonator cade în sarcina minții despre care vorbim.

Medicina tradițională, bazată pe imunologia defensivă clasică, nu știe cu adevărat cum să trateze aceste boli autoimune, pentru că ele sunt exemple de ușoară dizarmonie în cadrul sinelui. Dintr-odată, o parte care ar trebui să fie implicată în comunicarea aflată în plină desfășurare devine, din anumite cauze, străină. Este ca și cum un grup de oameni dintr-o societate devin asociali, iar relația lor cu restul societății devine una de agresivitate. Tratamentul adecvat este încercarea de resocializare, pentru a le furniza mai multe legături cu societatea. Astfel, unii pacienți sunt vindecați prin injectarea anticorpilor proveniți de la donatori.

Resocializarea acelor părți ale corpului care au fost excluse este exact ceea ce s-a încercat recent, cu mare succes, în cazul șoarecilor bolnavi de *miastenia gravis*. Injectându-li-se celule B și anticorpi cunoscuți ca furnizori de legături suplimentare între sistemul imunitar și moleculele afectate – în acest caz, receptorii musculari –, 90% dintre șoareci au fost vindecați. Este ca și cum ai găsi o nouă cale de a deschide un dialog cu grupul asocial, astfel încât acesta să poată fi armonizat din nou cu restul corpului. Așadar, acest întreg proces de armonizare și reglare este cognitiv, pentru că presupune inventivitate, memorie, recunoaștere, selectare și atenție selectivă. De aceea, nu cred că exagerăm atunci când vorbim despre al doilea creier.

Dalai Lama: Dacă sistemul imunitar este în stare să-și atace propria familie de celule, poate să și vindece corpul?

Francisco Varela: Nu putem concepe o metodă de a folosi mintea psihologică – creierul – pentru vindecarea bolii dacă acea minte nu vorbește cu o altă minte, aceasta din urmă fiind la rândul ei capabilă să încorporeze mesajele și să regleze funcționarea corpului. De exemplu, vindecarea cancerului este un fenomen foarte complex, care necesită o inteligență existentă în acest sistem imunitar. Nu suntem niciodată conștienți de asta, dar vedem întruna efectele, pentru că trăim în corpul nostru. Complexitatea organismului nostru, pe care o luăm ca atare, îmi inspiră o spaimă și un respect imense.

Daniel Brown: Boala autoimună, în care corpul nu își mai recunoaște celulele, e un fel de amăgire din perspectiva corpului. Din perspectiva minții, de ce există amăgirea?

Dalai Lama: Cu toate că budismul vorbește despre conștiența corpului, o conștiență care rezidă în corp, amăgirea poate fi prezentă doar ca mediu cognitiv în care operează inteligența. Așadar, amăgirea nu poate exista în conștiența senzorială, ci doar în cea mintală. Amăgirea nu poate fi prezentă la nivel senzorial pentru că acest tip de inteligență cognitivă nu funcționează la acest nivel.

Daniel Brown: De ce există amăgire la nivel cognitiv?

Dalai Lama: Asta este ca și cum am întreba: de ce există conștiență? Pur și simplu există.

Sharon Salzberg: Mă întreb dacă nu cumva e vorba de o asemănare cu bolile autoimune, în care corpul nu-și mai recunoaște propriile celule, propria integritate, începând să se autodistrugă.

Probabil că o versiune externă a acestei situații are loc atunci când, din ignoranță, nu-i recunoaștem pe alții ca fiind de-ai noștri. Începem să ne autodistrugem când nu ne mai recunoaștem integritatea, când nu mai avem un simț pentru ființele asemenea nouă.

Francisco Varela: O analogie interesantă.

Daniel Goleman: Mi se pare că ajungem la ideea unei dharma legate de diferite tipuri de învățare din comportamentul celulelor; o bază biologică pentru un sistem etic.

Capitolul 4

Creierul și emoțiile

Cliff Saron și
Richard J. Davidson

O MULȚIME DE DESCOPERIRI din ultimul deceniu ne-au oferit o imagine mai clară asupra modului în care creierul reglează emoțiile. Multă vreme s-a presupus că centrii emoționali sunt localizați în creier, într-o serie de structuri care se află sub cortex, alcătuind sistemul limbic. Date neurologice mai noi sugerează că, deși impulsul emoțional își are originea în sistemul limbic, modul în care ne *exprimăm* emoțiile este reglat de structuri mai nou dezvoltate, așezate în cortexul prefrontal, chiar în spatele frunții.

Mai mult, fiecare parte a cortexului prefrontal pare să se ocupe de un set diferit de reacții emoționale, cele mai supărătoare – care ne-ar putea face să dăm înapoi de la ceva, cu teamă sau dezgust – fiind reglate de partea dreaptă, iar cele pozitive, de genul bucuriei, de cea stângă. Aceste descoperiri ale neuroștiințelor ne oferă un cadru pentru înțelegerea dinamicii vieții noastre emoționale. Emoțiile pe care le simțim și modalitățile în care le gestionăm sunt guvernate de aceste structuri și de alte circuite cerebrale vaste și interconectate.

Cliff Saron vorbește despre experimentele făcute sub conducerea colegului său, Richard Davidson, directorul Laboratory for Affective Neuroscience al Universității Wisconsin. Aceste experimente arată în detaliu modul în care creierul organizează aspectele realității noastre emoționale. Saron începe prin a explica ce se înțelege prin „emoții" și vorbește despre modul în care diferite modele teoretice dau formă metodelor folosite pentru studierea emoțiilor și a creierului. Apoi trece în revistă o serie de descoperiri importante care oferă noi perspective asupra modului în care creierul reglează emoții precum bucuria și dezgustul sau, mai general, tendințele de apropiere și retragere – concepte similare noțiunilor budiste de atașament și aversiune, polii emoționali fundamentali care ne ancorează în realitatea mundană.

Cliff Saron: Este dificil să definim în sens strict ce anume înțelegem prin cuvântul *emoție*. În psihologie, cuvântul este folosit pentru a descrie reacțiile persoanei la mai multe niveluri diferite. Un nivel este cel cognitiv: judecățile și gândurile care apar într-o anumită stare sentimentală. Putem descrie emoțiile și în termenii comportamentului observat: un gest de furie sau de amabilitate, un anumit ton al vocii. Expresiile faciale care acompaniază spontan sentimentele sunt indicii foarte utile pentru specificarea tipului de emoție simțită de o anumită persoană, constituind astfel un alt mod de definire a emoției.

La nivel psihologic, putem descrie două componente ale reacției emoționale. Prima este senzația corporală de care o persoană este conștientă, cum ar fi starea de neastâmpăr. Astfel de senzații implică, de obicei, centrii creierului mic, care controlează sistemul nervos autonom și eliberează hormonii, având efecte relativ de lungă durată: minute sau ore. Un al doilea răspuns psihologic are loc în cortexul cerebral. Acesta este nivelul răspunsului emoțional asupra căruia ne concentrăm în munca noastră.

De asemenea, privim apropierea și retragerea ca moduri fundamentale de a descrie comportamentul unui organism și de a clasifica diferite emoții. De pildă, bucuria ne poate apropia de o persoană pe care o simpatizăm. Teama și dezgustul sunt exemple tipice de comportament de retragere. Abordarea comportamentului în termeni de apropiere și retragere poate fi pusă în legătură cu activitatea din fiecare jumătate a creierului. De-a lungul ultimilor zece ani, am obținut o serie de rezultate în laboratorul nostru, care sugerează că zonele frontale din partea stângă a creierului sunt asociate mai mult cu apropierea, în timp ce zonele din partea dreaptă sunt asociate mai mult cu retragerea.

Ați putea întreba de ce dorim să legăm comportamentul de apropiere și retragere de cele două jumătăți ale creierului. Nu este o relație evidentă. Dar informația furnizată de neurologie în ultima sută de ani arată că distrugerea unei jumătăți a creierului are consecințe emoționale diferite față de distrugerea celeilalte jumătăți.

La jumătatea secolului al XIX-lea, neurologul John Hughlings Jackson a observat că oamenii care suferă de crize epileptice ce încep printr-o hiperactivitate în zonele frontale din partea dreaptă a creierului exprimă în mod constant frică – o emoție de retragere – atunci când debutează criza. Pacienții cu o activitate prea scăzută a jumătății drepte a creierului trăiau emoții pozitive maniacale, inexplicabile. Aceste observații au condus la elaborarea unei teorii despre modul în care cele două jumătăți ale creierului ar putea avea specializări și caractere emoționale diferite. Hiperactivitatea din jumătatea dreaptă a creierului pare să sprijine comportamentul de retragere. Atunci când această jumătate este mai liniștită sau distrusă, este sprijinit comportamentul de apropiere, pentru că jumătatea stângă deține cea mai mare parte a controlului, fără a fi contrabalansată de cea dreaptă.

Alte două moduri de a gândi emoțiile, foarte diferite, constituie un subiect de controversă în psihologie. Unul consideră că există câteva emoții principale discrete: bucuria, tristețea, furia, dezgustul, surpriza și frica. Cu ceva mai mult de douăzeci de ani în urmă, Paul Ekman, de la Universitatea California din San Francisco, a strâns probe despre universalitatea expresiilor faciale în culturi diferite. Lucrarea sa a fost inspirată de cartea lui Darwin, *Expresia emoției la om și animale*. Ekman a studiat expresiile faciale ale occidentalilor și ale unui trib din Noua Guinee care nu cunoaște scrisul și nu are legături cu valorile culturale occidentale. Cerându-le oamenilor să identifice imagini ale expresiilor faciale și să producă propriile expresii faciale pentru emoții definite de ei înșiși, el a descoperit că expresia anumitor emoții principale era asemănătoare în ambele culturi.

Acest model al emoțiilor discrete este pus la încercare de perspectiva dimensională: anumite stări emoționale reprezintă elemente dintr-un șir care poate merge de la apropiere la retragere sau de la plăcere la neplăcere. Atât perspectiva discretă, cât și cea emoțională sunt acceptate în psihologia științifică, iar lucrările noastre preiau elemente de la ambele, deoarece niciuna nu pare completă în sine.

Metodele pe care le folosim pentru a măsura emoțiile într-un anumit experiment conduc implicit la unul dintre aceste două modele. Dacă le cerem oamenilor să evalueze cât de plăcut sau de neplăcut se simt, folosim abordarea dimensională. Dacă analizăm expresiile faciale specifice bucuriei sau dezgustului, aplicăm abordarea discretă. Nu putem analiza simultan toate aspectele incluse în definiția pe care am dat-o emoțiilor, așa cum nu putem localiza simultan toate celulele imunitare din corp.

Experimentele noastre simplifică destul de mult această complexitate. Am recurs la trei abordări diferite pentru studierea relațiilor dintre activitatea cerebrală și emoții. Prima abordare, elementară, constă în aducerea unei persoane în laborator și obținerea unor reacții emoționale întâmplătoare în timpul măsurării activității sale cerebrale. O a doua abordare constă în evaluarea unui mare număr de oameni și identificarea celor ale căror funcții emoționale – cum ar fi temperamentul sau depresia – diferă, urmată de examinarea variațiilor corespunzătoare în activitatea creierului. A treia abordare este inversa celei de-a doua. Studiem oameni a căror activitate cerebrală este substanțial diferită și vedem ce deosebiri există între ei în termeni de funcționalitate emoțională. În experimentele noastre se regăsesc toate aceste abordări.

Captarea emoțiilor în laborator

În cadrul unui experiment, oamenii aduși în laborator au urmărit filme destinate declanșării anumitor emoții. Am rulat filme vesele – un cățeluș jucându-se cu o floare, o gorilă care se îmbăiază la grădina zoologică – și filme care stârneau emoții negative – victima unor arsuri de gradul trei sau amputarea unui picior. Am folosit aceste filme deoarece expresiile faciale pe care le declanșau fuseseră deja studiate de Paul Ekman, care a colaborat cu noi la acest proiect. În timp ce subiecții priveau filmul, le înregistram expresiile faciale și, în același timp, activitatea cerebrală. Utilizând un sistem de decodificare a emoțiilor după expresia facială, putem spune dacă oamenii simt dezgust sau bucurie, de exemplu. Interpretarea acestor expresii nu se bazează pe opiniile noastre despre modul în care arată dezgustul sau bucuria, ci pe anii de cercetare în care Paul Ekman a definit caracteristicile faciale elementare pe care oamenii le catalogează ca reprezentând cel mai bine o anumită emoție.

Când folosim chipul ca indicator al emoțiilor, trebuie să fim conștienți că există trei posibilități. Putem avea o expresie fără niciun sentiment, un sentiment fără expresie sau o expresie care nu este pură. De exemplu, există diferite forme de zâmbet, în funcție de împrejurările sociale. De asemenea, ar putea fi dificil pentru unii să producă anumite expresii. Anumite persoane își inhibă expresiile de furie chiar și atunci când sunt singure. Trebuie să ne asigurăm că stimulul poate obține expresiile pe care dorim să le examinăm, așa că folosim filme pentru a induce aceste emoții și înregistrări video cu expresia facială a celui care le vizionează pentru a măsura emoțiile.

A treia componentă, măsurarea creierului, este ceva mai complicată. Folosim o cască specială pentru electroencefalogramă, măsurând activități electrice foarte reduse din diferite zone de pe suprafața capului. Acestea reprezintă doar o mică parte din activitatea creierului și sunt foarte deosebite de ascultarea bătăilor inimii cu un stetoscop.

Semnalul electric reprezintă activitatea combinată a milioane de celule nervoase, iar „zgomotul" acestora este o proprietate de care putem profita. Când o anumită zonă a cortexului nu este angajată activ în procesarea informației, ea produce oscilații la o frecvență de trei cicluri pe secundă. Activitatea electrică se modifică de la o secundă la alta, iar această oscilație caracteristică apare în diferite locuri de pe suprafața creierului, în funcție de tipul activității mintale în care persoana este angajată în acel moment. Este un fenomen care se schimbă rapid, foarte dinamic.

Există o distincție între activitatea electrică generală, pe care o măsurăm în volți, și semnificația sa pentru funcționarea creierului. Mai mulți volți nu înseamnă neapărat mai multă activitate; trebuie să privim întregul tipar. De exemplu, se credea că, atunci când lumina pătrunde în ochi, celulele cu fotopigmenți sunt mai active. Când a fost posibil să măsurăm activitatea electrică, a reieșit că lumina face ca aceste celule să fie *mai puțin* active. În acest caz, o scădere a voltajului – o activitate electrică mai redusă – semnifică faptul că acolo e ceva de văzut, că există mai multă implicare.

Oricum, atunci când celulele nervoase se află în repaus, ele prezintă un anumit tipar al oscilațiilor. Când celulele nervoase primesc impulsuri și sunt ocupate, comunicând informații dintr-un loc în altul, oscilațiile se opresc. Am măsurat aceste oscilații electrice în timpul afișării expresiilor de bucurie și dezgust. Le-am cerut oamenilor să-și evalueze experiența după încheierea filmului, așa că rezultatele au fost ponderate, pentru a reflecta intensități egale ale bucuriei și dezgustului. Cea mai clară diferență dintre cele două expresii faciale a constat în aceea că zona frontală stângă a fost mai implicată în timpul apariției sentimentului de dezgust.

Fiecare persoană examinată a prezentat o implicare a emisferei drepte mai mare în timpul apariției sentimentului de dezgust, în comparație cu perioada de bucurie, chiar dacă a fost doar cu puțin mai mare. Însă oamenii se diferențiază foarte mult în ceea ce privește activitatea cerebrală chiar și în mod normal, atunci când se odihnesc. Pentru unii, aflați la o extremă, emisfera stângă a fost mult mai activă decât cea dreaptă, chiar și în timpul apariției sentimentului de dezgust. Pentru cei aflați la cealaltă extremă, emisfera dreaptă a fost mult mai activă decât cea stângă, chiar și în timp ce se bucurau. Așadar, avem de-a face cu schimbări subtile și cu o gamă largă de diferențe între indivizi.

Emoțiile la copii: tipare înnăscute

Am vrut să aflăm dacă aceste diferențe între activitatea emisferei stângi și cea a emisferei drepte sunt învățate sau există încă de la naștere, așa că am făcut un experiment similar cu nou-născuți, care aveau între una și trei zile. Nu le-am arătat aceleași filme, dar am urmărit activitatea cerebrală care însoțea diferite expresii faciale. Le-am dat un strop de apă dulce și un strop de suc acru de lămâie. Este imposibil să știm ce au simțit de fapt, dar am descris expresiile faciale de răspuns la dulce ca dovezi ale interesului, în timp ce gustul acru a provocat dezgust.

Folosind o cască cu electrozi, am măsurat activitatea electrică în zonele frontală și posterioară ale creierului. Rezultatele obținute de la copiii nou-născuți au fost foarte asemănătoare cu cele ale adulților din experimentul anterior. Zona frontală dreaptă a devenit mai activă în timpul apariției expresiei de dezgust și a existat o ușoară schimbare în zona posterioară stângă atunci când se manifesta interesul. Aceste rezultate demonstrează că fenomenul este o parte a construcției noastre biologice, nu este dobândit social.

În secolul al XIX-lea, un anatomist francez, Duchenne de Boulogne, a analizat mușchii feței și a observat că expresiile autentice de bucurie au două componente. Pe durata unui zâmbet autentic, un mușchi din jurul ochilor se încordează, cauzând mici riduri. Un al doilea mușchi implicat este cel al obrazului – numit zigomatic –, care trage comisura buzelor pentru a exprima zâmbetul. Supunând acest mușchi curentului electric, Duchenne a descoperit că poate face mușchiul să se contracte într-un zâmbet care nu este autentic.

Noi am folosit acest lucru într-un alt experiment, de această dată cu bebeluși de zece luni, în colaborare cu Nathan Fox, specialist în psihologia dezvoltării. Am făcut înregistrări video cu fiecare copil stând pe scaun în timp ce mama sa se apropia și copilul zâmbea. Dar la apropierea unui străin, copilul zâmbea cel mai adesea incomplet, fără participarea ochilor.

Lucrând cu adulți, am comparat activitatea din zonele frontală și posterioară din ambele emisfere ale creierului în timpul zâmbetului complet și al celui incomplet. În timpul zâmbetului incomplet, a existat o creștere a activității în zona frontală din emisfera dreaptă, iar în timpul zâmbetului complet a existat o implicare mai mare a emisferei stângi. Diferența a fost mult mai mare în zona frontală a creierului decât în cea posterioară. Zâmbetul complet a fost stârnit de apropierea mamei, așa că, din nou, putem aplica noțiunile de apropiere și retragere stărilor creierului. Iar atunci când copiii au afișat zâmbetul complet, au prezentat, în același timp, și o creștere importantă a activității din partea frontală stângă a creierului comparativ cu zâmbetul incomplet.

Tendința depresivă

În cadrul celei de-a doua abordări a studiului emoțiilor, i-am separat pe oameni după funcționalitatea lor emoțională și apoi am studiat diferențele din activitatea cerebrală. În următorul experiment ne-am îndreptat atenția asupra celor deprimați, deoarece persoanele cu o emisferă stângă afectată a creierului sunt deosebit de vulnerabile la depresie. Dacă emisfera stângă este afectată, ea nu mai echilibrează activitatea emisferei drepte, astfel încât există posibilitatea de a experimenta mai des emoții negative.

Am comparat persoanele deprimate cu cele dintr-un grup de referință, nedeprimate, în timp ce stăteau trei minute liniștite, cu ochii deschiși, apoi cu ochii închiși. Căutam diferențe sau asimetrii de activitate între zonele frontale stângă și dreaptă în timpul repausului.

La cei din grupul celor deprimați, emisfera dreaptă a fost mai activă decât cea stângă, iar la cei din grupul de referință cea stângă a fost mai activă decât cea dreaptă. Principala descoperire a fost următoarea: la oamenii cu deficiențe ale abilității de a simți emoțiile de apropiere, cum ar fi bucuria, există o activitate mai redusă în regiunea frontală stângă decât în cea dreaptă. Un alt mod de a gândi acest lucru este acela că sistemul de retragere este mai activ decât cel de apropiere.

Aceste diferențe de natură cerebrală nu au întotdeauna legătură cu stările emoționale ale persoanei în momentul respectiv. Într-un alt experiment, oamenii studiați aveau un istoric depresiv, dar nu erau deprimați în momentul respectiv. Asimetria părții frontale a creierului acestora era foarte asemănătoare cu aceea apărută în cazul celor deprimați în momentul studiului. Aceste descoperiri sugerează că diferențele dintre emisfera stângă și cea dreaptă a creierului în starea de repaus reprezintă mai mult o tendință de răspuns emoțional, nicidecum reacția însăși. Într-adevăr, alte experimente arată că putem *prezice* cât de bucuroasă sau de tristă poate fi o persoană ca urmare a vizionării unui film doar pe baza asimetriei dintre cele două emisfere în starea de repaus.

Temperamentul inhibat

Din punctul de vedere al temperamentului, unii copii sunt foarte neinhibați și au o atitudine de apropiere activă față de mediu. Alții sunt mai inhibați sau prevăzători – stau mai aproape de mamele lor și se joacă mai puțin cu ceilalți copii. Într-un alt experiment, am încercat să vedem dacă aceste diferențe de temperament la copii sunt dublate de diferențe în activitatea cerebrală.

Am studiat 368 de copii în vârstă de doi ani și jumătate. Am adus fiecare copil în laborator, pentru a se juca într-o cameră plină cu jucării, împreună cu mama sa și cu un alt copil însoțit de mamă. Am cronometrat cât de mult îi ia copilului să se desprindă de mamă și să se apropie de jucării, cât a durat până când copilul a început să vorbească și cât de mult a vorbit. Am pus în încăpere și un robot vorbitor, iar mai apoi un străin, urmărind apropierea sau retragerea copilului față de aceștia.

Am identificat 30 dintre cei mai neinhibați copii, care au stat lângă mamele lor mai puțin de 1% din timp, și 30 dintre cei mai prevăzători, care au stat lângă mamele lor cel puțin 80% din timp. Am selectat și un grup de 30 de copii din zona mediană a scalei inhibiției. Pentru a vedea dacă activitatea cerebrală a copiilor este diferită, le-am făcut electroencefalograme în timp ce stăteau cât mai liniștiți cu putință. Pentru a-i face să fie cuminți, le-am spus că urmează să participe la curse și i-am plasat într-o mașină de jucărie prevăzută cu o cască pentru encefalogramă instalată în cea de pilot.

Am descoperit că între cele două grupuri exista o diferență în ceea ce privește activitatea creierului în stare de repaus. Cei neinhibați, care erau nerăbdători să se apropie de jucării, prezentau un tipar cu o influență crescută a emisferei stângi. Cei inhibați, mai retrași, aveau o activitate cu influență mai mare din partea emisferei drepte. Rezultatele grupului mijlociu reprezentau o medie între aceste două tipare.

Principala diferență dintre aceste grupuri a fost nivelul de activitate din emisfera stângă. Nivelul de activitate din emisfera dreaptă nu a diferit în mod semnificativ. Copiii inhibați aveau o activitate scăzută în zona frontală stângă, reflectând probabil un sistem de apropiere cu o manifestare foarte slabă. În grupul celor neinhibați, zona frontală stângă a fost mult mai activă. Așadar, implicarea este, din câte se pare, o funcție a temperamentului.

Creierul și temperamentul

În fine, am clasificat oamenii după activitatea lor cerebrală, după care am examinat diferențele emoționale dintre ei. Voiam să știm dacă persoanele cu o activitate mai mare a zonei frontale stângi sunt în general mai fericite și dacă cele cu o activitate mai intensă a zonei frontale drepte trăiesc mai multe emoții negative. Am testat aproape o sută de oameni, preț de câteva minute, în două ședințe, deoarece răspunsurile pot fi diferite în momente diferite.

Am selectat două grupuri care au arătat în mod constant o activitate extremă în emisfera stângă sau dreaptă, în ambele ocazii. Apoi le-am cerut să completeze un chestionar în care să descrie cum se simt în general, în termeni de emoții pozitive – bucurie, mândrie, încredere, deschidere, disponibilitate – sau de emoții negative.

Cei cu o activitate mai intensă în zona frontală stângă trăiau mai multe emoții pozitive în viață, în general, sau ca răspuns la anumite provocări, în timp ce aceia cu o activitate mai mare în emisfera dreaptă prezentau mai multe reacții emoționale negative.

Așadar, oamenii par să se deosebească în privința calității emoționale chiar și atunci când sunt selectați doar pe baza activității cerebrale în stare de repaus. Nu putem preciza ordinea, dar, dacă există o activitate importantă în partea dreaptă a creierului, este foarte probabil ca persoana respectivă să aibă în general sentimente negative în timpul activității cotidiene, comparativ cu cineva cu o activitate mai intensă în partea stângă.

Dacă acest lucru este adevărat, ar putea exista consecințe ale emoțiilor negative persistente, însoțite de o activitate mai intensă a emisferei cerebrale drepte, asupra stării de sănătate. Pentru a vedea dacă oamenii selectați pe baza electroencefalogramei sunt diferiți în privința reacției imunitare, le-am testat sângele, examinând o anumită componentă a sistemului imunitar.

Citotoxicitatea celulelor imunitare – eficiența lor în distrugerea elementelor străine – a fost mai mare în cazul grupului celor cu o activitate sporită în emisfera stângă. Nu știm dacă cei din acest grup sunt mai sănătoși, dar datele descoperite sugerează că așa stau lucrurile. În prezent, încercăm să determinăm dacă acești oameni au un istoric medical mai bun, cu toate că este improbabil ca vreo diferență să devină evidentă înainte de o anumită vârstă.

Reactivitatea emoțională: o observație finală

Există dovezi care sugerează faptul că alte structuri ale creierului sunt foarte importante în controlarea experiențelor emoționale. Una dintre acestea este amigdala. Aceste structuri nu se află în cortexul cerebral, ci la un nivel mai jos în organizarea creierului. Joseph LeDoux, neurolog la Universitatea New York, a stabilit o modalitate de comunicare, arătând că informația senzorială poate urma două căi: una până la cortex, și alta, prin talamus, până la amigdală. Legătura cu amigdala este rapidă – directă –, dar nu foarte precisă, pentru că cea mai mare parte a informației senzoriale merge pe o altă cale până la neocortex, unde este analizată prin câteva circuite, în timp ce se pregătește un răspuns.

Dar, în același timp, amigdala evaluează rapid datele senzoriale pentru a vedea dacă au un înțeles emoțional și poate declanșa un răspuns chiar în timp ce neocortexul încă mai cântărește datele. Emoțiile se pot dovedi foarte greu de controlat, deoarece amigdala activează alte zone ale creierului înainte ca neocortexul, creierul gânditor, să facă acest lucru.

Deoarece amigdala are diverse legături cu zonele creierului care controlează sistemul nervos autonom, dar și cu cortexul, care este responsabil de experiența conștientă, se naște ipoteza conform căreia amigdala este un loc de convergență, jucând un rol esențial în viața emoțională, astfel încât ea poate mobiliza corpul pentru a reacționa prin emoții puternice, în special teamă, înainte ca creierul gânditor să știe ce se întâmplă.

Oamenii de știință au descoperit că există o legătură anatomică între cortexul frontal și amigdală. Din experimentele recente, reiese că o funcție importantă a acestei legături este posibilitatea cortexului frontal de a regla sau de a opri activitatea amigdalei. De exemplu, putem fi speriați de ceva care se mișcă în întuneric și pe care nu-l putem vedea clar. Totuși, odată ce ne dăm seama că este vorba despre ceva inofensiv, putem inhiba teama generată la început. Cortexul prefrontal pare să joace un rol important în acest tip de reglare. Cei cu o activitate mai intensă în zona frontală stângă pot prezenta o eficiență mai mare în oprirea activității amigdalei, astfel încât emoțiile negative să nu se prelungească.

DALAI LAMA: Cu alte cuvinte, există în creier o activare preconştientă care declanşează emoţiile, şi abia după aceea ne dăm seama de ce se întâmplă?

CLIFF SARON: Da, asta am sugerat. De fapt, există date recente care arată că oamenii care au afectată partea dreaptă a amigdalei nu pot experimenta adecvat emoţii negative. Dar, dacă partea stângă e în regulă, ei trăiesc emoţii pozitive normale.

DALAI LAMA: Asta e bine!

CLIFF SARON: Dar nu cred că ar trebui să le extirpăm tuturor partea stângă a amigdalei!

DALAI LAMA: Când spuneţi că anumite emoţii, de pildă, bucuria, sunt bune pentru sănătatea fizică, iar altele, cum ar fi dezgustul, sunt rele pentru sănătate, are asta de-a face în mod direct cu activitatea din diferite zone ale creierului?

CLIFF SARON: Diferenţele din activitatea cerebrală pot fi asociate celor din sistemul imunitar, dar nu ştim dacă ele afectează sănătatea. Asta este o distincţie importantă.

DALAI LAMA: Putem spune că este adevărat faptul că armonia sau echilibrul corpului nu e perturbat de emoţiile sănătoase, cum ar fi bucuria, dar că în cazul emoţiilor nesănătoase, de pildă ura, activitatea intensă perturbă echilibrul? Am putea spune că mai multă activitate în anumite zone ale creierului ar putea fi dăunătoare, deoarece perturbă echilibrul?

CLIFF SARON: Este parţial adevărat. E important să ţinem cont de faptul că echilibrul este, de fapt, foarte dinamic. Nu există o stare perfectă. Am putea purta o discuţie foarte interesantă despre perfecţiune şi echilibru, dar sistemele biologice sunt foarte dinamice. Pot exista tulburări la fel de mari şi din partea emoţiilor pozitive: termenul „tulburare" are o conotaţie negativă nepotrivită. Totuşi, este adevărat că partea dreaptă a creierului influenţează alte structuri care secretă hormoni asociați cu un risc mai mare de îmbolnăvire a anumitor organe. Dacă partea dreaptă a creierului este în mod obișnuit hiperactivă, poate exista o relație între stările emoționale negative obișnuite și secretarea în exces a unor substanțe chimice nesănătoase.

Emoțiile și categoriile culturale

CLIFF SARON: Mai devreme, vorbeam despre emoții universale asociate cu expresii faciale. Mă întreb dacă în psihologia budistă există un grup de stări afective – sau orice alt termen pe care îl folosiți ca echivalent al emoțiilor – care sunt limitate ca număr, dar pentru care diferite combinații sunt suficiente pentru a da seama de o bună parte din experiența noastră.

DALAI LAMA: Vreți să știți dacă există emoții fundamentale. Când introduceți în cadrul de lucru budist un termen străin – și, prin urmare, și un concept străin –, este foarte greu de răspuns. Nu există un cuvânt tibetan care să poată fi tradus în engleză prin „emoție". Totuși, dacă vorbiți despre o categorie a emoțiilor, cum ar fi cele negative – *kleshas* sau perturbările –, atunci există șase elementare, dar chiar și în cazul lor este înșelător să le denumim prin termenul *emoții*. Cele șase sunt: ignoranța, atașamentul, furia, mândria, perspectiva greșită și scepticismul sau îndoiala vătămătoare.

Terminologia devine îndoielnică atunci când considerăm ignoranța emoție, iar în cadrul ignoranței sunt mai multe categorii. Există un tip de ignoranță care este pur și simplu prostie sau lipsă de claritate, iar a o numi pe aceasta emoție ar fi foarte nepotrivit. Pe de altă parte, există forme dinamice de ignoranță care implică în mod necesar un mod fals de a percepe realitatea. Probabil că pe acestea le-ați putea numi emoții.

Cliff Saron: Sanctitatea Voastră, mă întreb dacă există vreo cale de a face o conexiune între tipul de ignoranță care percepe fenomenele ca fiind legate într-adevăr de conceptul de emoții și rolul lor în cadrul atașamentului.

Dalai Lama: Termenul *emoție* a devenit atât de vag, încât este dificil să vorbim despre el. Am hotărât deja că Buddha are emoții. Dacă luăm emoțiile negative – atașamentul, ostilitatea și alte asemenea lucruri –, atunci sigur că există o relație între ele și perceperea fenomenelor ca existând cu adevărat. Altfel spus, emoțiile de tipul atașamentului sau al urii apar pe baza perceperii unui obiect dat ca fiind cu adevărat existent. Dacă ești atașat de ceva, atașamentul apare deoarece percepi acel ceva ca fiind cu adevărat existent. Dacă urăști un anumit obiect, ura apare deoarece percepi acel lucru ca existent cu adevărat.

Iată un exemplu: imaginați-vă că sunteți foarte furios pe o persoană care se numește John. În timp ce vă concentrați furia asupra lui John, pe ce sunteți furios? Pe John însuși. Acest John este obiectul furiei dumneavoastră. Dacă cineva vă provoacă și spune: „Unde este John? El este corpul său ori mintea sa?", nu-i așa că ținta dumneavoastră devine neclară? Sunteți dat înapoi. Există o explicație similară și pentru atașament.

Lee Yearley: De ce nu pot spune pur și simplu că sunt furios pe aroganța sau pe egoismul lui John? Nu are nicio legătură cu corpul sau cu compasiunea lui John – este doar o caracteristică a lui pe care o urăsc.

Dalai Lama: Foarte bine! [*râde*] Este bine să aveți această atitudine față de defectele lui John, pentru că este una autentică, atât timp cât doriți totodată ca John să-și revină și să fie eliberat de suferință.

Sharon Salzberg: Toate emoțiile înseamnă apropiere sau evitare?

Cliff Saron: Nu orice emoție este un exemplu de apropiere sau de retragere, dar în cercetarea științifică aceasta este o modalitate utilă de a considera în general emoțiile.

Dalai Lama: Spuneți, așadar, că atașamentul sau dorința, pe de o parte, și ostilitatea sau aversiunea, pe de altă parte, sunt emoții primare? Cum rămâne cu îndoiala? Sau cu starea de liniște? Puteți spune că starea de liniște este un moment lipsit de emoții, ori o emoție neutră? Cum distingeți între emoții și alte activități cognitive? Care sunt parametrii?

Cliff Saron: Vocabularul nostru obișnuit reprezintă o problemă principală în cazul discuției despre emoții. În termenii psihologiei științifice occidentale, îndoiala nu este considerată o emoție fundamentală, ca furia, bucuria sau tristețea. Totuși, este în mod cert o stare pe care o putem identifica. Atunci când spuneți „îndoială", știu la ce vă referiți.

Dalai Lama: Să ne gândim la o persoană care experimentează pentru prima oară impasul produs de îndoieli. Ar putea fi vorba despre un om de știință. [*râde*] Folosind rațiunea și extrăgând dovezile experimentale, această persoană scapă de îndoială și ajunge la trăirea clară a convingerii. Acest sentiment puternic de certitudine, de convingere deplină, este o emoție sau nu?

Cliff Saron: Certitudinea, încrederea și mândria sunt considerate emoții.

Dalai Lama: Certitudinea în sine este o emoție sau există o emoție care apare simultan cu certitudinea?

Cliff Saron: E posibil să fim indiferenți față de rezultatele experimentelor care trag concluzii adevărate. Totuși, oamenii de știință, fiind devotați cercetării, au imbolduri foarte puternice de a obține răspunsuri. Pot fi foarte atașați de ipoteza lor și pot avea o stare emoțională atunci când aceasta se dovedește adevărată.

Dalai Lama: Nu mă refer doar la un tip de atașament sau de dorință, ci și la o intuiție inferențială care apare în mintea cuiva – uneori foarte accentuată – pe baza gândirii ce o precedă. Să presupunem că ipoteza dumneavoastră se dovedește greșită. Asta ar putea conduce la dezamăgire, dar rezultatele experimentului sunt limpezi și sunteți absolut sigur. Este și asta o stare emoțională?

Cliff Saron: Dezamăgirea este o stare emoțională. Înțelegerea faptului că te-ai înșelat nu este o stare emoțională.

Dalai Lama: Se poate spune, așadar, că limpezirea cognitivă în sine nu este o emoție, dar că emoția, fie că e exaltare sau depresie, apare simultan cu limpezirea?

Cliff Saron: Da. Emoția este sentimentul care apare ca răspuns la ceea ce îl declanșează. În acest caz, vorbim despre experimentul unui om de știință, dar poate fi vorba și despre a câștiga sau de a pierde la loterie. Situația este, de asemenea, limpede și putem resimți același tip de exaltare sau dezamăgire.

Dalai Lama: Mi se pare mai degrabă că emoția se reduce la plăcere sau neplăcere. Este mai mult decât atât? Ce este o emoție?

Daniel Brown: O emoție are cel puțin trei componente necesare: experiența corporală resimțită, cunoașterea sau gândul și reacția expresivă. Dacă există doar experiența corporală, fără gând, atunci nu avem de-a face cu o emoție, pentru că gândul ne ajută să distingem tipul de emoție. Dacă avem doar un gând, fără o senzație corporală, din nou nu avem de-a face cu o emoție.

Dalai Lama: Nu există cazuri de oameni ale căror corpuri nu mai au senzații? Acești oameni sunt deposedați de emoții? Cineva care este complet paralizat și nu mai are nicio senzație corporală nu mai poate trăi sentimentul de frică?

Francisco Varela: Este limpede că oamenii paralizați au totuși emoții. Cu toate că, de obicei, asociem emoțiile cu senzațiile corporale, partea cognitivă este suficientă pentru experiența emoțiilor, chiar dacă s-ar putea ca neurotransmițătorii să nu fie capabili să aducă efectele viscerale în conștiință. Așadar, deși, în mod normal, există trei componente, putem avea totuși emoții relativ valide atunci când una dintre componente este slăbită.

DANIEL BROWN: Da, o anumită dimensiune poate cântări mai greu decât celelalte.

CLIFF SARON: Paul Ekman studiază câțiva oameni care suferă de pareză Bell, o paralizie care împiedică expresia facială. Ceilalți s-ar putea să nu aibă nici cea mai mică idee despre ceea ce simt acești oameni atunci când interacționează, dar ei au sentimente foarte puternice. Se poate demonstra experimental că modificările din creier corespunzătoare emoțiilor în cazul unei persoane normale sunt similare celor petrecute în creierul unei persoane care nu poate exprima ceea ce simte. Totuși, emoția este un concept foarte complex, deoarece implică nu doar cele trei componente, ci și relațiile dintre ele și succesiunea acestora. Pot identifica o emoție, cum ar fi teama, pentru că recunosc anumite schimbări corporale? Există o întreagă școală a teoriei emoționale care gândește în termeni de reacții preconștiente ce declanșează reacții corporale, care, la rândul lor, informează conștiința.

SHARON SALZBERG: Ascultând prezentarea, m-am gândit că în sistemul budist atât emoțiile de apropiere, cât și cele de respingere descrise de Cliff pot fi sănătoase și nesănătoase. Putem avea o emoție sănătoasă de apropiere față de un obiect care ne atrage, cum ar fi un chip, sau putem avea o emoție de apropiere nesănătoasă, de pildă, lăcomia. De asemenea, putem avea o tendință de evitare nesănătoasă, cum ar fi lenea, sau putem avea o emoție de retragere sănătoasă, ca atunci când conștiința ne împiedică să acționăm.

DALAI LAMA: Poate exista și o stare mintală sănătoasă care este concomitentă cu sentimentul de calm. Unde s-ar încadra asta în sistem? [*pauză*] De ce nu răspunde nimeni din partea neuroștiințelor?

DANIEL GOLEMAN: Ei bine, ne putem apropia sau retrage trăind un sentiment de liniște. Cred că acest sistem nu poate integra starea de liniște. Nu se potrivește.

FRANCISCO VARELA: Aș vrea să readuc în discuție ideea că apropierea și evitarea reprezintă doar o dimensiune în studiul emoțiilor din punct de vedere neuropsihologic. Ea nu este exhaustivă, ci relativ simplă. Este ca și cum am studia oamenii după cum se află în stare de veghe sau dorm – asta nu înseamnă că nu există decât două stări mintale, ci doar că acestea oferă un contrast spectaculos. Așadar, aici nu încercăm să facem totul să se potrivească. De asemenea, o parte din problemă este dată de faptul că nu există o clasificare a emoțiilor sau o definiție a emoției unanim acceptată. Într-o mare măsură, în Occident, emoțiile sunt ceea ce putem măsura. O metodă psihologică va măsura și clasifica emoțiile altfel decât una lingvistică. Dacă măsurăm activitatea cerebrală, observăm reacții de respingere, dar, dacă măsurăm nivelul de adrenalină, găsim un alt set de categorii.

DANIEL BROWN: E greu de măsurat o stare subiectivă a sentimentelor. Este ușor să măsurăm expresia facială și relațiile sale cu activitatea cerebrală, așa că știința se implică mai mult în asta.

FRANCISCO VARELA: Sanctitatea Voastră, este posibilă cunoașterea fără emoție? Sau fără o perturbare mintală, ori o emoție care să tulbure?

DALAI LAMA: Cu siguranță că poate exista cunoaștere fără o perturbare mintală. Totuși, pentru orice tip de cunoaștere, există un anumit sentiment, fie că este vorba despre plăcere, neplăcere sau despre indiferență.

Francisco Varela: Există ceva asemănător emoțiilor în afara sentimentului?

Dalai Lama: Sentimentul este unul dintre cei cinci factori mintali omniprezenți și este cel mai pretabil la traducerea prin termenul „emoție".

Francisco Varela: Întreb asta pentru că în Occident există tendința de a ne imagina că putem cunoaște fără a încerca vreo emoție. Cel mai tipic exemplu este cel al roboților imaginați în filmele SF, foarte inteligenți și cu multe calități cognitive. Pot deduce, își pot aminti, pot generaliza, și totuși sunt complet lipsiți de sentimente și de emoții. Cred că ei reprezintă o expresie a viziunii conform căreia emoția nu face parte în mod necesar din cogniție, cele două putând fi disociate.

Dalai Lama: Aș specula, spunând că, dacă ei ar avea într-adevăr cogniție, ar avea și sentimente.

Daniel Brown: Sentiment, dar nu emoție?

Alan Wallace: Tibetanii nu au un cuvânt pentru emoție.

Importanța stării de liniște în budismul tibetan

Dalai Lama: Există vreo școală de gândire care să spună că starea de liniște nu este o emoție, dar că bucuria și tristețea sunt?

Cliff Saron: Starea de liniște nu este un termen asupra căruia psihologii occidentali să fi purtat prea multe discuții.

Daniel Goleman: Sau să-l fi trăit. [*râsete*]

Robert Thurman: Conștiența fericită poate fi considerată emoție?

Dalai Lama: Asta este o mare emoție! [*râsete*]

Francisco Varela: Sanctitatea Voastră, vă pot cere o lămurire? Seninătatea sau echilibrul minții ar putea fi o stare de referință? Există ceva care să reprezinte o stare ideală a minții? Sau nu este cazul ca mintea să poată avea stări multiple, care ar putea să nu fie de repaus, ci de activitate, dar...

Alan Wallace: Opusul stării de pace nu este activitatea.

Francisco Varela: Asta am vrut eu să înțeleg. Din traducerea inițială, pare că s-a făcut referire la seninătate, liniște, echilibru, dar este dificil de înțeles cum ar putea constitui toate acestea o viață activă.

Dalai Lama: Cred că este posibil ca natura minții să fie starea de liniște. Altfel spus, că sentimentul care acompaniază în mod normal o stare naturală a minții este acela de liniște. În mod normal, atunci când ne odihnim, încercăm să fim în repaus, fără a avea gânduri conștiente, dar, în acest timp, ne străduim să oprim gândurile. Așadar, încercăm să rămânem într-o stare naturală a minții prin intermediul sentimentului de liniște. Echilibrul este tulburat atunci când există perturbări mintale.

Francisco Varela: Dar atunci când nu stăm jos, când cumpărăm pâine sau vorbim cu un coleg, mai putem avea o stare de liniște? Mi se pare că nu putem obține această stare decât dacă stăm așezați.

Alan Wallace: Etimologia cuvântului tibetan tradus prin „perturbare mintală" este „ceea ce perturbă mintea". Putem fi foarte activi mintal, fără ca mintea să fie perturbată. Este activă, dar există totuși un echilibru, în sensul că nu este perturbată.

Francisco Varela: Așadar, nu există o stare unică, în care este necesar să fim inactivi. Asta încercam să înțeleg, pentru că, în mod normal, seninătatea este asociată cu inactivitatea.

Dalai Lama: Dumneavoastră cultivați compasiunea și dorința de libertate, dar ele, de fapt, tulbură mintea. Puteți aborda această problemă uitându-vă la efectele pe termen lung. Rețineți că există diferențe subtile între diferite școli de gândire cu privire la stările mintale care perturbă, în funcție de deosebirile dintre teoriile vidului, care reprezintă înțelegerea budistă asupra naturii realității. O anumită stare a minții poate fi considerată, din punctul de vedere Prasangika, drept una care perturbă, dar pentru o altă școală de gândire ea ar putea fi perfect valabilă. De exemplu, în timp ce privim o floare și o percepem ca existând pur și simplu, școala Prasangika spune că acest mod de a percepe este o perturbare a minții. Dar pentru orice altă școală filozofică din budism, în afară de Prasangika, acest mod de a percepe este considerat perfect autentic, pentru că floarea există pur și simplu. Din cauza diferenței de opinie în privința naturii ignoranței subtile, apare implicit și o diferență de opinie cu privire la natura atașamentului subtil și a furiei subtile.

Capitolul 5

Stresul, trauma și corpul

Daniel Brown

„STRESUL" ESTE UN TERMEN atât de comun în vocabularul nostru de astăzi, încât, uneori, înelesul său este umbrit. Tehnic vorbind, o reacție de stres este un răspuns fizic și mintal la o situație potrivnică, în care sunt mobilizate resursele în caz de urgență ale corpului – mecanismul „luptă sau fugi" –, inundând corpul cu hormoni meniți să înfrunte încercările. Din nefericire, viața modernă declanșează continuu acest răspuns atunci când nu putem nici să luptăm, nici să fugim, ceea ce poate duce la o creștere a tensiunii sangvine și musculare, la iritabilitate, anxietate și depresie, precum și la o scădere a eficienței imunitare. Daniel Brown studiază modul în care stresul provoacă anumite boli. Perspectiva sa este a medicinei comportamentale, o ramură medicală relativ nouă, care aplică metode comportamentale – inclusiv răspunsul biologic, meditația și hipnoza – în tratamentul bolilor cronice și în promovarea unor modalități de a preveni boala. Brown discută despre factorii interni și externi care declanșează boala. El explică modul în care stresul afectează funcționarea sistemului nervos și descrie efectul cumulativ al stresului cronic asupra corpului.

Există diferite moduri de a face față neplăcerilor. Anumite modalități de a face față stresului – abuzul de substanțe chimice, de exemplu – conduc la probleme și mai mari. Altele, cum ar fi răspunsul biologic și meditația, cresc rezistența și îmbunătățesc starea de sănătate. Presiunile și evenimentele tulburătoare din viețile noastre nu trebuie să dicteze modul în care reacționează mintea și corpul.

Probabil că cel mai grav efect al stresului este sindromul de stres posttraumatic. Această tulburare psihologică apare de obicei în cazul unor persoane afectate de forme extreme de traume, cum ar fi tortura, abuzul sexual, războiul sau evenimente care le-au pus în pericol viața, de pildă accidentele de mașină sau uraganele. Simptomele includ amintiri ale evenimentelor traumatizante, coșmaruri, tulburări ale poftei de mâncare, anxietate, oboseală și recluziune socială. Oamenii care suferă de acest sindrom răspund hiperactiv la stres, ceea ce declanșează o activare intensă a sistemului nervos autonom ca reacție la situații obișnuite, benigne. Dalai Lama a arătat că, după ce au exersat meditația, unii refugiați și călugări tibetani au făcut față uimitor de bine – aparent, fără a fi afectați de sindrom – chiar și celor mai cumplite tratamente.

Daniel Brown: Medicina comportamentală reunește înțelepciunea psihologiei și știința medicală pentru a înțelege cum anume trebuie să evalueze și să diagnosticheze boala, cum s-o trateze și, mai ales, cum s-o prevină și să o vindece. A fost aplicată, cu mai mult sau mai puțin succes, într-o mulțime de domenii, mai ales în tratamentul tulburărilor psihofiziologice, cum ar fi durerile de cap, nevralgiile, hipertensiunea sau astmul. Un alt domeniu este folosirea acestor metode în abordarea comportamentului care prezintă factori de risc pentru sănătate, cum ar fi: fumatul, somnul insuficient sau alimentația deficitară – comportament în care obiceiurile persoanei îi afectează sănătatea în mod negativ.

Un al treilea domeniu al medicinei comportamentale este înțelegerea modului în care oamenii se adaptează bolilor cronice, cum ar fi diabetul sau bolile de rinichi. De exemplu, mulți diabetici nu își respectă tratamentul medicamentos. Mănâncă incorect și nu își supraveghează nivelul zahărului din sânge sau neglijează orarul de administrare a insulinei, chiar și atunci când știu că tratamentul dă rezultate. Așa că oamenii de știință au început să studieze problemele legate de respectarea tratamentului ca parte a adaptării pacientului la boala cronică.

Al patrulea domeniu este mai controversat: folosirea acestor metode în prevenirea și tratamentul bolilor imunitare, cum ar fi cancerul, SIDA și bolile autoimune. Acesta este un domeniu mai puțin dezvoltat. Al cincilea este cunoscut în mod tradițional sub numele de medicină psihosomatică și vizează legătura dintre minte și corp și folosirea metodelor comportamentale în tratarea unor simptome medicale provocate de anxietate, de pildă crizele de astm.

În sfârșit, medicina comportamentală este aplicată la ceea ce numim sporirea stării de bine. Acest domeniu nu ține de tratarea bolii, ci, în primul rând, de prevenirea ei, prin predarea unor metode de obținere a unei stări optime de sănătate.

Boala: cauzele și întreținerea

În ceea ce privește medicina comportamentală, este important să începem printr-o înțelegere a modului în care privim boala și evoluția ei. În clinica noastră, privim boala la două niveluri: mai întâi, în termeni cauzali, și apoi în termenii diferiților factori care întrețin boala. Cauzele bolii pot fi biologice, legate de stres sau mixte. Factorii biologici includ predispoziția genetică, precum în cazul bolilor autoimune și al diferitelor forme de cancer. Alți factori cauzali apar în perioada timpurie a vieții. De exemplu, modul de nutriție poate influența mai târziu greutatea. Uneori, infecțiile pot provoca distrugeri ale țesuturilor. Pneumonia contractată în primul an de viață al copilului poate face mai apoi ca țesuturile pulmonare să fie mai sensibile la dezvoltarea astmului. Alteori, oamenii dobândesc o sensibilitate la anumite medicamente. La unele persoane care suferă de astm, acesta este cauzat de sensibilitatea dobândită. În alte cazuri, oamenii suferă răni cu urmări de durată, iar acest lucru este important mai târziu. Toate acestea sunt exemple de cauze biologice care predispun la îmbolnăvire.

În al doilea rând, privim spre factorii care întrețin boala, pentru că cercetarea demonstrează din ce în ce mai limpede că factorii care întrețin boala o perioadă mai lungă pot fi diferiți de cei care au cauzat-o. Așa cum este posibil să condiționezi sau să educi un răspuns din partea sistemului imunitar, se poate face același lucru și în cazul astmului: oamenii pot suferi crize de astm ca o reacție învățată. Anxietatea anticipativă este un alt factor care poate întreține boala. De exemplu, unii astmatici sunt îngrijorați de faptul că vor suferi o criză. Teama produce schimbări la nivelul sistemului nervos autonom, care determină apoi modificări în țesuturile pulmonare și criza de astm. Folosirea abuzivă a anumitor tratamente – în special a pulverizatoarelor care oferă o ușurare de moment – este un alt factor care lasă însă țesuturile pulmonare chiar mai expuse substanțelor care le inflamează și declanșează crizele. Tratamentul mai degrabă întreține boala decât o vindecă.

Factorii care întrețin boala sunt diferiți de cauze – boala capătă o viață proprie și devine complexă. Este important să tratăm atât cauzele, cât și condițiile care întrețin boala, astfel încât să privim evoluția bolii ca pe un ansamblu.

Stresul și sistemul nervos autonom

Oamenii de știință care se ocupă de comportament s-au concentrat asupra relației dintre stresul care cauzează boala și înțelegerea sistemului nervos autonom. Sistemul nervos autonom controlează funcții precum tensiunea musculară și ritmul bătăilor inimii.

De asemenea, controlează răspunsul vasomotor prin intermediul mușchilor din jurul vaselor de sânge, care se dilată și se contractă la anumite intervale pentru a redirecționa sângele prin corp. Când digerăm mâncarea de la micul dejun, vasele de sânge din jurul stomacului se dilată, astfel încât în zonă ajunge mai mult sânge. Când facem un efort de gândire, cum ar fi cititul, vasele de sânge din creier se dilată. Când suntem foarte relaxați, capilarele din piele se dilată și distribuie sângele în această zonă.

Sistemul nervos autonom este un sistem defensiv de urgență. Unul dintre aspectele reacției de apărare este clasicul răspuns „luptă sau fugi". Când organismul este amenințat, se declanșează de obicei o punere în gardă și crește tensiunea musculară, astfel încât suntem pregătiți fie să fugim, fie să lovim pentru a ne apăra. Bătăile inimii sunt mai dese și vasele de sânge din piele se contractă. Sângele este redirecționat către mușchi și către creier, punând organismul în alertă și pregătindu-l de acțiune. Observăm această reacție clasică de tipul „luptă sau fugi" la animalele și la oamenii amenințați, dar punerea în gardă autonomă este mult mai complexă la oameni. Există, de asemenea, forme mai puțin intense ale acestei reacții în activitățile zilnice obișnuite. De exemplu, același tipar, care presupune un puls ridicat, contractarea vaselor de sânge din piele și tensiune musculară crescută, apare atunci când ne concentrăm, pregătindu-ne de acțiune. Orice fel de pregătire de acțiune este însoțită de această activitate autonomă, cu modificări ale nivelului de tensiune musculară și arterială. Atât reacția de tipul „luptă sau fugi", cât și versiunea sa redusă, alerta și pregătirea de acțiune în viața obișnuită, țin de sistemul nervos autonom. Reacțiile sunt automate, dar știm astăzi că oamenii pot învăța să le controleze voluntar prin terapii comportamentale.

O altă apărare de urgență controlată de sistemul nervos autonom este reacția de anticipare imobilă, care poate fi observată și la animale. Uneori, atunci când animalele sunt speriate de un prădător, ele devin rigide, ascultând și observând ce se întâmplă în jurul lor. În acest caz, apare o *scădere* a pulsului, invers decât în cazul „luptă sau fugi“. Putem observa, de asemenea, și o scădere a tensiunii musculare și o vasoconstricție generală la nivelul mușchilor și al pielii. O variantă mai puțin intensă apare de fiecare dată când ne concentrăm foarte tare pentru a recepționa informații provenite din mediul înconjurător. În viața cotidiană, trecem prin perioade în care primim informații din mediu în acest mod concentrat, dar și prin perioade în care anticipăm un răspuns. Sistemul nervos autonom mobilizează din punct de vedere fiziologic corpul, atât pentru a-l pregăti, cât și pentru a-l implica în evenimentele din jurul său.

Orice situație stresantă pentru noi provoacă o reacție în sistemul nervos autonom. Când avem de-a face cu un eveniment stresant, activarea sistemului nervos autonom provoacă schimbări față de nivelul de bază al funcțiilor primare ale pulsului, tensiunii arteriale și tensiunii musculare. Apoi, când stimulul dispare, sistemul nervos autonom se dezactivează. După o perioadă de repaus, el revine la nivelul de bază. De fiecare dată când întâlnim o situație nouă sau stresantă, există un tipar de activare, dezactivare – sau repaus – și revenire la nivelurile de bază.

Prețul stresului

Când suntem puși în fața unor evenimente stresante, înregistrăm un nivel continuu de alertă. Această situație se poate menține un timp îndelungat, până când este atins punctul de epuizare și repausul devine forțat. Stresul cronic provoacă o dereglare sau un dezechilibru în funcționarea sistemului nervos autonom, astfel încât, la un stimul foarte mic, apare un nivel foarte ridicat de activare. Celulele din sistemul nervos autonom devin hiperactive și răspund la provocări minore. Apar dereglări în tiparele tensiunii musculare și dezechilibre în cele ale tensiunii arteriale. Acestea pot contribui la apariția unor boli, cum ar fi astmul, anumite tipuri de migrene și sindromul de intestin iritabil, în care apar dureri sau diaree fără să existe o infecție.

Aceste schimbări pot fi provocate de diferite tipuri de stres. Multe cercetări s-au orientat asupra a ceea ce numim stresul schimbărilor intervenite în viață. S-a descoperit că oamenii care au suferit multe schimbări semnificative în viață într-o perioadă scurtă – moartea unei rude, începerea unei noi relații, ruperea unei relații, câștigarea rapidă a unei mari sume de bani, pierderea rapidă a unei mari sume de bani, probleme cu legea, cumpărarea unei case – sunt expuși unui risc foarte mare de a se îmbolnăvi în următorul an.

Oamenilor le place rutina, iar rutina este sănătoasă într-o anumită măsură. Prea multe schimbări rapide cresc riscul de boală. Cercetările orientate spre stresul provocat de schimbările din viață au fost primele care au vizat stresul în Occident, dar cei mai mulți oameni nu trăiesc astfel de schimbări dramatice în viața lor cotidiană. Totuși, cu toții experimentăm un alt fel de stres: necazurile zilnice, cum ar fi pierderea unui lucru pe care apoi trebuie să-l căutăm, aglomerarea sarcinilor, numărul mare de convorbiri telefonice, așteptarea în trafic și tot felul de lucruri mărunte, care se acumulează. Un poet spunea cândva că nu schimbările majore din viață, cum ar fi moartea unei persoane dragi, te pot înnebuni, ci șiretul de la pantof, care se rupe atunci când te grăbești să pleci undeva. De câte ori apare ceva supărător, acest lucru provoacă o activare a sistemului nervos autonom. Dacă nu există un anumit tip de detașare, revenind apoi la starea de repaus, stresul se acumulează și menține organismul într-o stare de alertă continuă. După o vreme, acest fapt poate cauza probleme de sănătate.

Alți factori de stres țin de mediu: expunerea la frig, poluarea, zgomotul și poluarea electromagnetică. Chiar și mișcarea sau călătoria cu avionul pot fi stresante. Stresul social poate fi provocat de traiul în oraș, de supraaglomerare sau de izolare, de lupta cu ceilalți. Există și o mulțime de factori stresanți care țin de stilul de viață: dieta săracă, nutriția defectuoasă, consumul de alcool, cafea, țigări și droguri. Presiunea termenelor-limită poate fi și ea stresantă, precum și exercițiile fizice prea multe sau prea puține. Cei care efectuează regulat activități de rutină sunt de obicei mai puțin stresați decât cei care se confruntă cu activități variate sau cu orare imprevizibile, cum ar fi asistentele care lucrează în ture diferite de la o zi la alta sau pompierii, care nu știu niciodată când sunt chemați pentru stingerea unui incendiu.

Oamenii au început să-și dea seama că nu stresul este problema. Stresul este un simplu eveniment, printre atâtea altele. Unii se pot afla în situații obiectiv stresante, dar reacțiile lor biologice sunt minore. Alții produc aceste activări autonome în situații care pentru cei mai mulți nu reprezintă o sursă de stres. Cum explicăm toate acestea? Nu este vorba doar despre evenimentul în sine, ci și despre modul în care mintea interpretează acel eveniment și îi face față.

Există două modalități de a face față: una sănătoasă și alta mai puțin sănătoasă. A face față în mod sănătos presupune o abordare activă a rezolvării problemei sau abordarea unor perspective diferite asupra acesteia, astfel încât să nu mai pară o problemă. O altă metodă de a face față în mod sănătos este stăpânirea emoțiilor care apar în situații stresante, vorbind sau păstrând legătura cu ceilalți.

Acționăm într-un mod nesănătos atunci când reprimăm sau negăm problema sau, pur și simplu, ne dorim ca ea să dispară imaginându-ne o stare mai plăcută. În loc să tratăm problema, manifestăm o preocupare constantă de a scăpa de ea. Problema nu dispare și, chiar dacă mintea ne zboară în altă parte, reacția corpului rămâne.

Alte exemple de abordare a emoțiilor într-un mod nesănătos sunt reproșul și letargia. Reproșul este o formă de ură față de sine caracteristică occidentalilor. Letargia apare atunci când oamenii își pierd capacitatea de a fi conștienți de sentimente, ca rezultat al unor traume psihice, de pildă abuzul.

Trauma și prețul său

Am studiat oameni care au supraviețuit diferitor tipuri de traume psihice – molestați sexual în copilărie, victime ale unor crime, supraviețuitori ai războiului, inclusiv răniți sau care au trăit experiența morții clinice, oameni încarcerați sau torturați sistematic din motive politice și refugiați. Cele mai multe experiențe cu refugiații le-am avut cu persoane din America Centrală, însă am lucrat și cu refugiați din sudul Asiei, mai ales, din Cambodgia, dar și cu câțiva din Vietnam. Cred că ați cunoscut și dumneavoastră persoane care au fost torturate sau și-au părăsit meleagurile natale.

Când lucrăm cu astfel de indivizi, este foarte greu să începem cu tratamentul psihologic. Debutăm, în schimb, cu intervenții asupra mediului, deoarece, în cazul refugiaților, adesea cultura a fost fragmentată. Primul nivel de intervenție vizează restabilirea comunității și asigurarea nevoilor primare: adăpostul și hrana. Când ajung într-o țară străină, ei nu știu cum să se descurce sau să obțină ajutor, așa că îi sprijinim să se stabilească undeva. Munca este îngreunată de faptul că politica americană de acceptare a străinilor prevede distribuirea acestora în diferite orașe din țară. Asta nu este o abordare corectă, pentru că ceea ce le trebuie într-adevăr oamenilor este reconstituirea simțului comunității. Dacă supraviețuitorii sunt împrăștiați în comunități diferite, se vor simți foarte izolați. Nu cunosc limba și nu au contact cu oamenii din propria cultură. Așadar, în măsura în care este posibil, încercăm să-i încurajăm să trăiască în aceeași comunitate. De asemenea, îi învățăm lucrurile esențiale, cum ar fi limba engleză, care să-i ajute să se descurce în viața cotidiană, dar prioritatea rămâne întotdeauna reconstituirea simțului relațiilor comunitare.

Comunitatea nu este doar una a indivizilor, ci și practicile din cultura lor, așa că îi încurajăm să-și reconstruiască obiectele de artă și artizanat și să-și reia ritualurile religioase. De exemplu, am încurajat cambodgienii din zona Bostonului să meargă la temple budiste. Pentru cambodgieni, cel mai dificil este faptul că doar fermierii săraci au supraviețuit holocaustului. Cei mai mulți muncitori calificați au fost uciși, iar instituțiile care se ocupau de cultura lor, cum ar fi școlile și lăcașurile de cult, au fost distruse.

Am rămas foarte impresionat atunci când am fost în Satul Copiilor Tibetani, pentru că acolo oamenii încearcă să facă același lucru pe care cercetătorii din Occident l-au recomandat ca primă etapă în tratamentul victimelor torturii și ale experiențelor oribile ale holocaustului: facilitarea traiului supraviețuitorului în comunitate, împreună cu cei din neamul lui și asigurarea nevoilor primare, hrana și adăpostul. Următorul pas este atragerea lor în participarea la restabilirea propriei moșteniri culturale. Pentru refugiații din Tibet, nu este suficient să trăiască în comunitate – ei trebuie să practice dharma și să se implice în artă.

Dacă încercăm să le asigurăm un tratament psihologic oamenilor în acest moment, acest lucru nu funcționează. Chiar dacă au coșmaruri noaptea și sunt foarte agitați și temători, nu putem face mare lucru înainte de a-i introduce în comunitate. Acest prim nivel de intervenție poate dura câțiva ani și, din păcate, ei trebuie să trăiască în suferință și disperare până când este restabilită comunitatea. Uneori, medicamentele pot fi folositoare, dar este complicat, pentru că s-ar putea să nu înțeleagă despre ce e vorba sau să refuze să le ia. Încercăm să le furnizăm aceleași medicamente pe care le-ar primi în propria cultură, dar, în general, la început nu tratăm direct efectele torturii.

Odată ce comunitatea este restabilită și oamenii pot vorbi suficient de bine engleza pentru a se descurca, ori sunt folosiți interpreții, se trece la următorul nivel: munca psihologică. Facem acest lucru atât individual, cât și în grup. Unii nu vor să lucreze în grupuri, date fiind antecedentele lor culturale. Printre refugiații din America Centrală se găsesc atât membri ai extremei stângi, cât și membri ai brigăzilor morții, de extremă dreaptă, care au plecat din cauza nerespectării drepturilor omului. Ambele tabere trăiesc în aceeași comunitate, astfel încât războiul continuă. Ei nu se adună în grupuri, deoarece se tem că cel de alături ar putea fi un inamic. Cu alte grupuri, cum ar fi cele de cambodgieni, este mai ușor de lucrat. Aceștia se strâng în grupuri pentru că aceste legături sunt foarte benefice pentru ei. Probabil că același lucru este valabil și în cazul tibetanilor. Odată adunați în grupuri, îi facem să vorbească despre treburile zilnice. Nu îi punem să discute despre experiențele torturii, pentru că asta îi agită și le agravează foarte mult simptomele, atât fizice, cât și psihice.

Următoarea etapă a tratamentului este lucrul individual în cadrul unui proces asemănător psihoterapiei. Mulți refugiați nu înțeleg asta, dar totul poate fi pus în termenii propriei culturi. Cei care au fost torturați sistematic au mari dificultăți în a se simți în siguranță alături de oricine sau chiar și atunci când sunt singuri. Le este teamă tot timpul că va veni cineva să le facă rău. Ei își retrăiesc experiența de multe ori, în vise, iar în stare de veghe au amintiri fugare ale traumei, cărora nu le pot face față. I-am rugat să-și expună viziunea asupra siguranței. I-am întrebat dacă s-au simțit vreodată în siguranță, apoi i-am pus să se imagineze în situația respectivă, astfel încât să poată obține sentimentul de siguranță după bunul-plac. Dacă spun că nu s-au simțit în viața lor în siguranță, le cerem să-și imagineze cum s-ar putea simți astfel alți oameni, punându-se apoi pe ei înșiși în situația respectivă.

Aceste viziuni asupra siguranței durează între zece minute și o oră. Atunci când încearcă să vizualizeze, intervine adesea o schimbare și încep să apară amintiri ale torturii. În acel moment, le spunem să încerce să își imagineze un alt loc aflat în siguranță. Dacă amintirile nedorite revin, le cerem să încerce din nou, astfel încât să învețe să-și controleze amintirile. Dacă au fost torturați sistematic, ar putea avea nevoie chiar și de trei ani pentru a vizualiza siguranța, dar, în final, se vor simți la adăpost și încrezători. Astfel, siguranța devine fundamentul terapiei relațiilor. Odată ce oamenii devin mai încrezători în capacitatea de a-și controla starea psihică în acest fel, trecem la alte vizualizări. În cele din urmă, vor începe să-și amintească fragmentat experiențele din timpul torturii și să vorbească despre ele. Încercăm să-i facem să discute despre ele doar puțin câte puțin. Cu timpul, vor vorbi mai ușor și le vor putea înțelege. Lucrurile se vor așeza, iar ei vor duce o viață normală. În mare, acesta este traseul pe care-l urmăm: mai întâi, intervenții în mediul înconjurător, pentru reconstruirea comunității și a legăturilor culturale, apoi lucrul în grupuri și viziunile asupra siguranței, iar în final integrarea amintirilor.

Dalai Lama: Printre refugiații tibetani care au petrecut mult timp în lagărele de concentrare din Tibet au existat unii care au spus că timpul în care au fost închiși a fost foarte benefic, pentru că și-au dat seama că practica spirituală funcționează cel mai bine atunci când ești încarcerat. În general, aceste experiențe traumatice lasă rareori cicatrice adânci în memoria tibetanilor. Dacă experții în domeniu ar fi intervievat refugiații din Tibet, cred că ar fi găsit niște diferențe față de celelalte descoperiri ale lor.

Daniel Goleman: Sanctitatea Voastră, acești oameni nu au coșmarurile tipice victimelor torturii?

Dalai Lama: Unii s-ar putea să aibă coşmaruri. Când eram în Lhasa, înconjurat de comuniştii chinezi, am avut şi eu coşmaruri. Chiar şi astăzi, după 30 de ani, mai am uneori coşmaruri. [*râde*] Dar nu este vorba despre anxietate sau teamă.

Există foarte mulţi oameni nou sosiţi din Tibet, de la adolescenţi până la cei în vârstă de 30 de ani, şi mulţi dintre ei şi-au petrecut viaţa în lagăre de concentrare şi închisori. Aceştia sunt călugări care acum studiază în universităţile monastice din sudul Indiei. Este greu să găseşti printre ei unul care să sufere de sindromul de stres posttraumatic. De fapt, aceşti studenţi s-au dovedit mai buni decât cei care au fost crescuţi în India.

Daniel Goleman: Asta are legătură cu ceea ce aţi spus mai devreme despre considerarea propriei suferinţe ca fiind o oportunitate spirituală? Asta fac ei în timp ce sunt torturaţi?

Dalai Lama: Da.

Jon Kabat-Zinn: Ar fi foarte interesant să-i studiem pe tibetanii care au fost încarceraţi şi torturaţi.

Daniel Brown: Există studii făcute pe oameni care au supravieţuit lagărelor de concentrare naziste şi pe prizonierii de război ţinuţi în „cuştile de tigru" în Asia de Sud. Cei care au trecut cel mai bine peste aceste experienţe au convingeri religioase şi filozofice foarte puternice, care i-au protejat de consecinţele la care ne-am putea aştepta în urma torturii.

Dalai Lama: Dar cred că majoritatea cambodgienilor şi a vietnamezilor sunt budişti.

Daniel Brown: Există trei tipuri de reacţii la tortură sau la alte tipuri de traumă. Primele sunt experienţe nedorite, de tipul amintirilor înfricoşătoare şi al coşmarurilor. Următoarele sunt ceea ce numim experienţele letargice, în care victimele nu simt nimic. În sfârşit, există un fel de reactivitate fiziologică. Sistemul nervos autonom este alterat, iar starea de alertă este continuă. Această reactivitate fiziologică poate apărea chiar și la oamenii cu cele mai puternice convingeri. Pe baza cercetărilor făcute în Occident, mă aștept să descoperim astfel de situații dacă vom face măsurători fiziologice în cazul călugărilor dumneavoastră, chiar dacă nu se plâng de coșmaruri.

Dalai Lama: Trebuie verificat. Este ușor de făcut. La mănăstirea Sera, există aproximativ 1 000 de tineri, la Drepung Loseling sunt cam 500 sau 600, iar la Ganden, 250 sau 300. În îndelungata mea experiență cu acești elevi nu am întâlnit cazuri anormale. Sunt la fel ca toți ceilalți călugări.

Daniel Brown: Ceea ce spuneți dumneavoastră este neobișnuit.

Francisco Varela: Cunosc personal câțiva dintre compatrioții mei chilieni care au fost torturați de poliția secretă a lui Pinochet, după puciul militar care a răsturnat guvernul democratic al lui Salvador Allende. Nu există niciunul care să nu fi trăit un astfel de simptom sau pe toate – coșmaruri și disfuncții fiziologice. Desigur, ei nu sunt budiști.

Dalai Lama: Acești oameni pot fi diferențiați după tăria convingerilor religioase?

Francisco Varela: Cei persecutați și torturați erau toți de stânga, așa că dacă au avut convingeri puternice, probabil că acestea au fost politice. S-ar putea să fi manifestat respect față de anumite valori creștine, fiind crescuți în acea cultură.

Daniel Brown: Este adevărat și faptul că au fost torturați de oameni cu un același fundament religios.

Francisco Varela: Au fost torturați într-un război civil de oamenii din țara lor.

Daniel Brown: În timp ce chinezii nu sunt budiști. Nu este același lucru să fii torturat de un inamic străin.

Francisco Varela: Se poate.

Dalai Lama: Când tibetanii descriu experiențele din închisoare, subliniază că motivul pentru care au fost închiși nu este o ilegalitate sau o contravenție, o crimă sau un furt, ci faptul că au fost luptători pentru libertate.

Francisco Varela: Da, dar și chilienii au aceleași sentimente.

Dalai Lama: Deci, sub acest aspect, se aseamănă. Tipul lor de atitudine este de ajutor?

Francisco Varela: Da, este de ajutor. Dar dintre cei pe care îi cunosc doar câțiva au reușit să-și refacă viețile datorită sentimentului că au făcut ceea ce trebuia. Majoritatea au fost distruși, într-un fel sau altul: familiile s-au despărțit, nu și-au putut relua lucrul, aveau insomnii, au făcut cancer. Chiar și în privința acestui sentiment de îndreptățire aveau uneori o atitudine ambivalentă, îndoieli, sentimentul că poate ceea ce au considerat ei că era drept avea, în realitate, o altă semnificație. Poate că la tibetani principiile sunt mult mai solide.

Jon Kabat-Zinn: Sanctitatea Voastră, ați spus ieri că din perspectiva budistă răul înseamnă ignoranță și, prin urmare, un budist ar putea manifesta compasiune față de ignoranță, chiar dacă asta ar fi un mare rău pentru el. Am citit povestea foarte mișcătoare a doctorului dumneavoastră, care a fost torturat foarte mulți ani în închisorile chineze. Spunea că nu s-a supărat niciodată pe acești oameni, chiar dacă-l torturau, ci a manifestat continuu compasiune pentru ignoranța lor profundă, care le permitea să le facă oamenilor astfel de lucruri. Psihiatrul american care l-a intervievat s-a declarat uimit de faptul că a trecut prin așa ceva și că nu prezintă niciun sindrom de stres posttraumatic, așa cum se consideră că ar trebui să se întâmple, din perspectiva psihiatriei occidentale. Nu era înverșunat, nu era răuvoitor și nu prezenta probleme fizice sau psihologice. Credeți că acest lucru este ceva obișnuit pentru majoritatea călugărilor care au venit din Tibet după ce au fost închiși?

Dalai Lama: Este greu de spus, pentru că unii dintre acești călugări sunt foarte porniți împotriva chinezilor.

Daniel Goleman: Așadar, nu manifestă compasiune pentru cel care i-a torturat.

Dalai Lama: Se pare că nu. [*râsete*]

Daniel Goleman: Sanctitatea Voastră, atunci ce s-a întâmplat, din moment ce nu și-au manifestat compasiunea, și totuși nu au avut probleme?

Dalai Lama: Un factor este credința lor în karma. Ei atribuie suferința greșelilor pe care le-au făcut în viețile anterioare. Asta este o convingere obișnuită printre tibetani.

Daniel Goleman: Doar atât? Nu mai era și altceva?

Dalai Lama: Un factor important este oferirea siguranței. El este comun tuturor religiilor. Dacă ne gândim la *samsara*, ciclul existențelor, și reflectăm la vremelnicie, putem întâlni alți factori. În fine, mai este convingerea foarte fermă că până la urmă adevărul învinge.

Daniel Brown: Sanctitatea Voastră, în manualul de statistică a diagnosticelor, care este textul de bază pentru diagnosticarea stărilor psihiatrice în Occident, trauma este definită ca un eveniment extraordinar și suficient de neobișnuit încât să producă simptome aproape oricui. Este definită în acest fel, deoarece în Occident se întâmplă foarte rar ca un om să nu manifeste aceste simptome după tortură. Dacă ceea ce spuneți este adevărat, avem multe de învățat de la oamenii dumneavoastră cu privire la modul în care se protejează de simptomele de stres posttraumatic pe care aproape toți ceilalți le experimentează în astfel de situații. Informația asta este extraordinar de folositoare pentru noi.

PARTEA A TREIA

Mijloacele iscusite și medicația

Capitolul 6

Practica mindfulness ca medicament

Sharon Salzberg și Jon Kabat-Zinn

TRECEREA ÎN REVISTĂ făcută de Sharon Salzberg tradiției meditației Theravadin este folosită ca bază a descrierii practicii mindfulness, predată de Jon Kabat-Zinn la Clinica pentru Reducerea Stresului de la Centrul Medical al Universității Massachusetts din Worcester, Massachusetts. Astfel de întrebuințări medicale ale tehnicii mindfulness devin din ce în ce mai populare în așezămintele medicale occidentale.

Scoasă din contextul religios, această meditație înseamnă pur și simplu să învățăm să avem o atitudine deschisă, de acceptare, față de tot ceea ce ne vine în minte, în timp ce urmărim mișcările minții. Însă și această simplitate este aceea care o transformă într-o tehnică de reducere a stresului foarte folositoare.

Jon Kabat-Zinn explică modul în care metoda mindfulness a fost adoptată în clinica sa pentru relaxare și reducerea stresului. Cu toate că tehnicile de meditație au o istorie îndelungată de utilizare în contextul pregătirii spirituale, în Occident ele au început să fie aplicate sistematic ca parte a tratamentului medical și psihologic abia de curând.

Prezentarea lui Jon Kabat-Zinn sintetizează o bună parte din ceea ce s-a discutat până acum. El a încercat să introducă tehnici budiste de meditație în cultura occidentală. De vreme ce metoda mindfulness nu este prezentată într-un context spiritual, Kabat-Zinn crede că o poate folosi în abordarea nevoilor celor care suferă, dar dintr-un motiv sau altul nu sunt interesați de budism sau de vreun alt sistem religios.

Practica mindfulness în budismul Theravadin

Sharon Salzberg: Când predăm tehnica mindfulness, oamenii încep de obicei prin a sta liniștiți și a-și simți respirația într-o anumită zonă din corp, percepând-o foarte limpede, după cum se ridică și coboară abdomenul. La început, le cerem să simtă pur și simplu respirația, apoi să observe ceea ce devine predominant în conștiința lor. Astfel, încep să devină conștienți în momente diferite de obiecte diferite: sunete, imagini sau senzații corporale. Le cerem să încerce să observe această experiență direct, foarte limpede, într-o manieră cât mai simplă, fără a încerca să se piardă în interpretări sau judecăți asupra celor întâmplate. De exemplu, dacă cineva are o durere fizică, îi sugerăm ca, în loc să gândească în termeni de „asta e bine", „asta e rău" sau „sunt o persoană rea pentru că mă doare", să ia notă de senzația de căldură, de presiune sau de tensiune, astfel încât să poată vedea cum senzațiile se schimbă în permanență și nu există nimic puternic sau permanent cu privire la „durere". Ajung să recunoască faptul că nu controlează senzațiile care apar în corp. Durerea n-a apărut ca răspuns la dorința lor, așa că nu trebuie să se simtă ca și cum ar fi a lor. Ea nu le aparține – este doar acumularea condițiilor pentru crearea unei senzații. Le cerem să observe foarte profund, astfel încât să vadă cum fenomenul apărut dispare chiar în timp ce ei îl observă. Astfel, ei pot observa chiar natura experienței lor. Dacă pot face asta, mintea devine foarte imobilă și liniștită. Mintea nu fuge în trecut sau în viitor, ci rămâne stabilă, nemișcată, aflându-se în repaus în experimentarea clipei prezente.

De asemenea, punem accentul pe puritatea observației. Indiferent dacă obiectul este respirația, durerea sau orice altceva, ei îl observă fără a și-l însuși, fără aversiune și fără ignoranță. Indiferent dacă este plăcut, dureros sau neutru, obiectul meditației nu trebuie să conducă mintea spre însușire, aversiune sau ignoranță. Încercăm să facem o distincție între mindfulness ca atenție obișnuită și mindfulness pur. Îi învățăm pe oameni să practice asta continuu, fie că sunt așezați, merg, beau un ceai sau muncesc. Pentru început, ne putem concentra asupra respirației, dar practica se extinde până la urmă la orice. Indiferent de activitate, aceasta poate prilejui practica meditației.

Dalai Lama: Nu adăugați practicii mindfulness și vreo analiză sau o examinare specială?

Sharon Salzberg: Nu. Am constatat că o conștiență pură atrage înțelegerea și intuiția fără analiză. De exemplu, oamenii pot considera gândul doar un simplu gând, mai ales atunci când există o continuitate a tehnicii mindfulness și se reușește o practică regulată. Ei nu se simt guvernați sau conduși de vreun gând anume care se ivește în minte, ci lasă să treacă tot ceea ce apare.

Dalai Lama: Când identificați un simplu gând, ce vă vine în minte? Cum îl identificați? Ce înseamnă „simplu gând"?

Sharon Salzberg: Conștiența noastră face o trecere, așa că subiectul sau conținutul gândului nu este important. Ceea ce observăm este procesul de gândire. Când ne dăm seama că un gând nu este solid, că nu are substanță, iar înțelesul său real nu implică în mod necesar o asociere sau o reacție, este ca și cum am observa natura schimbării. Dacă cineva gândește „sunt o persoană foarte bolnavă", conținutul gândului nu mai pare atât de izbitor. Mintea recunoaște intuitiv natura gândului, care pur și simplu vine și pleacă. Prin această abordare nu încercăm să schimbăm un gând rău într-unul bun, ci mai degrabă să vedem însăși natura gândului.

Dalai Lama: Întreb din nou: ce recunoașteți ca fiind natură a gândului?

Sharon Salzberg: În acel moment, obiectul este, de fapt, schimbarea. În vederea acestei experiențe a gândirii, mintea aruncă lumină asupra faptului că toate fenomenele care apar sunt trecătoare.

Dalai Lama: Desigur, acest caracter trecător apare în cazul tuturor fenomenelor condiționate. Care este acea natură unică a gândului care îl distinge de alte fenomene la fel de trecătoare? Întreb asta pentru că există multe tipuri de meditație care se ocupă de natura minții înseși. Când facem asta, vorbim despre câștigarea unei perspective directe asupra diferitor lucruri, inclusiv asupra gândului. Astfel, vedem că gândul este un simplu gând. Mă întreb la ce perspective noi ați ajuns ca urmare a acestei tehnici, în urma căreia aruncați o privire, probabil fără precedent, în natura gândului pur. Cum percepeți acum gândul, altfel decât în perceperea sa obișnuită?

Sharon Salzberg: Perspectiva înțelegerii este una a vidului. De asemenea, este una a interdependenței între toate lucrurile. Vedem că mintea și corpul au o relație constantă, cu un lanț cauzal între ele – asta suntem noi cu adevărat. Motivul pentru care pun accentul pe procesul gândirii este acela că, la fel cum încercăm să ne identificăm cu corpul și să fim legați de el, avem într-o și mai mare măsură o conexiune și o identificare cu mintea. Pentru a împrumuta o imagine din tradiția tibetană, mintea care adoptă perspective vede gândurile ca pe niște nori mișcându-se pe cer, fără să le posede și fără să le controleze. Pentru pacienții lui Jon, chiar și o mică perspectivă în natura vidă, nesubstanțială a gândului furnizează un sentiment măreț de libertate.

Dalai Lama: Vreți să explicați ce înțelegeți prin vid în acest context?

Sharon Salzberg: Nesubstanțial, fără miez.

Dalai Lama: Anatman.*

Sharon Salzberg: Da.

Dalai Lama: Deci vidul sau absența identității la care vă referiți ar fi unul dintre cei trei indicatori ai existenței [vidul, insatisfacția și nepermanența].**

Sharon Salzberg: Da.

Dalai Lama: Foarte bine.

Sharon Salzberg: Acest tip de practică are forță, deoarece oamenii pot recurge la ea fără să aibă un sistem de convingeri sau sentimente religioase. Totuși, încercăm să o punem alături de un fundament moral puternic. Pornind de la acest fundament, ei pot fi conștienți că experimentează calmul, claritatea, sensibilitatea și o înțelegere a propriei persoane și a vieții.

Dalai Lama: Cât de mult meditează medicii care abordează acea tehnică sau cei care o consideră cu adevărat benefică? Cât de multe ședințe au loc într-o zi și care e durata fiecărei ședințe? De asemenea, cât de mult trece până când consideră că au obținut un beneficiu evident? O săptămână, o lună, un an?

Sharon Salzberg: De obicei, oamenii petrec o oră pe zi în meditație, dacă pot. Într-o anumită măsură, ei obțin un beneficiu imediat, altfel nu ar mai continua. Nu au încredere de la început – au nevoie de experiență pentru a fi încrezători în vreun fel. Cred că de

* *Anatman* înseamnă literal „lipsă a sinelui, a eului". În budism, atingerea lipsei eului este foarte importantă pentru iluminare. (*N. a.*)

** Cele trei semne ale existenței sunt postulate de bază ale budismului: nepermanența *(anitya)*, suferința *(dukha)* și lipsa eului *(anattama)*. (*N. a.*)

obicei e nevoie de câteva luni pentru ca oamenii să se obișnuiască și să fie încrezători în această practică.

Dalai Lama: Care este diferența dintre practicile *samatha* și *vipassana*?

Sharon Salzberg: În practica *samatha,* ne alegem un singur obiect, cum ar fi respirația sau o mantră, și ne concentrăm numai asupra lui. În *vipassana*, ne deschidem conștiința pentru a observa întreaga experiență, fără să existe un obiect anume. În loc să pună accentul pe unitate și pe întreg în cazul unui anumit obiect, *vipassana* se axează pe natura schimbătoare a lucrurilor, pentru a vedea cele trei semne ale existenței în fiecare experiență.

Dalai Lama: Foarte bine. Pregătirea pe care o oferiți celor care meditează provine din tehnicile de meditație ale tradițiilor srilankeze și birmaneze? Este o combinație între diferite tradiții sau este specifică unei singure tradiții?

Sharon Salzberg: Este orientată în special spre moștenirea tradiției birmaneze.

Dalai Lama: Foarte bine. Aveți un fundament pentru această practică în sutre?

Sharon Salzberg: *Satipatthana-sutra*. Sanctitatea Voastră, Lee Yearley l-a citat pe filozoful William James, care a spus că o religie trebuie să crească precum o plantă, altfel moare, și totuși trebuie să-și păstreze în același timp tradiția esențială. Puteți vorbi despre ceea ce pare esențial de păstrat în învățătura budistă și despre modurile în care s-ar putea schimba și evolua?

Dalai Lama: Cred că esența este determinată de compasiune și de înțelepciunea care își dă seama de vid. Aceste două elemente aparțin realității fundamentale cu care sunt confruntate. Ele aparțin căii ca metodă și înțelepciune; dar țin, de asemenea, de fructificarea căii. Fiecare prezintă aspectul dual al compasiunii și înțelepciunii. Nu sunt sigur în ceea ce privește modul în care ar trebui să evolueze Buddhadharma. Cred că în toate religiile importante sistemul de bază nu trebuie să se modifice, însă schimbarea trebuie să aibă loc sub aspect cultural sau al obiceiurilor sociale. Constatăm o evoluție de la budismul tibetan la cel occidental, inclusiv la cel american. Așa cum a evoluat în mod natural budismul tibetan, cred că vor evolua și cel occidental și american. Asta va trebui să se petreacă treptat.

Utilizări clinice ale practicii mindfulness

Jon Kabat-Zinn: Dați-mi voie să încerc să introduc într-un domeniu mai vast ceea ce perspectiva meditativă budistă îi poate oferi Occidentului. Asta ar putea răspunde unora dintre cele mai profunde și acute nevoi ale oamenilor aflați în suferință, deși, dintr-un motiv sau altul, ei nu sunt interesați de budism sau de vreun alt sistem de credințe. Nu-i preocupă iluminarea, dar sunt foarte dornici să aline suferința, mai ales propria suferință. Apar întrebările: există oare o înțelepciune unică a budismului, ce nu poate fi deformată sau distrusă prin punerea ei la dispoziția celor care suferă? Îi poate aceasta ajuta să devină mai buni ca ființe umane, mai puțin dispersați și să nu-și mai alimenteze propria suferință?

Pregătirea mea, deși destul de săracă, ține de tradițiile Zen și Theravadin. Programul pe care îl voi descrie reflectă o serie de tehnici de meditație pe care am încercat să le introduc printre principalele practici medicale occidentale. În acest context, dacă aș apărea cu capul ras, purtând robă și psalmodiind în tibetană, sanscrită sau coreeană, multora li s-ar părea nepotrivit, indiferent de cât de bună ar fi învățătura. Aceasta nu este cea mai eficientă cale de a prezenta înțelepciunea sau esența unei practici. Astăzi, oamenii știu multe despre meditație, dar au o perspectivă incompletă asupra ei. Vrem să-i convingem de faptul că meditația nu le spală creierul, ci îi învață să vadă lucrurile așa cum sunt și să trăiască în acest context.

Una dintre valorile meditației budiste despre care știm foarte puține lucruri în viața cotidiană occidentală este calitatea nemișcării. Poate ați observat că în Occident se aleargă foarte mult. Americanii au făcut din asta o artă rafinată. Suntem angajați constant într-o activitate, apoi cădem în pat extenuați, ne trezim a doua zi și ne reluăm treburile și alergarea. Nu este nevoie de o profunzime a percepției de sine pentru a observa că adesea nu știm cine face toate aceste lucruri. De multe ori, ne simțim deconectați de la experiențele și sentimentele noastre. Suntem conduși de minte, de gând, de așteptări, de teamă, de dorința de a fi în altă parte. Dacă vrei încontinuu să fii în altă parte, nu ești niciodată cu adevărat acolo unde te afli și, prin urmare, nu ești niciodată viu pe deplin. De asemenea, nu ești capabil să faci față presiunilor și dificultăților care apar dacă mintea nu este atentă și se află pe jumătate în altă parte. În situații stresante sau periculoase, reacțiile vor fi extrem de condiționate și de automate. Nivelurile mai profunde de inteligență și înțelepciune care provin dintr-o viziune limpede și deplină nu ne sunt disponibile tocmai din cauza acestui nor care ne învăluie mintea.

Același lucru este adevărat și dacă ne referim la corp. După cum am discutat mai devreme, mulți oameni nu sunt sensibili față de corpul lor la un nivel mai profund până când nu se întâmplă ceva în neregulă. Apoi devin foarte necăjiți și aleargă la un expert care se presupune că poate îndrepta totul, dar adesea nu se întâmplă așa. Cu toate că medicina occidentală a făcut progrese tehnologice remarcabile în ultimii douăzeci de ani, o mare parte dintre acestea se rezumă la diagnostic. Ni se spune unde este problema, dar asta nu o și rezolvă. Există foarte puține remedii în medicina occidentală.

Ne-am gândit că ar fi minunat să punem la punct o clinică bazată pe pregătirea mindfulness într-un centru medical occidental, pentru că spitalul este un magnet pentru suferință. Părea un mod bun de a introduce noțiunile de nemișcare, viziune limpede, mindfulness, precum și trecerea de la agitația continuă la o concentrare mai mare asupra sinelui. Dacă am putea oferi pacienților ceva complementar tratamentului medical, poate că ar reuși să progreseze și să se vindece într-un mod care nu se află la îndemâna tratamentului medical. De asemenea, programul poate ajuta pacienții să se împace cu tratamentul medical, lucru dificil atunci când mintea este agitată și își dorește ca situația să fie alta.

Dați-mi voie să vă prezint pe scurt principiile și structura clinicii noastre, programul de relaxare și de reducere a stresului de la Centrul Medical al Universității Massachusetts din Worcester, precum și modul în care utilizăm meditația. Apoi vă voi expune câteva rezultate obținute dintr-o serie de cazuri medicale grave și implicațiile acestora nu doar pentru simptomele fizice, ci și pentru modificările cognitive ce ar putea reflecta dezvoltarea umană. Voi încheia cu prezentarea modului în care am încercat să integrăm aceste principii ale practicii mindfulness, viziunii limpezi și nemișcării în mai multe activități ale spitalului, nu doar pentru pacienți, ci și pentru doctori și studenții la medicină. Îi pregătim să fie mai sensibili, mai atenți și să schimbe modul în care lucrează cu pacienții.

Un medic celebru a spus că lucrul cel mai important în îngrijirea unui pacient este să-ți pese de el, dar, adesea, în spitalele mari, pacientul se pierde prin fisurile sistemului, mai ales atunci când e vorba despre o boală cronică. Această clinică furnizează o anumită siguranță acestor oameni și le oferă încă o șansă înainte de prăbușire. Mă refer aici la oportunitatea de a explora la un nivel mai profund modul în care se ajută ei înșiși. Au căutat ajutor peste tot, dar noi îi întrebăm: „V-ați gândit la resursele interioare, poate chiar la înțelepciune, care există deja în corpul și mintea dumneavoastră?

Dacă le puteți descoperi și găsiți o cale să folosiți această energie, atunci probabil că, utilizând și ajutorul medicilor noștri, vă veți vindeca." Aici nu e vorba despre tratament, ci despre vindecare. Tratamentul ameliorează starea, dar vindecarea transformă la un nivel mai profund atât corpul, cât și mintea. Sunt însă oameni care văd lucrurile altfel și trebuie să vorbim despre bolile lor în termeni diferiți. Chiar dacă unui om îi lipsește o mână sau un picior, el poate fi un întreg, o ființă umană completă, pe deplin vie, la cel mai profund nivel. Acest lucru nu este ușor de obținut, dar este posibil. O ființă umană poate pricepe că acest întreg, această integritate și sănătate nu sunt neapărat dependente de două mâini și două picioare sau de a nu suferi de cancer sau de SIDA. Suntem convinși că atât timp cât omul este în viață și respiră, există mai multe aspecte pozitive decât negative în privința sa. Provocăm oamenii să se concentreze asupra a ceea ce este bun în ei și să-i lase pe doctori să se ocupe de ceea ce este în neregulă.

În *Satipatthana-sutra*, Buddha transmite unul dintre mesajele sale simple, dar foarte profunde: adevărata cale nu trebuie să fie elaborată, deoarece în simplitate există putere, iar tehnica mindfulness este o piatră unghiulară a practicii meditației. În clinică, punctul nostru de pornire este faptul că metoda mindfulness are o mare putere de vindecare pentru tot felul de suferințe. Ipoteza constă în faptul că această practică poate vindeca, fie că suntem budiști, fie că nu. Putem demonstra acest lucru într-un cadru medical nonbudist?

Clinica face parte din Centrul Medical al Universității Massachusetts (CMUC), unde există o facultate de medicină mare și un spital. Centrul are 400 de paturi și în fiecare zi sunt examinați mii de pacienți în sectorul ambulatoriu. Este o facultate de medicină foarte tânără, înființată în 1970, ceea ce ar putea explica de ce am putut face aceste lucruri acolo. Pe măsură ce o instituție se îmbolnăvește de „artrită" și de „fixismul abordărilor", devine mai puțin deschisă la idei noi. CMUC este, de asemenea, și un centru important pentru tratarea traumatismelor, în care pacienții sunt aduși cu elicopterul de la distanțe mari. În acest spital, nu suferă doar pacienții. Și personalul este foarte stresat.

Pentru cei mai mulți americani, stresul a devenit un mod de viață. Asta nu e ceva neapărat rău. Problema nu este legată atât de stres, cât de modalitatea de a-i face față. Totul depinde de modul în care privim lucrurile, iar acesta, la rândul său, depinde parțial de faptul de a le *vedea*. Mulți oameni nu văd și nu simt stresul, așa cum un pește care înoată în apă nu vede apa. Nu suntem conștienți de o bună parte din stresul din viața noastră și trăim mecanic, pe pilot automat. Mintea este agitată în mod constant și se află adeseori fie în trecut, concentrată asupra amintirilor, fie în viitor – foarte rar în prezent.

Am folosit foarte mult termenul *stres*, dar nimeni nu l-a definit. Îmi place cuvântul, pentru că include toate tipurile de suferință. Nimeni nu știe ce înseamnă o clinică pentru reducerea stresului, dar toată lumea vrea să vină. Din punct de vedere științific, cuvântul *stres* este ciudat, pentru că indică atât stimulul care cauzează o problemă, cât și reacția – problema în sine. O definiție spune că stresul este răspunsul organismului la o întreagă gamă de presiuni și solicitări care se fac asupra sa și la care trebuie să se adapteze. Așadar, totul poate fi stresant, dar nu în mod necesar. Depinde de existența unei urgențe a schimbării. Schimbarea în sine este stresantă, desigur, pentru că înseamnă că trebuie să ne adaptăm. Un animal care trăiește într-un loc din care hrana dispare brusc fie va muri de foame, fie va migra în căutarea hranei. Mișcarea reprezintă adaptarea care îi permite animalului să-și continue viața. Multe dintre grijile noastre sunt mintale, dar și ele ne cer să ne schimbăm sau să ne adaptăm. Un deces în familie este un mare stres, pentru că pierderea e enormă și trebuie să ne adaptăm la a trăi cu această pierdere. Dacă nu ne adaptăm, organismul își pierde starea de armonie. Chiar și la nivelul sistemului nervos și al celui imunitar pot exista dereglări după un deces în familie. Totuși, după o vreme ne revenim – timpul vindecă rănile – și ne regăsim echilibrul interior. Dacă trăim multe stresuri, putem atinge o stare de anxietate continuă, iar sănătatea este distrusă.

Programul de relaxare și de reducere a stresului

Programul de relaxare și de reducere a stresului are forma unui curs. Dacă vrem să schimbăm viața cuiva, nu putem spune pur și simplu: „Ai muncit prea mult, trebuie să-ți schimbi stilul de viață – relaxează-te." Dacă ar fi știut cum să se relaxeze, omul nu ar mai fi venit la doctor. Cineva trebuie să învețe să abordeze persoana respectivă la un nivel profund și să-i dea timp să progreseze și să experimenteze, să se întoarcă și să pună întrebări. Am considerat că cel mai bun mod de a face acest lucru este un curs. Pregătirea pentru mindfulness avea să fie fundamentul și factorul de unificare a practicilor. După cum a spus Sharon, indiferent cât de buni devenim în mindfulness și în găsirea calmului, nemișcării și relaxării, dacă acestea nu se reflectă în viața cotidiană, înseamnă că nu suntem înțelepți. Nu ne este de niciun folos să stăm așezați ca Buddha o oră, dacă în restul timpului ne pierdem controlul și acționăm ca un taur. Ne putem amăgi că suntem mari practicanți ai meditației, fără a fi conștienți de problemele de la serviciu sau din familie. Credem că în viața cotidiană practica mindfulness este foarte importantă pentru esența pregătirii pentru meditație.

Cursul îi învață pe oameni cum să aibă grijă mai bine de ei înșiși, cum să trăiască mai deplin și cum să progreseze, dacă este posibil, spre o stare de bine mai completă și o sănătate mai bună. Este important că avem o clinică mai degrabă medicală decât psihiatrică. Adesea, când oamenii au probleme cu stresul, medicul nu găsește nimic în neregulă și îi trimite la psihiatru. Rezultă de aici că problema o reprezintă mintea. Desigur, în Occident, mintea este considerată ca fiind separată de corp și e tratată într-o anumită secție a spitalului. Mulți oameni nu răspund bine la această abordare. Ei percep durerea în corp, nu în minte, și nu vor să fie considerați nebuni. Plasarea clinicii în domeniul medicinei generale spune că perspectiva nondualistă asupra minții și corpului este o parte importantă a transformărilor viitoare ale medicinei și științei din Occident. Desigur, vorbim în continuare despre minte și corp, și există câteva diferențe importante. Totuși, dacă nu înțelegem că, la un nivel profund, ele reprezintă același lucru, avem probleme. Un taler al balanței atârnă foarte greu, cu minunata medicină tehnologică, cu raze X, cu scannere, chirurgie, medicamente și toate celelalte. De cealaltă parte, avem medicina comportamentală, a minții și a corpului, puterea mintală și ceea ce poate face o persoană pentru ea însăși. Pentru ca echilibrul să se mențină, cu cât sunt cheltuiți mai mulți bani în medicina tehnologică, cu atât trebuie investită mai multă energie în partea cealaltă.

În clinica noastră, folosim o abordare foarte diferită de modelele medicale generale și psihiatrice, dar și de învățătura budistă. În medicina generală sau în psihiatrie, primul pas este diagnosticarea problemei, după care urmează găsirea tratamentului adecvat. De asemenea, când cineva își consultă instructorul în legătură cu o problemă legată de meditație, răspunsul vizează nevoile persoanei, și nu este același pentru oricine. În clinica de reducere a stresului bazată pe meditație am pus la punct un model diferit în ceea ce privește opoziția dintre intervențiile generale și particulare. Facem o pregătire generală cu grupuri mari de oameni și nu ne concentrăm asupra problemelor individuale, ci asupra a ceea ce au în comun și este în regulă. Toți suferă de boli diferite, au necazuri de familie proprii, identități genetice proprii, probleme proprii legate de serviciu și doctori care le oferă tratament medical. Îi învățăm pe toți același lucru: cum să fie atenți. Altfel spus, cum să înțeleagă, cum să se armonizeze.

Le acordăm pacienților noștri atenție și în mod individual, modificând instrucțiunile pentru a fi adecvate nevoilor și împrejurărilor lor particulare. Nu este ca într-o fabrică, în care nu ne pasă de problemele lor; vrem să ne orientăm către ceea ce le este comun. Facem un interviu între patru ochi cu fiecare pacient trimis la clinică, pentru a-l evalua înainte și după frecventarea clinicii, precum și în lunga perioadă care urmează. În timpul interviului, vrem să auzim poveștile pacienților, cine sunt ei și ce simt față de corpul și de boala lor. Încercăm să-i ascultăm cu adevărat și să manifestăm compasiune față de situația lor. Apoi le spunem la ce să se aștepte. Cei mai mulți nu înțeleg atunci când le spunem că vom recurge la meditație sau la yoga înțelegerii, dar ei hotărăsc dacă se înscriu sau nu. Dintre ei 90% se înscriu.

Cursul durează opt săptămâni, iar pacienții vin o dată pe săptămână, pentru două ore și jumătate. Sunt 30 de oameni într-o grupă, așezați în cerc. Li se dau și teme, care constau în 45 de minute de meditație zilnică, șase zile pe săptămână. Le acordăm o zi liberă dacă se comportă corect. Nu le spunem, pur și simplu, să meargă acasă și să exerseze ce i-am învățat, ci le dăm casete audio după care să se ghideze. Tema pentru acasă constă în punerea în practică a unei părți a casetei. Le spunem că nu trebuie să le placă, ci că doar trebuie să o facă. De asemenea, există și niște exerciții de conștiență, în timpul cărora își notează gândurile și sentimentele într-un caiet.

A sta 45 de minute pe zi fără să faci nimic reprezintă o schimbare majoră a stilului de viață. Tradiția budistă prețuiește acest lucru, considerându-l absolut necesar pentru a atinge integritatea și a reduce fragmentarea, dar în Occident acest lucru nu este deloc evident. Este ceva aproape antiamerican să-i propui unei persoane să stea 45 de minute și să nu facă altceva decât să existe pur și simplu. Acești oameni se află acolo pentru că medicul lor le-a spus că trebuie să învețe să facă față stresului, nu pentru iluminare, pentru meditație sau pentru yoga. Ei sunt dornici să o facă pentru că le explicăm totul în termenii unei aventuri: probabil că vor găsi ceva nou de învățat, vreo nouă sursă de vitalitate.

În a șasea săptămână de curs, ne retragem pentru o meditație de opt ore în tăcere. Lucrăm cu aproximativ 150 de oameni odată, iar aceste meditații sunt comune. Patru oameni predau, ghidându-i pe participanți de-a lungul unei zile pentru a înțelege așezarea, mersul, hrănirea – totul în liniște și fără a se privi în ochi. Acest lucru este foarte neobișnuit pentru occidentali, mai ales dacă nu au mai practicat meditația. Pentru mulți, este prima oară în viață când se află în stare de veghe și tac timp de opt ore.

Atitudinea înțelegătoare: mintea începătorului

Anumite aspecte ale pregătirii în mindfulness sunt foarte importante în cadrul clinicii: lipsa judecății, răbdarea, acceptarea și încrederea. Mai sunt importante absența încrâncenării și ceea ce se numește mintea începătorului.

Nu predăm principiile lipsei judecății, răbdării, acceptării și încrederii ca pe niște directive, așa cum sunt ele prezentate în sutre. În schimb, încercăm să le expunem în mod natural și coerent în discuțiile noastre despre temele pentru acasă și despre practicarea meditației. Discuția este destul de explicită. Vorbim mult despre observația propriului sine fără judecată. De exemplu, atunci când purtăm o discuție după prima săptămână de practică a meditației, unii au o profundă experiență a relaxării și sunt foarte încântați de asta, în timp ce alții trăiesc numai tensiune și durere sau adorm de fiecare dată când încearcă să mediteze. Când încep să se judece singuri și simt că nu sunt buni pentru așa ceva, le amintim că treaba lor este doar să urmărească, să vadă clar, nu să judece. Le amintim și să fie răbdători: „Doar pentru că o persoană a avut o trăire în prima săptămână, nu înseamnă că trebuie să înaintați în același ritm. Luați-o pas cu pas."

Tot așa prezentăm acceptarea și încrederea. Nu încrederea în mine sau în Dalai Lama, ori în vreo altă autoritate exterioară, ci încrederea în ființa interioară proprie. Acest lucru este esențial, deoarece, într-un context religios, ne repezim adesea să transformăm pe cineva în erou și să ne minimalizăm pe noi înșine. Este foarte important ca oamenii să-și asume responsabilitățile pentru propriile vieți, să nu accepte, pur și simplu, autoritatea într-un mod care le reduce puterea și creativitatea.

Lipsa de încrâncenare este o altă parte foarte importantă a practicii mindfulness. Din nou este ceva foarte antiamerican să nu te străduiești să ajungi undeva. Fiecare este confruntat cu câte o problemă. Sunt 30 de oameni în încăpere și fiecare are câte o problemă. Unul vrea să-și scadă tensiunea sau să-și aline durerile de cap. Altcineva e bolnav de SIDA și dorește să-i facă față morții apropiate sau familiei care l-a renegat. Fiecare suferă, emoțional și fizic. Noi spunem explicit, chiar de la început: „Ați venit aici cu o problemă, dar vă rugăm să suspendați judecata. În următoarele opt săptămâni, nu încercați să faceți problema să dispară. Nu încercați nimic. Faceți-vă temele și urmăriți ce se întâmplă. La sfârșitul programului, ne puteți spune dacă acest lucru v-a fost de ajutor sau nu, dar nu vom încerca să-i scădem cuiva tensiunea arterială sau să-i eliminăm durerea din corp. Nu ne încrâncenăm." Un mod de a exprima acest lucru este următorul: „Vă vom învăța cum să fiți atât de relaxați, încât să fie în regulă dacă sunteți încordați."

Încercăm, de asemenea, să le transmitem oamenilor ceva din ceea ce se numește uneori mintea începătorului, noțiunea conform căreia fiecare moment este nou. E greșit să credem că, doar pentru că am meditat multă vreme, am și ajuns undeva. „Noi" și „undeva" devin în acest caz niște probleme. Este important să păstrăm o prospețime a gândirii, să nu gândim „am mai văzut asta" sau „am făcut asta trei săptămâni, așa că știu ce este meditația". Indiferent dacă am trăit experiențe bune, rele sau neutre, nu trebuie să le proiectăm în viitor, gândindu-ne că „pentru că am reușit o meditație bună astăzi, voi reuși una bună și mâine". Ideea de a fi în prezent este cu totul nouă pentru cei mai mulți occidentali. Aș mai adăuga că intelectualilor le vine cel mai greu pentru că ei gândesc mult în viața obișnuită.

Un alt aspect este abținerea – capacitatea de a vedea limpede, fără a atinge. Trebuie să facem diferența între a te abține și a te strădui. A te abține înseamnă a lăsa lucrurile să curgă, fără a te atașa de nimic.

Cred că aceste calități – abținerea, mintea începătorului, lipsa de încrâncenare și lipsa judecății – conduc la un tip de înțelepciune dacă sunt exersate într-o anumită măsură. Putem fi atașați fără să știm – metoda mindfulness ne permite să vedem acest atașament. Chiar dacă nu ne abținem, faptul că suntem conștienți de atașament reprezintă deja un lucru înțelept.

Alte calități, pe care nu le predăm explicit, sunt cuprinse în modul în care încercăm să includem în viața noastră ceea ce predăm. Este vorba despre generozitate, compasiune și bucurie înțelegătoare. În loc să vorbim despre compasiune, ceea ce în Occident sună uneori destul de prețios, încercăm să lăsăm aceste calități să vină din interiorul nostru, să se exprime în interacțiunile noastre. Când o persoană din grupă trece printr-o criză, plânge sau pățește ceva, există multe moduri de a o trata cu compasiune. În aceste cazuri, dacă cineva poate oferi alinare din inimă, nu din cap, se dovedește un profesor subtil. Multe dintre aceste calități sunt predate cel mai bine atunci când le avem în noi. În sistemul medical occidental, acest lucru nu este bine înțeles. În schimb, sunt găsite tehnici, cum ar fi pastilele și injecțiile, care se aplică celor care au nevoie de ele. Nu se înțelege faptul că un psihoterapeut care predă relaxarea și meditația trebuie să le practice el însuși. În fond, nu e nimic în neregulă cu medicul sau cu psihoterapeutul. Pacientul este cel care are probleme și trebuie să ia medicamentul. Această orientare este foarte diferită de cea pe care o folosim noi. Nici nu ne trece prin cap să angajăm în clinică pe cineva care nu a meditat ani buni conform unei anumite tradiții, cu perioade de practică intensivă și recluziune. Totuși, există mulți oameni cu o practică îndelungată, dar ei nu pot preda în acest fel din mai multe motive. Nu e ușor să găsim oamenii calificați pentru a preda.

Am spus că o bună parte din toate astea înseamnă, de fapt, pregătirea trecerii de la a face la a nu face și la dezvoltarea unui anumit nivel de calm și stabilitate a minții. Identificăm adesea mintea cu suprafața unei ape. Când bate vântul, devine foarte vălurită. Oamenii cred – în mod greșit – că au puterea de a alunga valurile, închipuindu-și că acestea se vor potoli dacă vom așeza peste ele o farfurie imensă de sticlă. Dar putem coborî la câțiva metri adâncime, lăsând valurile acolo unde sunt. Studiind valurile, putem învăța să luăm contact cu simțul calmului pe care îl avem în noi. Nu trebuie să-l dezvoltăm – el există deja. Măiestria constă în a învăța să luăm contact cu noi înșine. Spiritul practicii nu este acela de a face din aceasta un țel.

Toate astea reprezintă un mod mai complex de a spune că meditația este predată greșit în Statele Unite, ca tehnică sau ca grup de tehnici. În viziunea mea, meditația este, într-un sens mai larg, un mod de a fi, o abilitate de a generaliza calitatea practicii mindfulness. În loc să manipulăm atenția cuiva în anumite momente, dezvoltăm o continuitate a conștienței care permite întregii vieți să devină o expresie a practicii meditației. Dacă se întâmplă ceva obișnuit sau neașteptat, bun sau rău, putem apela la calitatea de a fi conștient, fără patimă și fără atașament, abordând totul printr-o viziune limpede. Nu este vorba despre a face ceva, ci despre a nu face acel lucru.

Tehnici de meditație

După ce v-am spus că meditația nu constă în tehnici, o să vă vorbesc despre trei tehnici formale importante pe care le predăm. Toate folosesc respirația ca obiect central al conștienței, un punct de pornire situat la nivelul corpului.

Una dintre cele trei tehnici este scanarea corpului. Deoarece unii vin la noi cu dureri de spate și mulți sunt bătrâni, ajutându-se de scaune pe rotile sau în cârje, nu le cerem să adopte poziția lotusului. N-ar mai veni la următoarea ședință. De asemenea, s-ar crea falsa impresie că singura cale de a medita ar fi așezarea în poziția lotusului. Așa că îi rugăm să se întindă, dacă se poate, pe spate. Le cerem să ia contact cu respirația lor și să-și concentreze atenția asupra ei, începând de la ombilic. La un moment dat, își îndreaptă atenția către degetele piciorului stâng. Pur și simplu, încearcă să-și orienteze atenția asupra acestei zone a corpului și apoi să o pună în legătură cu respirația. Pe măsură ce respiră, începând de la nas, urmăresc respirația cu mintea, până la degetele de la picioare. Apoi în sens invers. În timp ce se întorc pe acest traseu, corpul pare să se fi evaporat; devine mult mai transparent. De fiecare dată când expiră, eliberează tensiunea din zona respectivă. Dacă aceasta dispare, e bine. Dacă nu, e tot bine. Simt senzațiile, se concentrează asupra lor și respiră trăind aceste senzații. Dacă senzațiile sunt puternice, își dau seama că sunt puternice. Dacă sunt slabe, își dau seama că sunt slabe. Dacă sunt medii sau nu există, își dau seama că nu le pot percepe. Cu alte cuvinte, dacă nu simt nimic, se adaptează la a nu simți nimic. Nu se pot înșela.

Apoi își deplasează atenția în sus, de-a lungul piciorului stâng, și treptat în tot corpul, atât la suprafață, cât și în profunzime. Este o călătorie lungă. Durează aproape 45 de minute, și în fiecare clipă ei văd și se abțin, iar și iar. Fac asta șase zile pe săptămână, timp de două săptămâni, 45 de minute pe zi.

Toți acești oameni au probleme medicale grave și emoții puternice față de părțile suferinde ale corpului. În timp ce își scanează corpul, învață să accepte experiența brută a fiecărei părți, inclusiv a celei cu probleme. Învață să accepte experiența din acel moment și să renunțe apoi la ea, pe măsură ce își deplasează atenția spre o altă zonă. Mulți oameni nu au mai avut din copilărie o experiență profundă a existenței în propriul corp. Desigur, unul dintre lucrurile care se întâmplă la început este că oamenii se relaxează și adorm. Mulți nu trec de degetul piciorului sau de genunchi. Odată ce învață să nu mai adoarmă și să aibă conștiența deplină a corpului lor, trăiesc foarte adesea experiențe profunde de relaxare, pe care nu le-au mai încercat niciodată. Acesta este unul dintre motivele pentru care folosim scanarea corpului. Este o stare foarte concentrată, pentru că întotdeauna facem ceva și mintea ne e ocupată.

Dalai Lama: Există o practică asemănătoare care se găsește în *Guhyasamāja-tantra*, numită recitarea Vajra. Diferența constă în aceea că această practică implică vizualizarea canalelor, în timp ce în practica descrisă de dumneavoastră nu există nicio vizualizare. Se spune că, prin recitarea Vajra, cei care sunt avansați în meditație pot vindeca anumite boli, cum ar fi problemele cu ochii.

Jon Kabat-Zinn: Cred că am vrea cu toții să auzim mai multe despre această practică.

Dalai Lama: Dar pentru a practica, trebuie să fiți inițiați. [*râsete*]

Jon Kabat-Zinn: După scanarea corpului, următoarea tehnică este meditația stând așezat.

Când oamenii încep să aibă conștiența respirației, descoperă mai întâi că nu e așa de ușor să fii atent la ea. Este un șoc, dar a-și da seama că mintea are o viață proprie reprezintă o descoperire foarte importantă și pozitivă pentru oamenii obișnuiți. Mintea nu se concentrează neapărat asupra respirației doar pentru că omul decide acest lucru. Odată ce se obișnuiesc să urmărească respirația fără a judeca, clipă de clipă, extindem câmpul conștienței pentru a cuprinde întregul corp, fără a-l scana, ci având doar conștiența lui ca întreg. Dacă apare o senzație puternică de durere sau se acumulează suferință emoțională într-o anumită zonă, ei se pot concentra asupra acesteia. Dacă nu există o regiune care să predomine sau să solicite atenția, atunci se concentrează asupra experienței corpului ca întreg și, dacă este posibil, încearcă să-l simtă ca fiind complet – ca și cum, în acel moment, nu trebuie să-i adauge ceva sau să-l vindece. Corpul este bun așa cum e.

Aici este important să subliniem o idee de bază privind sănătatea și boala. Conceptele de boală și sănătate sunt oarecum asemănătoare celor de corp și minte. Nu știm cu adevărat ce înțelegem prin sănătate. Cele mai multe cercetări din medicina occidentală se fac asupra bolii; nu sunt finanțate cercetări asupra sănătății. Am putea crede că sănătatea reprezintă absența bolii, dar asta nu e foarte limpede, pentru că, evident, există niveluri de sănătate. Sănătatea de la 20 de ani nu este aceeași cu cea de la 70. De asemenea, sănătatea poate include boala. De exemplu, mamele pot dori ca un copil să aibă pojar, astfel încât să capete o imunitate mai mare. Boala poate să conducă la o stare de sănătate mai bună, așa că balanța este dinamică.

Aceasta este o perspectivă nouă în Occident. Cea veche considera boala un rău și se credea că, dacă boala dispărea, deveneam sănătoși. Dar este mult mai complicat decât atât, mai ales pentru că multe boli de care suferim în Occident sunt cronice, adică legate de stilul de viață. Vindecarea nu este ca înlocuirea unei țevi stricate.

Mulți și-ar dori să fie așa, pentru că primesc foarte mulți bani pentru astfel de operații. Operația de bypass, de exemplu, este foarte scumpă, dar nu face decât să ignore problema. Arterele sunt blocate din cauze biologice. Dacă înlăturăm blocajul și îl înlocuim cu un tub, fără a afecta cauzele principale ale bolii, nu am vindecat nimic. Totuși, există dovezi recente în medicina comportamentală potrivit cărora o combinație de meditație, yoga și exerciții, precum și o dietă vegetariană pot ameliora chiar și cele mai grave boli de inimă. Arterele coronariene blocate încep să se deschidă fără medicamente sau intervenții chirurgicale, iar fluxul de sânge către inimă crește. Capacitatea minții de a schimba stilul de viață este foarte puternică.

După ce predăm scanarea corpului și prezentăm meditația în poziția șezând, extindem câmpul acestei meditații spre concentrarea asupra unui obiect din afara corpului. Sunetele, stările emoționale, șirul gândurilor reprezintă bune obiecte de meditație. Dacă urmărim un gând, vedem că el are o viață proprie. Pe măsură ce dispare, continuăm observația, fără a urmări șirul gândurilor. Observând gândul ca obiect primar în meditație, încurajăm oamenii să facă acest lucru pentru perioade foarte scurte. Este foarte extenuant pentru începători să fie atenți la gânduri ca la niște evenimente din câmpul conștiinței, care apar în valuri.

Încheiem meditația în poziția șezând, cu o tehnică numită conștiența fără alegere, care este o meditație lipsită de formă, fără obiect, rezumându-se la pura conștiență. Acest lucru e foarte dificil. Nu ne așteptăm ca oamenii reușească să-l practice pentru perioade lungi, în schimb, recomandăm intervale scurte, pentru a-și da seama că este posibil să treci de la obiecte concrete la un câmp de observație mult mai larg. De exemplu, putem dezvolta flexibilitatea de a trece de la o observare limpede a gândurilor, lipsită de patimă, la a fi conștienți de senzații și a ne da seama că acestea nu înseamnă același lucru.

Practicăm, de asemenea, hatha yoga, un sistem minunat de întărire și de educare a întregului corp, precum și de dezvoltare a flexibilității și armoniei în trup. După cum bine știți, yoga poate avea o semnificație diferită de la un individ la altul. Adesea, este folosită fără înțelepciune, doar din lăcomie și narcisism. Noi predăm hatha yoga cu înțelegere, și atunci devine o formă de meditație budistă fără budism. Mulți oameni care intră în programul nostru nu și-au folosit niciodată corpurile. Au mers tot timpul cu mașina și au avut un stil de viață foarte sedentar, lipsit de exerciții fizice. Fizioterapeuții afirmă: „Dacă nu-l folosești, îl pierzi." Asta se aplică nu numai mușchilor, ci și vaselor de sânge, încheieturilor și așa mai departe. Mișcarea este foarte bună. Așa că vrem să-i facem pe oameni să-și înțeleagă corpul nu doar în nemișcare, ci și în mișcare. Acest lucru cere forme de meditație care implică mișcarea într-o stare de deplină conștiență. Hatha yoga se potrivește perfect acestui lucru.

Anxietatea: fizică și mintală

Am făcut un studiu în colaborare cu Daniel Goleman, care a elaborat chestionarul pentru măsurarea anxietății somato-cognitive. Aceasta este o cale de a determina dacă oamenii simt anxietatea mai mult în minte sau mai mult în corp. De exemplu, unii oameni simt stresul ca pe niște fluturi care se zbat în stomac sau ca pe un sentiment de neastâmpăr în corp, în timp ce alții răspund cognitiv, prin gânduri anxioase. Am observat că unora le-a plăcut scanarea corpului, dar nu le plăcea meditația în poziția șezând. Altora le-a plăcut yoga, dar detestau scanarea corpului. După ce oamenii învață scanarea corpului, meditația în poziția șezând și yoga, îi întrebăm cât de mult le-a plăcut fiecare, pe o scară de la 1 la 100. Meditația în poziția șezând este cea mai cognitivă dintre aceste tehnici, deoarece trebuie să urmărim, pur și simplu, mintea, fără a face nimic cu corpul. Scanarea corpului este mai somatică – ne mișcăm mintal prin corp, în timp ce îl scanăm. Yoga este cea mai somatică, pentru că, pur și simplu, ne mișcăm corpul. Cei care suferă de o anxietate cognitivă ridicată și redusă somatic sunt atrași de yoga. Le place să se concentreze asupra corpului, și asta îi ajută, pentru că trăiesc în majoritatea timpului în capul lor. În general, le place mai puțin scanarea corpului, iar meditația în poziția șezând, și mai puțin. Celor care prezintă o anxietate mai mare în corp decât în cap le place cel mai mult meditația în poziția șezând și cel mai puțin yoga.

Astfel, ne putem face o idee despre motivele pentru care unii oameni preferă o tehnică sau alta. Unul dintre motivele pentru care folosim tehnici diferite de meditație este atragerea cât mai multor oameni către una dintre ele. În mod ideal, îi învățăm o metodă care să le placă, pentru că altfel n-o vor practica. Pentru noi nu are însă importanță ce preferă ei. Totuși, îi determinăm să treacă prin toate tehnicile, pentru că există lucruri pe care le pot învăța doar prin una dintre ele. Uneori, oamenii trebuie să facă lucruri care nu le plac, dar care ar putea fi benefice pentru ei.

Le predăm, de asemenea, câteva practici informale de mindfulness. Acestea nu sunt atât tehnici, cât moduri de a fi. Vrem ca dezvoltarea unei conștiențe să ajungă în toate domeniile vieții, așa că ne concentrăm asupra armonizării respirației pe toată durata zilei. Primul lucru pe care îl facem atunci când le prezentăm meditația nu este scanarea corpului sau respirația, ci meditația la masă. Aceasta este o tradiție Theravāda pe care am învățat-o de la unul dintre învățătorii care m-au inițiat în *vipassana*. Le dăm trei stafide și îi rugăm să le mănânce, una câte una, zăbovind cinci minute asupra fiecăreia, în deplină conștiență: vedere, mișcare, gustare, punere pe limbă, mestecare, explozia gustului. Probabil că o puteți gusta chiar acum, cu ajutorul imaginației. Mâncatul este unul dintre lucrurile pe care occidentalii le fac cu mult mai puțină înțelegere decât în cazul orientalilor. Ei mănâncă pentru că sunt anxioși sau deprimați, din cauze emoționale. Nu pentru că au corpul înfometat, ci pentru că mintea le este înfometată. Acest fel de a mânca din lăcomie nu satisface niciodată, iar în jurul său nu se dezvoltă înțelepciunea. Introducând metoda mindfulness în actul mâncatului, încercăm să punem la punct un mod cu totul nou de a vedea lucrurile.

Mai predăm și meditația în poziție verticală. Când așteptăm autobuzul, de exemplu, putem fi atenți la modul în care stăm: simțirea picioarelor în contactul lor cu pământul, a corpului, a respirației și așa mai departe. Data viitoare când veți sta la coadă în magazin, apelați la această meditație în loc să fiți nerăbdători. Același lucru este valabil atunci când mergem sau desfășurăm alte activități de rutină. Putem medita în timp ce spălăm vasele, ducem gunoiul, facem curățenie sau un duș. Meditația vorbirii corecte include metoda mindfulness în vorbirea reală: tonul vocii, distanța față de interlocutor, ascultarea, și așa mai departe.

În a treia săptămână a programului, îi armonizăm pe oameni cu evenimente plăcute. De vreme ce suntem maeștri ai neînțelegerii, trăim adesea sentimente plăcute fără a le observa, cu toate că ne pricepem foarte bine să observăm sentimentele neplăcute. O temă pentru acasă este aceea de a observa în fiecare zi a săptămânii un eveniment plăcut și de a-l savura cu adevărat. Dacă uită să-l savureze, și-l pot aminti mai târziu, dar este esențial să-l înțeleagă pe deplin în momentul în care apare, să fie conștienți de senzațiile corpului, de gânduri, de sentimente și de acțiunile care decurg din acestea.

Mindfulness în situații provocatoare

În următoarea săptămână, trecem la stres și la sentimente neplăcute. Ne concentrăm asupra perceperii factorilor de stres prin tehnica mindfulness asupra corpului, gândurilor, sentimentelor și acțiunilor. Pur și simplu, devenim conștienți de ele. Să spunem că o persoană ostilă sau furioasă ne determină să avem o reacție puternică. Trebuie să încercăm să fim conștienți clipă de clipă de întreaga relație, fără a avea o reacție. Desigur, în fazele de început avem o reacție. Totuși, pe măsură ce oamenii câștigă stabilitate și calm în timpul practicării meditației, încep să spună că, deodată, se simt mult mai liniștiți în situații care înainte îi tulburau foarte tare. În loc să reacționeze, ei au reacții mult mai înțelegătoare. Continuitatea conștienței îi protejează de reacțiile stresului. Aceasta poate fi o capacitate foarte utilă pentru cei care suferă de boli coronariene grave. Întâlnim în clinică foarte mulți oameni cărora li s-a spus: „Dacă nu învățați să faceți față stresului, data viitoare veți suferi un atac de cord și veți muri." Pentru ei, este important să evite o reacție de tipul „luptă sau fugi", deoarece le crește tensiunea arterială.

O parte din ceea ce predăm se orientează spre a-i ajuta pe oameni să-și schimbe felul în care văd lucrurile. Dacă rămânem în mod constant pe pilot automat, suntem foarte puțin conștienți de unele lucruri extrem de importante pentru noi. De pildă, mulți oameni de 50 sau 60 de ani se simt triști pentru că nu le-au oferit toată atenția copiilor lor atunci când aceștia erau mici. Au fost prea ocupați cu serviciul sau i-au tratat așa cum au fost și ei tratați, uitând de durerea pe care au resimțit-o atunci. Modul în care ne creștem copiii poate fi un motiv pentru un respect de sine scăzut, cu toate că nu vreau să simplific în mod exagerat acest lucru.

Pentru a spune că vrem să revizuim sau să îmbogățim modul în care pacienții văd lucrurile, le dăm, mai întâi, o problemă ca temă pentru acasă în prima săptămână. E vorba despre trei rânduri paralele, fiecare cu câte trei puncte. Toate punctele trebuie unite prin patru linii, fără a ridica pixul de pe hârtie și fără a-l deplasa pe deasupra vreunei linii deja trasate. Mulți sunt foarte tulburați și se confruntă cu un stres major încercând să rezolve problema. Uneori, se luptă cu ea toată săptămâna. Când n-o pot rezolva, devin foarte furioși și dornici de a judeca. Dau vina pe problemă sau pe ei înșiși, și li se face rușine. În niciun caz nu am introdus acest test pentru a se ajunge aici.

Mintea are un fel anume de a vedea ceea ce consideră ca fiind o problemă. Uneori, nu asta este întreaga problemă. Ea poate considera cele nouă puncte ca alcătuind un pătrat, ratând astfel contextul problemei. Sistemul nervos, aparatul vizual și obiceiurile noastre de gândire ne fac să ne concentrăm foarte repede asupra problemei, fără să ne întrebăm care este contextul problemei. Odată ce deschidem câmpul atenției și al conștienței, devin posibile noi opțiuni și soluții. Chiar dacă nu găsim soluția bună, nu este cazul să dăm vina pe noi înșine.

Acest lucru este foarte important în rezolvarea problemelor. Dacă avem o personalitate foarte puternică, perseverăm atunci când ne blocăm. Dar, foarte adesea, soluția unei probleme vine prin forța de penetrare a conștienței, printr-o privire proaspătă asupra ei. Asta face parte din creativitatea științifică. După ce am zăbovit o vreme asupra problemei, trebuie să o lăsăm deoparte un timp. După aceea, vom găsi o nouă imagine a ei, într-un câmp mai larg.

Istoria unui caz

Vreau să vă expun rezultatele apărute în cazul unei paciente, o femeie care atunci când a venit la noi avea 54 de ani. A murit acum câțiva ani de *lupus*, o boală autoimună, în care sistemul imunitar atacă anumite părți ale corpului, dar a fost trimisă la noi de cardiologul ei, pentru că avea probleme serioase cu inima. Suferise o operație de bypass pentru o arteră, însă alte două artere importante ale inimii erau inoperabile. Avea și o tensiune arterială foarte ridicată, o artrită a încheieturilor și era alergică la multe medicamente.

Trebuia să vină des la spital, pentru că suferea de *lupus*, o boală care se tratează foarte greu. Uneori, avea fața și corpul atât de umflate din cauza steroizilor și a altor medicamente, încât nu mai putea fi recunoscută. Adesea, doctorii nu-i puteau spune când anume putea părăsi spitalul, ceea ce îi crea mari tulburări și tristeți. S-a întâmplat să fie internată la sfârșitul lui noiembrie, iar de Crăciun încă mai era în spital. În cele din urmă, a reușit să se folosească de meditație pentru a găsi un punct de liniște profundă, împăcându-se cu boala sa.

Tensiunea arterială – foarte ridicată în momentul operației de bypass – a scăzut de-a lungul programului de reducere a stresului și a rămas așa. Am cercetat aceste simptome timp de câțiva ani și am constatat că tensiunea rămăsese scăzută, astfel încât renunțase la medicamente și își regla tensiunea folosind doar tehnicile de meditație. Când a început programul, prezenta, de asemenea, tulburări foarte mari de somn. Mai apoi, după opt sau nouă săptămâni, a început să doarmă mai bine.

Femeia a trăit o experiență în timp ce își făcea tema pentru acasă, scanându-și corpul. După aproape două săptămâni de la începerea programului, mi-a spus, în sala de curs, că nu a întâmpinat niciun obstacol atunci când și-a scanat corpul până la gât, dar în momentul în care ajungea acolo se bloca și nu putea trece la cap. I-am spus să nu-și facă griji, ci, pur și simplu, să termine scanarea la nivelul umerilor sau al gâtului. A încercat acest lucru și a reușit apoi să treacă de blocaj, scanându-și și capul.

La următoarea ședință de scanare a corpului, a auzit pe casetă expresia „zona genitală". Folosise caseta cu două săptămâni înainte și nu auzise această expresie. Era pe caseta pe care o ascultase de multe ori, dar blocase în mod selectiv această expresie. Specialiștii în psihologie cognitivă cred că, de fapt, ne creăm propria realitate, filtrând în permanență informația din interior și din exterior. Ea nu mai auzise acel cuvânt până în ziua aceea.

Când l-a auzit, i s-a declanșat amintirea unei experiențe pe care o reprimase complet. Și-a amintit că tatăl o molestase sexual, de la patru până la nouă ani. Reprimase această amintire. Avea 54 de ani, cinci copii și, în acel moment, era sub tratament de zece ani, dar niciodată nu se apropiase de amintirea respectivă. Din anumite motive, scanarea corpului i-a reamintit aceste fapte. Urmarea a fost o amintire limpede a unei alte scene. Când avea nouă ani, tatăl ei a murit. Se afla în sufragerie, alături de el. A avut un atac de cord și a căzut pe podea. A fost atât de speriată, încât s-a retras într-un colț. Vă puteți imagina sentimentele ei amestecate. Își iubea tatăl, dar el o teroriza. Mama ei a venit după o vreme și a dat vina pe fetiță pentru moartea tatălui, deoarece nu o chemase. A luat o mătură și a bătut-o cu cruzime, lovind-o în cap și peste gât.

Cred că foarte mulți oameni poartă în ei astfel de suferințe. Unii au trăit în copilărie experiențe atât de dureroase, încât singura cale de a le face față este eliminarea lor din memorie. Acum, după 40 de ani, suntem mult mai pricepuți la recunoașterea acestor probleme și la a-i învăța pe copii să ceară ajutor în astfel de situații. Dar pe atunci nu se vorbea niciodată despre asta.

Când a trăit experiența amintirii, pacienta respectivă m-a sunat, mi-a scris o scrisoare și a venit la spital – toate astea în aceeași zi. A fost o experiență extrem de importantă pentru ea. Drept urmare, și-a îndesit ședințele de psihoterapie și s-a alăturat unui grup de victime ale incestului. A continuat meditația, ajungând mai apoi la un punct în care aprecia cu adevărat această experiență. Pentru ea, a fost o descoperire incredibilă, urmată de o eliberare. Când am întâlnit-o prima dată, istoricul ei medical era un teanc gros de fișe. Suferea de inimă, avea hipertensiune, *lupus*, artrită, alergii și tot felul de probleme musculare și osoase. Cred foarte tare – și multe dovezi susțin asta – că atunci când îți reprimi suferințe de acest gen în copilărie, echilibrul și armonia corpului sunt date peste cap. Corpul este dereglat la un nivel profund și suferința apare sub forma unei boli.

Aceasta este povestea unei singure persoane dintre sutele de pacienți pe care i-am avut. Nu toți au trăit astfel de amintiri, dar până într-a opta săptămână, majoritatea simt că au luat contact cu ceva profund din interiorul lor – ceva despre care nu știau că există – și se simt foarte bine. Adesea spun că ajung la stări pe care nu le-au mai avut din copilărie și că au căpătat sentimentul că își controlează viața.

Când am început programul, ne-am întrebat dacă americanul obișnuit va fi dispus să practice vreo formă de meditație. Nu știam dacă introducerea în program a tehnicilor de yoga nu făcea cumva ca totul să pară și mai nebunesc. După mai bine de 15 ani, am găsit răspunsul: americanul mediu nu este doar doritor să practice meditația într-un mod disciplinat, cel puțin timp de opt săptămâni, ci îi și place acest lucru.

Efectele medicale ale practicii mindfulness

Voi trece foarte pe scurt în revistă câteva rezultate generale ale programului de reducere a stresului. Am făcut un studiu pe o perioadă de doi ani, cu aproximativ 1 200 de oameni care au fost trimiși la noi de către medicii lor. În primul rând, am vrut să știm câți oameni urmează cursul și câți abandonează, pentru că acesta este un parametru care demonstrează cât de bună este clinica noastră. Din cei 1 155 de pacienți care au fost trimiși la noi în doi ani, am intervievat la început 75%. Ceilalți nu au dorit să vină la interviu, dintr-un motiv sau altul, sau nu au putut fi găsiți. Dintre cei intervievați, 90% s-au înscris în program. Dintre cei înscriși, 92% l-au început, iar dintre cei care l-au început, 86% l-au dus până la capăt. Acestea sunt niște rezultate foarte bune, mai ales dacă ținem cont că le cerem foarte mult participanților. Noi spunem că este stresant să urmezi programul de reducere a stresului, pentru că a sta 45 de minute zilnic fără să faci nimic reprezintă o schimbare majoră a stilului de viață. Probabil că există ceva care îi mulțumește, altfel nu ar rămâne în program.

Pentru a pune aceste date în context, trebuie să spunem că media pacienților care își respectă programările la un doctor este de 25 de procente. Se știe că oamenii nu se duc atunci când sunt programați, așa că a le cere să rămână într-un program în care trebuie să exerseze 45 de minute zilnic, șase zile pe săptămână și, în plus, să-și petreacă restul zilei cu meditația informală înseamnă foarte mult. Noi le cerem și le oferim foarte mult. Cred că le place această provocare.

Dacă ne gândim la toți oamenii trimiși la noi într-o anumită perioadă de timp și ne referim la numărul de simptome pe care le prezintă, putem vorbi de o reducere cu 25% a acestuia în cele opt săptămâni ale cursului. Dacă luăm în considerare simptomele psihologice, cum ar fi nervozitatea, anxietatea, depresia și somatizarea – sau imaginarea corpului într-o stare mult mai proastă decât cea reală –, observăm o reducere a acestora cu 32% de-a lungul celor opt săptămâni ale cursului. În medie, acești oameni sufereau de circa opt ani, fără să reușească să-și controleze problemele.

Am dorit să aflăm și dacă s-a schimbat ceva la un nivel mai profund. Aproape orice mijloc poate atenua simptomele pe o perioadă scurtă. Se pot ridica și dansa, iar simptomele vor dispărea pentru o vreme. Sau s-ar putea simți mai bine dacă, pur și simplu, se întâlnesc și stau de vorbă. Am vrut să știm dacă se întâmplă și altceva, așa că ne-am orientat către măsurătorile factorilor personalității presupuși a mări rezistența la stres. Aceștia constau în viziuni care le permit oamenilor să facă față stresului, precum cele ale călugărilor despre care vorbeați, care i-au ajutat să supraviețuiască închisorii și situațiilor grele fără prea multe sechele psihice. Altcineva, care ar fi trăit aceeași experiență, însă fără acești factori psihologici puternici, probabil că nu ar fi supraviețuit sau ar fi fost prea afectat pentru a mai putea duce o viață normală. Unele dintre aceste măsurători au fost puse la punct prin studierea supraviețuitorilor lagărelor de concentrare din Germania nazistă. Compasiunea este unul dintre factori. Altul este simțul coerenței, care presupune un simț puternic legat de înțelegerea a ceea ce ni se întâmplă, indiferent de cât de groaznică ar fi experiența. Acesta este legat de autoeficacitate: credem că vom putea îndura experiența, dându-i un sens. Este vorba despre structuri profunde ale personalității, care de obicei nu se modifică – cu siguranță nu în opt săptămâni. Dar am descoperit că nivelul simțului coerenței a crescut în cazul pacienților noștri cu 7% pe durata programului. S-ar putea să nu pară prea mult, dar cercetătorii psihologiei personalității spun că o schimbare medie de 7% înseamnă enorm. Prin urmare, nu numai că simptomele sunt atenuate, dar se modifică și anumiți factori psihologici mai profunzi.

O creștere asemănătoare întâlnim și în cazul factorului cunoscut sub numele de rezistență la stres. Acesta este compus din trei elemente: simțul controlului, angajarea într-o experiență cotidiană vie și abilitatea de a face față schimbării ca provocare. Pentru mulți oameni, schimbarea reprezintă un mare stres. Când se simt mai bine, lucrurile se schimbă și nu mai știu unde se află. Dacă învățăm să înțelegem nepermanența și să parcurgem o schimbare cu mai multă înțelegere, atunci o putem vedea ca pe o provocare, nu neapărat ca pe un obstacol. Rezultatele arată o schimbare de 6%. Acestea sunt dovezi preliminare care sugerează o îmbunătățire importantă a structurii profunde a minții. Trebuie să facem studii mult mai sofisticate – și pe unele dintre ele vi le voi prezenta – pentru a determina dacă aceste lucruri sunt cu adevărat importante. Dar se pare că pacienții suferă o schimbare importantă nu doar sub aspectul afecțiunilor și al problemelor psihologice, ci și la nivelul modului mai profund în care privesc lumea. Astfel, ajungem din nou la problema celor nouă puncte. Ceva legat de perspectiva asupra relației lor cu lumea se schimbă. Se simt mai legați, mai întregi și mult mai capabili să lupte cu suferința, să nu o lase să le submineze și să le distrugă vitalitatea.

Un alt factor care prezintă o ameliorare este unicitatea, adică simțul apartenenței sau al conectivității. Măsurăm unicitatea în moduri diferite, așa că este puțin probabil să descoperim aceleași variații ca în cazul celorlalți factori. În loc să folosim un chestionar, îi rugăm pe oameni să scrie o poveste pe baza unei imagini. Psihologii analizează povestea, căutând o anumită formă de motivare, care reflectă unicitatea sau sentimentul înrădăcinat al unității. Într-un grup de control, studiat cu opt săptămâni înainte de începerea meditației, măsurătorile nu au indicat nicio schimbare. După ce au parcurs pașii pregătitori în meditație, a existat o creștere mare a acestui factor. Unicitatea, la fel ca alți factori psihologici sofisticați, de genul încrederii unificatoare, a fost pusă în legătură cu schimbări imunitare pozitive, în urma altor studii făcute împreună cu doctorul David McClelland de la Universitatea Harvard.

Efectele practicii mindfulness și generalizarea lor

De fiecare dată când desfășurăm programul, obținem aceleași rezultate. Între începutul și sfârșitul programului, are loc o reducere bruscă a numărului simptomelor medicale și psihologice, cum ar fi: anxietatea, nervozitatea, ostilitatea și somatizarea. În cadrul unor studii ulterioare efectuate asupra pacienților care au urmat cursurile de meditație, numărul simptomelor rămâne scăzut de-a lungul celor patru ani cercetați, astfel încât există dovezi că îmbunătățirea persistă în timp. Îi chestionăm în special în legătură cu exercițiile de meditație: dacă mai meditează, cât de mult, cât timp, ce tehnici folosesc, dacă mai recurg la practici informale, de genul mindfulness în viața cotidiană, și așa mai departe. Dintre aceștia, 93% spun, după patru ani, că mai practică ceva din ceea ce au învățat la curs, iar 45% continuă să practice meditația formală cel puțin 15 minute de trei ori pe săptămână. Au trecut patru ani fără niciun ajutor din afară.

În cazul durerilor cronice, apare o mare diferență între bărbați și femei în privința reacției la practică. Mai multe femei decât bărbați răspund pozitiv. Acest lucru ar putea fi influențat de probleme legate de munca depusă. S-ar putea ca femeile să fie mai motivate decât bărbații să-și îmbunătățească starea. Totuși, această observație nu mai este corectă în cazul pacienților care au probleme fără dureri, cum ar fi bolile de inimă, legate de stres, sau cancerul. Se pare că femeile reacționează mai bine decât bărbații doar în cazul durerilor. Rezultatele arată că, în cazul durerii, scad frecvența, gradul și numărul simptomelor medicale și al neplăcerilor psihice. Se îmbunătățesc atât rezistența la stres, cât și simțul coerenței.

Dacă privim diagnosticele unor boli individuale, observăm că, după meditație, apar schimbări de același tip: o reducere cu 40 până la 45% a simptomelor medicale, o reducere asemănătoare, dacă nu chiar mai mare, a neplăcerilor psihologice și o creștere cu 4 până la 8 procente a factorilor de personalitate care amortizează stresul. Bolile de inimă, hipertensiunea și problemele digestive prezintă același tipar. Așadar, tiparul este independent de diagnostic. Peste 80% dintre oameni declară reducerea simptomelor fizice și psihologice într-o anumită măsură. Nu oricine răspunde favorabil la meditație. Cei 15 sau 20% care nu o practică nu se raportează bine la meditație – nu înțeleg de ce trebuie să facă acest lucru și de ce nu îi vindecăm pur și simplu.

Este foarte greu să selectezi un grup de referință potrivit în cadrul unei clinici, dar uneori poți face comparații cu pacienți din alte clinici, înscriși într-un proces asemănător. Astfel, am efectuat câteva studii controlate și am descoperit că alte clinici, care folosesc intervenția medicală, nu obțin rezultate atât de bune în cazul unor pacienți asemănători, cu probleme de același tip. Ceva de genul mobilizării minții în sprijinul tratamentului medical ar reprezenta o abordare mai bună decât simplul tratament medical.

Mindfulness și tratamentul tulburărilor specifice

Am făcut un studiu în colaborare cu secția de psihiatrie. Unii oameni suferă de atacuri de panică spontane care nu sunt cauzate de un factor din mediul extern. Este un sindrom clinic bine cunoscut: își pierd controlul și sunt foarte înspăimântați, bătăile inimii se întețesc și tensiunea arterială crește, li se pare că suferă un atac de cord, pot avea dificultăți la respirat. Am vrut să vedem cât de bine se descurcă în programul de meditație cei cu astfel de tulburări. (Cei mai mulți dintre pacienții noștri nu sunt trimiși de psihiatri, ci de medici generaliști sau cu diverse alte specializări.) Am vrut să lăsăm alt grup de medici să-i testeze pe pacienții noștri, pentru a evita influențele. Așa că acești oameni au fost testați de colegii noștri psihiatri. În cazul acestor pacienți, nivelul de anxietate era foarte ridicat și a început să scadă după începutul programului. A existat o mică variație în jurul celei de-a șasea săptămâni, când am avut o ședință de o zi, iar oamenii erau speriați de perspectiva de a sta opt ore într-o încăpere fără să vorbească, apoi neliniștea lor a început să scadă. I-am cercetat și după trei luni de la terminarea programului, iar tendința nivelului de anxietate era de a se menține scăzut. Aceste rezultate au fost obținute fără niciun medicament. Comparativ cu cele realizate în cazul pacienților cărora li se administrează medicamente pentru atacuri de panică, acestea au fost la fel de bune, dacă nu chiar mai bune. Anxietatea și panica merg adesea mână în mână cu depresia, în cazul căreia observăm același tipar evolutiv.

De-a lungul anilor, mulți medici au devenit interesați de meditație și am lucrat cu diferiți specialiști, inclusiv cu cei preocupați de afecțiuni pulmonare. Este foarte interesantă colaborarea cu aceștia în clinica de meditație, deoarece putem privi respirația în două moduri diferite. Boala obstrucției pulmonare cronice este o problemă frecvent întâlnită în Statele Unite, fiind cauzată aproape fără excepție de fumat, iar în unele cazuri de inhalarea unor substanțe toxice la locul de muncă. Pacientul își pierde elasticitatea plămânilor și nu mai poate respira bine. Tulburarea respirației poate cauza agitație și panică. Îi pregătim pe cei din programul de reabilitare pulmonară să mediteze. Îi învățăm să devină mai prietenoși cu respirația lor prin exersarea meditației zilnice, iar ei încep să-și dea seama că nu trebuie să intre în panică atunci când suferă de tulburări de respirație. Ca urmare, frecvența și gravitatea acestor tulburări scad, iar încrederea în propria capacitate de a stăpâni situația crește, ceea ce duce la o și mai mare îmbunătățire a stării lor. Meditația și practica mindfulness au devenit piatra unghiulară a clinicii de reabilitare pulmonară.

Lucrăm totodată și într-o clinică dermatologică. Există o boală de piele obișnuită, numită psoriazis. Are origini genetice într-o anumită măsură, dar nu este bine înțeleasă și se agravează din cauza stresului. Celulele pielii cresc prea repede și pielea devine solzoasă în anumite zone sau pe tot corpul. Tratamentul presupune să stai cu ochii acoperiți într-o cutie, care seamănă cu o cabină telefonică, înțesată de becuri cu lumină ultravioletă. Această lumină previne divizarea celulelor și le încetinește creșterea. Ne-am spus: dacă tot stau acolo un anumit timp, de ce să nu-i învățăm să mediteze? Am considerat că se pot vindeca mai repede dacă fac asta. Viteza vindecării este importantă, deoarece expunerea la ultraviolete crește riscul cancerului de piele. I-am rugat să asculte o casetă în căști în timp ce stăteau acolo dezbrăcați, vizualizând lumina care lovește pielea și celulele care își încetinesc creșterea.

Am comparat două grupuri: pe cei care au primit numai tratamentul obișnuit și pe cei care au beneficiat și de meditație. Graficele arată că, dintre cei care au urmat doar tratamentul obișnuit, niciunul nu s-a vindecat complet. Cei mai mulți au avut nevoie de 40 de săptămâni pentru ca simptomele să se atenueze. Statistica arată foarte clar, chiar și în cazul acestui mic studiu, că pielea celor care au meditat se vindecă mai repede.

Un tratament mai eficient folosește un medicament administrat oral, în combinație cu expunerea la ultraviolete. Într-un alt studiu, făcut tot pe un grup mic, cei care au meditat s-au însănătoșit în 30 de săptămâni, mult mai repede decât cei care nu au meditat. Vreau să subliniez că acest lucru nu demonstrează nimic: este doar o sugestie potrivit căreia mintea poate juca un rol în procesul de vindecare. Acum colaborăm cu alte centre, cu pacienți care suferă de psoriazis și care au introdus meditația în clinicile de dermatologie. Este prea devreme pentru a ne pronunța, dar, dacă sunt confirmate primele rezultate, putem face câteva studii foarte interesante. Putem folosi lumina fără unde ultraviolete pentru a studia doar efectul produs de minte. De asemenea, am putea studia rolul sistemului imunitar în vindecarea psoriazisului și puterea minții asupra factorilor de creștere a epidermei și a altor sisteme de control al genelor. Este un procedeu experimental foarte interesant, cu un aport limpede din partea meditației.

Oamenii care vin în clinica noastră tind să continue meditația mult timp după aceea. Uneori, continuă să exerseze chiar dacă nu-și îmbunătățesc cu nimic tehnica. Am urmărit câțiva pacienți care aveau dureri și nu au resimțit nicio alinare a acestora. Și aceştia continuau meditaţia la trei ani după terminarea cursului. Când i-am întrebat de ce procedau aşa, au răspuns că prin meditaţie învaţă alte lucruri care-i ajută să se împace cu suferinţa într-un fel sau altul. Şi în acest caz, împuşcăm doi iepuri dintr-un foc. Dacă durerea este alinată, e bine, dar este contraproductiv să te străduieşti pentru alinarea durerii. Când oamenii intră în program, le spunem să-şi lase la uşă aşteptările şi să se concentreze asupra conştienţei de fiecare clipă, privind profund în ei înşişi. Cu toate că remarcăm îmbunătăţiri considerabile, adesea, cel mai important lucru cu care oamenii rămân după acest program nu este acela pentru care au intrat în el. Ei află ceva mai profund.

Atunci când îi întrebăm ce anume au descoperit în programul de meditaţie, ni se menţionează două lucruri. Unul dintre ele mi se pare foarte caraghios: „respiraţia". Întreb: „Ce vreţi să spuneţi? Respiraţi deja de mulţi ani atunci când aţi început meditaţia." Ceea ce vor să spună este că au descoperit o conştienţă a calităţii respiraţiei, care conduce la o sensibilitate mai mare, precum şi o conştienţă a întregului lor corp. Pe lângă respiraţie, mai regăsim şi o apreciere mai bună a miracolului de a avea un corp, chiar dacă acel corp prezintă un handicap. Fiecare respiraţie, fiecare clipă reprezintă un miracol, iar atunci când începem să trăim asta direct, calitatea vieţii se revigorează, pentru că încetăm să mai pierdem sau să mai trecem peste multe clipe din viaţa noastră. Celălalt răspuns este următorul: „Am învăţat că eu nu sunt numai gândurile mele, iar de aici rezultă că nu sunt alcătuit din durerile sau din suferinţa mea."

Mindfulness şi pregătirea medicală

Acum aş vrea să vorbesc despre problema educaţiei medicale, nu doar a studenţilor, ci şi a medicilor. Medicii sunt foarte stresaţi şi fac totul ca studenţii să fie şi ei extrem de stresaţi: „Noi am învăţat medicina într-un anumit mod, așa că și voi trebuie să o învățați la fel." Educația medicală nu este atât de bună pe cât ar putea fi dacă cei educați ar avea sentimente puternice de compasiune și empatie, o anume modestie și o stare de liniște. Medicii trebuie să lucreze cu oameni care suferă îngrozitor, și totuși ei nu sunt pregătiți pentru acest lucru. Am început să pregătim studenții și să-i atragem pe generaliști spre mindfulness ca mod de a-i ajuta să-și îmbunătățească abilitățile de comunicare și interacțiune dintre medic și pacient.

Pe mediciniști îi învățăm să asculte, pentru că relația dintre doctor și pacient este extrem de importantă pentru vindecare. Adesea, medicul poate face mai mult decât medicamentele, așa că generaliștii chiar au nevoie de învățarea artei medicale a ascultării atente, a compasiunii și a conștienței. Când termină facultatea de medicină, ei ascultă de obicei o cuvântare despre compasiune, modestie și starea de liniște, dar nimeni nu îi învață cum să dobândească aceste calități. În tradiția tibetană, dacă vrei să dobândești compasiunea și starea de liniște, muncești 30 sau 40 de ani. În Occident, vorbim despre aceste calități la ceremoniile de absolvire, dar nimeni nu se obosește să ne spună cum să le obținem.

Eu sunt persoana pe care o întâlnesc studenții în primele două zile ale cursurilor la facultatea de medicină. Le vorbesc despre meditație și despre rolul minții în domeniul sănătății și în boală, încercând să stabilesc de la bun început un fundament pentru o perspectivă alternativă – o perspectivă mai largă, care sugerează că ar trebui să se protejeze în timpul facultății, în așa fel încât în cadrul procesului prin care devin medici să nu uite cine sunt și de ce au dorit să ajungă medici. Asta poate fi o problemă foarte serioasă. Dacă-ți anulezi propria viață în timp ce muncești din greu pentru a ajunge ceea ce dorești să fii, atunci când obții acest lucru s-ar putea să nu mai știi de ce l-ai vrut. Printre medicii din Statele Unite, există un procent foarte mare de sinucideri, alcoolism și abuz de medicamente, deoarece sunt supuși unui stres extrem de ridicat, neavând o pregătire adecvată pentru a-i face față.

Așa că acum îi pregătim pe mediciniști în cadrul programului de opt săptămâni pentru reducerea stresului, la fel ca pe pacienți. Nu le impunem aceeași intensitate, ci doar 15 minute de meditație zilnică drept temă pentru acasă, pentru că nu au la dispoziție 45 de minute. După opt săptămâni, nu mai vor să se oprească, așa că programul continuă opt luni, dar acest lucru este opțional. Nu primesc note pentru aceste cursuri, iar temele și prezența nu sunt obligatorii. Cursul se bazează pe iubire, pe atenția acordată principiului vieții și pe conștiență. Din acest motiv, este foarte popular. Avem, de asemenea, și un curs opțional, în care studenții pot intra în clinică și îi pot urmări pe pacienți. Mai pregătim și medici, rezidenți și interni, alături de studenți. Încercăm să introducem în educația medicală meditația și noțiunea de legătură dintre minte și corp.

Generalistul teoretician David Bohm subliniază în cartea sa *Wholeness and the Implicate Order* că lumile *meditației* și *medicinei* împărtășesc aceleași rădăcini indoeuropene. În latină, *mederi* înseamnă „a vindeca", dar sensul rădăcinii este, de fapt, „a măsura". Poate vă întrebați ce legătură au medicina și meditația cu măsurarea. Niciuna, dacă ne gândim la măsură ca la un standard extern, de genul metrului. Dar rădăcina face trimitere la un sens mai platonician al noțiunii, acela de măsură interioară bună, de proprietăți care determină un lucru să devină ceea ce este. Măsura interioară bună a corpului este sănătatea – starea în care totul se află în echilibru. Așadar, medicina reprezintă refacerea măsurii interioare bune atunci când echilibrul lipsește, iar meditația este percepția directă a măsurii interioare bune. Mi se pare util să-i provoc pe studenții la medicină să se gândească la aceste lucruri la un nivel mai profund și să înțeleagă noțiunile de întreg și unitate, care i-ar putea ajuta să nu fie prea reducționiști atunci când se referă la procesul bolii.

Capitolul 7

Medicina comportamentală

Daniel Brown

De-a lungul ultimelor decenii, descoperirile din biologie și psihologie au condus la o sinteză a ideilor privitoare la abilitatea minții de a produce efecte vindecătoare în corp, pe măsură ce dovezile științifice au arătat că stările emoționale influențează starea de sănătate fizică în bine sau în rău. O versiune importantă a acestei integrări este medicina comportamentală: aplicarea tehnicilor de genul reacției biologice, al relaxării și hipnozei în cadrul tratamentului medical și al tulburărilor psihosomatice.

Aceste metode sunt folosite pentru a trata o gamă largă de probleme medicale, de la migrene și dureri cronice până la hipertensiune, astm și chiar reacții adverse la unele tratamente medicale de genul chimioterapiei. Medicina comportamentală este folosită și pentru tratarea unor obiceiuri și dependențe nesănătoase, cum ar fi: mâncatul în exces, abuzul de medicamente și fumatul, dar și la îmbunătățirea stării de bine personale, ajutându-i pe oameni să se relaxeze și să se concentreze. Daniel Brown trece în revistă metodele medicinei comportamentale, cu exemple din propria experiență clinică.

Daniel Brown: Medicina comportamentală a pus la punct anumite abordări ale tratamentului, inclusiv automonitorizarea și autoreglarea, terapii de calmare și relaxare, intensificarea percepțiilor interioare și terapia cognitivă care se opune gândurilor negative despre propria persoană. Toate aceste abordări se bazează pe o teorie a învățării care implică familiarizarea corpului cu obiceiuri sănătoase odată cu reprimarea învățării negative a obiceiurilor proaste. Rezultatul este dobândirea de către corp a unui nou echilibru sau autoreglarea.

Automonitorizarea este una dintre abordările folosite în mod curent. Îi rugăm pe oameni să țină jurnale zilnice ale simptomelor. Spre exemplu, dacă cineva suferă de o durere cronică, trebuie să-și noteze din oră în oră experiența, acordând durerii o notă, pe o scară de la 0 – nicio durere – la 5 – durere insuportabilă. Trebuie să noteze, de asemenea, ce anume face în acea perioadă de timp, în ce situație se află și care îi sunt gândurile și sentimentele de moment. Trebuie să țină acest jurnal două săptămâni.

Determinându-i pe oameni să se monitorizeze singuri, îi învățăm să se observe mai bine pe ei înșiși. Acest fapt crește starea de conștiență în ceea ce privește simptomele și contextul. Dacă țin evidența schimbărilor în intensitate ale durerii, după un timp încep să facă legătura între situație și intensificarea sau ameliorarea durerii. Apoi identifică momentele cu risc ridicat. De exemplu, dacă durerea este întotdeauna foarte intensă la ora 8:00 în fiecare dimineață, momentul respectiv este considerat unul cu risc ridicat. Dacă durerea este intensă la sfârșitul săptămânii, dar nu și în zilele lucrătoare, atunci își pot da seama că sfârșitul de săptămână prezintă un risc ridicat. Sau poate că durerea se accentuează în timpul unui conflict la locul de muncă.

O altă metodă folosită este controlarea stimulilor, bazată pe teoria învățării. Când oamenii au un obicei prost, după un timp obiceiul se asociază cu evenimente neutre care îl declanșează prin învățare. De pildă, unii mănâncă excesiv. De fiecare dată când văd mâncare în casă sau o reclamă făcută unui aliment, încep automat să mănânce. După un timp, mediul formează obiceiul.

Insomnia este un alt exemplu. Poate exista o cauză pe termen scurt, ca în cazul în care o persoană își face griji în privința unui examen sau vremea se încălzește și persoana deschide fereastra, fiind apoi deranjată de zgomotele de afară. De obicei, cauza dispare atunci când situațiile stresante se încheie – după câteva zile sau după o săptămână. Dar oamenii își fac griji atunci când merg la culcare, așa că încep să citească în pat sau să se uite la televizor sau își aduc mâncarea în dormitor. Ceea ce ne face să dormim sunt închiderea căilor de acces ale informației și încetarea activității corpului. Când ne întindem și închidem ochii, lipsa mișcării și schimbarea în ceea ce privește primirea stimulilor din exterior activează un mecanism care îi permite creierului să doarmă. Dacă menținem sistemul nervos central activ, citind sau uitându-ne la televizor, nu putem dormi. Așadar, de data asta, problema este cauzată chiar de comportamentul la care se recurge pentru a adormi. Dacă le dăm oamenilor instrucțiuni foarte simple – să scoată televizorul din dormitor, să meargă în dormitor doar atunci când e vremea de culcare sau când sunt obosiți –, constatăm că 70% dintre cei care au probleme cu somnul prezintă o îmbunătățire a situației după cinci ședințe. Concluzia este că foarte multe insomnii sunt cauzate de această formare și învățare care provin din mediul înconjurător. Tratamentul prin controlul stimulilor ia în considerare modul în care mediul sau contextul întrețin problema.

O altă tehnică este autoreglarea comportamentului. Să presupunem că o persoană are o problemă, de pildă fumatul. Începem tratamentul rugându-o să-și monitorizeze singură comportamentul ca fumător. Își notează fiecare țigară fumată, acordându-i un scor, pe o scară de la 1 la 5, în funcție de intensitatea dorinței. Acest jurnal este ținut timp de două săptămâni. Apoi își face un orar de suprimare a țigărilor de care are mai puțină nevoie, până când își atinge ținta. După asta, se fixează o nouă țintă: suprimarea țigărilor cotate imediat deasupra celor din categoria suprimată. În cele din urmă, singurele țigări fumate rămân cele de care are cea mai mare nevoie, și atunci lucrăm pentru a le suprima și pe acestea. În cadrul autoreglării de acest tip elaborăm un orar și stabilim criteriile, fixând ținte. Oamenii își urmăresc țintele atunci când le fixăm suficient de jos, pentru că sunt foarte mândri dacă reușesc să atingă una și se orientează către următoarea. Astfel, învață să-și schimbe comportamentul.

Terapia relaxării și a percepției interioare

O altă metodă folosită de noi este terapia relaxării sau a calmării. Se poate face tensionând și relaxând sistematic fiecare grupă de mușchi din corp, tehnică numită relaxare musculară progresivă. Se poate face și prin hipnoză sau cu ajutorul diferitelor medicamente. Mai folosim și diverse tipuri de exerciții de respirație și reacție biologică.

Ca parte a metodei numite percepție interioară, le cerem occidentalilor simpli – nu yoghinilor sau celor care meditează – să observe schimbările petrecute în starea interioară a corpului. Am constatat că majoritatea fac observații inexacte. Este surprinzător, dar foarte mulți pot estima destul de exact schimbările fiziologice generale, cum ar fi tensiunea sau nivelul zahărului din sânge, dar majoritatea stau foarte prost atunci când vine vorba despre indicarea schimbărilor specifice. Dacă le cerem oamenilor obișnuiți să ne spună ce mușchi sunt implicați în cefalee, de obicei răspund greșit. Dacă îi cerem cuiva care suferă de sindrom de intestin iritabil să ne spună când anume sunt hiperactivi mușchii care contractă intestinele, nu ne poate răspunde.

Oamenii cu anumite probleme au o abilitate foarte scăzută de a discerne. De exemplu, cei mai mulți dintre cei cu probleme de greutate confundă adesea emoțiile cu foamea. Ei au tendința de a mânca atunci când sunt anxioși sau triști, pentru că percep greșit emoțiile sub forma foamei. Aproape 80% dintre astmatici nu pot spune cât de contractați sunt mușchii plămânilor lor. Pentru a obține controlul asupra acestor procese fiziologice, îi învățăm să fie conștienți de ei înșiși.

Ultimul tratament important este terapia cognitivă. Îi învățăm pe oameni să devină conștienți de gândurile care le trec prin minte, să le noteze și să le identifice pe cele care sunt în mod obișnuit negative, iar apoi să producă un antidot. Antidotul îmbracă forma afirmațiilor sau a gândurilor pozitive pe care ei trebuie să facă un efort să le repete în timpul zilei, aproape ca pe o mantră, în așa fel încât să spargă tiparul negativ obișnuit. Oamenii pot considera că au o criză de astm sau o cefalee, așa că trebuie să spargem acest tipar.

Cefaleele: privire detaliată asupra tratamentului în cadrul medicinei comportamentale

Aproximativ 60% dintre cei care vin la noi în ambulatoriu suferă de cefalee – sunt cele mai frecvente cazuri. Facem diferența între trei tipuri majore de cefalee. Primul are o puternică bază biologică, asemenea cazului cefaleelor care acompaniază o tumoră sau o boală, cum ar fi gripa sau altă infecție, dar și cazului mahmurelii. Acestea sunt exemple de cefalee cauzate de secretarea unor substanțe chimice în corp sau de o schimbare la nivelul țesuturilor. Astfel de cefalee nu pot fi tratate de medicina comportamentală, dar ele constituie aproximativ 5% dintre toate cazurile întâlnite în clinică. Celelalte două tipuri sunt cauzate de tensiunea mușchilor și de vasele de sânge. Tensiunea mușchilor, produsă în principal de contractarea celor din cap, gât și scalp, este cea mai întâlnită, reprezentând aproximativ 85% dintre cazurile de cefalee. Cefaleele vasculare sunt cauzate de schimbarea tensiunii arteriale. Cei mai mulți oameni care vin în clinica noastră suferă de o cefalee combinată, cauzată de tensiunea musculară și de vasele de sânge, nu doar de unul dintre acești factori.

Tratamentul trebuie să aibă în vedere atât factorii care au cauzat durerea, cât și pe cei care o întrețin. Orice tip de stres dintre cele menționate anterior poate cauza cefalee prin schimbările pe care le provoacă în tensiunea musculară și arterială. Oamenii care suferă de cefalee cronică au anumite grupe de mușchi ai capului, gâtului și scalpului care rămân contractați – nivelul ridicat al tensiunii musculare este permanent, chiar și atunci când nu au dureri. Dacă sunt stresați, o schimbare minoră cauzează perceperea durerii. Țesutul muscular respectiv este diferit de un țesut muscular sănătos. Este mult mai dur la atingere, deoarece este plin de fluidul rezultat din prezența anumitor zaharide în țesut.

Există și schimbări în tiparul tensiunii arteriale din sistemul vasomotor. Când o persoană este vulnerabilă la o cefalee vasculară de tipul migrenei, există un tipar caracteristic al schimbărilor dimensiunilor vaselor de sânge care cauzează durerea. Mai întâi, vasele se contractă, ca răspuns tipic la un anumit tip de stres. Contractarea vaselor de sânge din piele este un prodrom, o fază de avertizare timpurie. La anumiți oameni, această contractare se extinde și la arterele craniene, interferând cu presiunea sangvină din creier și cauzând schimbări în percepția vizuală sau chiar greață. Aceste simptome timpurii indică o migrenă clasică. După 20 până la 60 de minute, arterele craniene se destind. Acesta este momentul în care persoana raportează apariția durerii.

Când arterele craniene se destind, apar schimbări biochimice. Trombocitele, care sunt celule din sânge, se grupează și secretă catecolamină în sânge și în mușchi. Aceste substanțe chimice fac parte din ciclul de răspuns la stres al corpului. La rândul lor, ele secretă alte substanțe chimice care modifică pragul de sensibilitate la durere, astfel încât persoana devine mai sensibilă în perceperea durerii. Țesutul se inflamează – este un răspuns inflamator steril, dar similar cu inflamația cauzată de infecția cu o bacterie. Din această cauză, persoanele care au cefalee vasculară suferă de dureri foarte intense, care pot dura ore și uneori chiar zile. Secretarea acestor substanțe face durerea mai intensă și inflamează țesuturile.

Odată cu apariția durerii, există anumiți factori care pot face ca ea să dureze. De exemplu, când persoana își face griji pentru durerea de cap, apare o dereglare a sistemului nervos autonom care provoacă schimbări ale mușchilor și ale tensiunii arteriale. Cefaleele pot fi condiționate, astfel încât întregul proces poate avea loc și fără stres. Cei care țin un jurnal în primul an în care suferă de cefalee pot identifica un eveniment care cauzează durerea în 70% dintre cazuri. Dacă aceiași oameni țin un jurnal cinci ani mai târziu, nu mai pot identifica decât 30% dintre evenimentele care le cauzează cefaleea. Zece ani mai târziu, ei nu mai pot face acest lucru decât pentru mai puțin de 10% dintre cazuri. Întregul tipar de răspuns fiziologic devine condiționat și toate schimbările apar în urma unor provocări minore din partea evenimentelor exterioare. Oamenii care au suferit de cefalee timp de cinci sau zece ani spun că nu mai știu ce anume le cauzează durerea și că, pur și simplu, ea apare – ceea ce se și întâmplă. De aceea, trebuie să apreciem rolul învățării și înțelegerii acestor dureri.

Unul dintre primele lucruri pe care le facem în cazul unui pacient care suferă de cefalee este să-i cerem să țină un jurnal zilnic. Am descoperit că în cazul fiecărui pacient există, de obicei, între patru și șase factori favorizanți, unii fiind mai importanți decât alții. După câteva săptămâni de monitorizare, putem identifica tiparul de risc pentru persoana respectivă, apoi recomandăm schimbări în privința factorilor asociați cu cefaleea.

Pacienții își țin jurnalul pe o serie de fișe pe care este desenat un cap. Pot colora sau numerota zona în care au simțit durere. Notează ora la care a apărut și intensitatea: de la lipsa durerii până la o durere foarte puternică. Trebuie să facă acest lucru la fiecare oră. Jurnalul uneia dintre pacientele mele arăta că atunci când se trezea dimineața avea o durere insuportabilă. Durerea scădea pe parcursul zilei, apoi revenea în cursul nopții.

Dacă o persoană ține un jurnal zilnic timp de câteva săptămâni, putem identifica de obicei un tipar specific ei, dar tiparul nu este același pentru toți pacienții. Pentru pacienta despre care am vorbit, există anumite perioade de risc, dimineața și noaptea. După aceea ne întrebăm: de ce este durerea mai mare dimineața și noaptea, dar nu și în timpul zilei?

Dalai Lama: Pacienta din cazul respectiv lucra?

Daniel Brown: Da, lucra. Era o mamă necăsătorită, cu trei copii, și trebuia să lucreze ca să-i poată întreține.

Dalai Lama: Așadar, în timpul zilei se poate întâmpla ca mintea să îi fi fost distrasă și să se gândească la alte lucruri? Asta ar explica scăderea durerii?

Daniel Brown: Am urmărit acest lucru timp de câteva săptămâni: de fiecare dată avea dureri când îi îmbrăca pe copii ca să-i trimită la școală sau când le pregătea micul dejun sau cina. Aproape în fiecare zi, exista același tipar, așa că am identificat aceste situații ca reprezentând un risc major. Durerea era mai mare când se îngrijea de copii.

Dalai Lama: Cum își petrecea timpul de-a lungul zilei, când durerea era mai mică?

DANIEL BROWN: Muncea.

DALAI LAMA: Și nu se gândea la copii?

DANIEL BROWN: Exact. Ne-am pus problema așa cum v-o puneți și dumneavoastră: care este tiparul?

Exemple de cauze fizice tipice pentru cefalee sunt anumite alimente, inclusiv cele bogate în nitriți, și o gamă de factori de mediu, cum ar fi: fumul de țigară sau gazele de eșapament. Cafeina provoacă o contractare a vaselor de sânge, iar alcoolul le dilată. Dacă oamenii consumă multă cafea sau mult alcool, ori le combină, ceea ce se întâmplă destul de frecvent, vasele de sânge își schimbă dimensiunile în mod constant, așa că în timp devin instabile. În acest caz, comportamentul persoanei agravează durerea. Foamea sau abstinența scad nivelul de zahăr din sânge, ceea ce poate declanșa durerea de cap. Modificările hormonale din perioada menstruației pot provoca cefalee. Exercițiile fizice pot fi și ele un factor, precum și somnul prelungit în unele cazuri. Când oamenii stau în pat dimineața, treji, respirația lor este foarte slabă, ceea ce reduce cantitatea de sânge oxigenat din creier. Acest fapt poate declanșa modificări ale tensiunii, deoarece vasele de sânge din creier se dilată mai mult pentru a se adapta situației.

Unii sunt sensibili la schimbările provocate în sistemul cardiovascular de reprimarea furiei. Această sensibilitate este responsabilă pentru aproximativ 20% dintre cazurile de cefalee vasculară. Cefaleele care au legătură cu emoțiile sunt mult mai puțin întâlnite decât am putea crede. O altă cauză ar putea fi abuzul de medicamente. Ergot, un medicament derivat din mucegaiul de pâine, provoacă o contractare a vaselor de sânge, fiind folosit împotriva durerilor de cap cauzate de dilatarea arterelor craniene. Dar oamenii se îngrijorează înainte de apariția durerii și iau medicamente care nu le sunt necesare, ceea ce face ca vasele sangvine să fie mai instabile și astfel tratamentul să devină cauza bolii.

Următoarea fază a tratamentului este identificarea tiparului mușchilor în timpul spasmelor. Pentru asta, folosim un electromiograf. Un mușchi activ sau cuprins de spasm eliberează mai multă energie decât unul relaxat. Folosim un scanner, atingând pur și simplu scalpul cu electrodul. Detectăm astfel activitatea musculară implicată într-un anumit tipar al cefaleei, în cazul unui anumit individ. Avem nevoie de o modalitate obiectivă de a depista exact mușchii implicați, pentru că oamenii percep adesea durerea într-un punct diferit de cel în care apare tensiunea musculară.

După ce identificăm tiparul, utilizăm reacția biologică. Punem electrozii pe un mușchi, iar când activitatea acestora depășește un anumit nivel, aparatul începe să scoată un sunet. Când activitatea spontană a mușchiului scade sub acel nivel, sunetul încetează. Îi cerem pacientului să facă în așa fel încât aparatul să nu scoată niciun sunet, ceea ce este un alt mod de a-i sugera să scadă activitatea musculară. După ce oamenii învață să facă asta, o luăm de la capăt, reglând aparatul pentru a scoate sunetul la un nivel mai mic al activității musculare. De obicei, este nevoie de cinci până la zece ședințe pentru a învăța să reducă activitatea musculară la normal. Avem un program individualizat, pentru a ajunge la fiecare mușchi încordat al fiecărei persoane în parte.

Tratamentul durerilor cronice

În laboratorul nostru a venit un bărbat cu dureri cronice cauzate de o rănire, dar care durau de patru sau cinci ani și îl împiedicau să lucreze. Valoarea detectată la citirea activității musculare era de cinci microvolți. Când i-am cerut să facă în așa fel încât aparatul să nu scoată niciun sunet, tensiunea a urcat brusc la zece microvolți. Persoana respectivă n-avea nici cea mai mică idee despre relaxare. Încerca din greu, ceea ce o făcea să fie chiar și mai puțin relaxată, iar starea sa se înrăutățea. I-am explicat că nu trebuie să încerci să te relaxezi, că a te relaxa înseamnă a calma atât corpul, cât și mintea și că este ceva ce trebuie lăsat, și nu determinat să se întâmple.

Primind anumite instrucțiuni, bărbatul a început să se calmeze și chiar în aceeași ședință a reușit să coboare nivelul tensiunii musculare la trei microvolți, învățând controlul voluntar. În următoarea ședință de răspuns biologic, a reușit să coboare nivelul la aproape doi microvolți și a continuat să-l micșoreze pe măsură ce învăța. La început, activitatea musculară era mare atunci când intra în laborator și scădea pe parcursul ședinței, dar apoi, treptat, a învățat să mențină nivelul scăzut. După a șaptea sau a opta ședință, activitatea a rămas scăzută în timpul săptămânii. L-am rugat, de asemenea, să țină un jurnal zilnic al durerilor, notându-le de la 0 la 5. Apoi am făcut o medie a notelor dintr-o săptămână. Media primei săptămâni a fost 4, ceea ce însemna o durere foarte intensă. Media a scăzut constant, astfel încât în a opta săptămână durerea estimată era în general destul de mică. Existau perioade în timpul săptămânii în care durerea era încă foarte mică sau foarte mare, dar media scăzuse simțitor. Pe măsură ce a învățat să-și relaxeze mușchii, percepția durerii a scăzut.

Când s-a simțit destul de încrezător pentru a se întoarce la serviciu, nivelul activității musculare și durerea au crescut rapid, deoarece activitatea era stresantă. Totuși, a reușit să generalizeze ceea ce învățase și să aplice totul în noile condiții. După două ședințe, își învățase mușchii să rămână relaxați chiar și în situații cu stres ridicat, iar nivelul durerii a coborât din nou. La ședințele ținute la trei și la șase luni după aceea nu exista un nivel ridicat de activitate musculară. Durerea era relativ mică, iar în cele din urmă a dispărut.

Până acum am vorbit despre învățarea controlului asupra activității musculare de către pacient, dar aceasta nu este decât o parte a problemei. Trebuie să-l învățăm și să-și controleze tiparele tensiunii arteriale în cadrul răspunsului vasomotor. Pentru aceasta folosim termometre atașate de degete, deoarece temperatura pielii depinde de dimensiunile vaselor de sânge. Când acestea sunt lărgite, fluxul crescut de sânge cald crește temperatura pielii. Când sunt contractate, temperatura scade. De asemenea, temperatura este legată și de stres, care produce contractarea vaselor de sânge. Când o persoană este relaxată, vasele de sânge se dilată și temperatura crește. Astfel, citirea temperaturii furnizează un răspuns. Le cerem oamenilor să încerce să vadă dacă pot face ca degetele lor să se încălzească. Își imaginează că își încălzesc mâinile deasupra unei flăcări sau a unui cuptor sau că stau la soare. După trei până la cinci minute, deschid ochii pentru a vedea dacă temperatura s-a schimbat.

Învățarea viscerală: importanța practicii

În cadrul învățării viscerale, corpul este determinat să capete un obicei fiziologic nou, iar magnitudinea schimbării nu este atât de importantă ca menținerea constantă a practicii. Pentru ca un corp să dobândească un obicei nou, este mai bine să facem puțin în fiecare zi decât să producem o schimbare majoră și apoi să nu mai facem nimic câteva zile. Așa că le dăm oamenilor termometrele acasă și îi rugăm să exerseze de șase ori pe zi, între trei și cinci minute. Producând o schimbare de numai două grade, ei devin capabili să obțină controlul voluntar asupra tiparului fluxului sangvin, folosind astfel mintea pentru a controla corpul. Odată ce reușesc să facă asta fără termometre atașate degetelor de la mâini, punem termometrele pe palme. După aceea, trecem la încheieturi și, în cele din urmă, ei reușesc să schimbe temperatura întregului antebraț cu unul sau două grade. După ce reușesc să facă asta atunci când doresc, trecem la degetele de la picioare – o misiune mult mai grea – și apoi la tălpi. Treptat, pacienții învață să modifice temperatura unei suprafețe a corpului din ce în ce mai mare. Cu cât sunt mai capabili să facă asta, cu atât crește probabilitatea de a-și ameliora cefaleea, deoarece dobândesc controlul asupra întregului tipar al fluxului sangvin. De vreme ce durerea reprezintă o dereglare locală a acestui flux, această practică reechilibrează lucrurile. În medie, totul durează 20 de săptămâni. Unii pacienți sunt mai rapizi, iar alții mai lenți, dar cei mai mulți pot învăța această procedură.

Următorul lucru pe care oamenii îl învață de la noi este exercițiul de respirație din diafragmă. Ei învață să inspire și să expire încet, cu mâinile așezate pe abdomen, folosind apăsarea ca răspuns. Când fac aceste exerciții de respirație în mod regulat, aproximativ 20 de minute zilnic, are loc o absorbție rapidă a catecolaminelor. Acestea sunt substanțe chimice implicate în ciclul de răspuns la stres, așa că respirația ajută la prevenirea inflamării țesuturilor. În timp ce fac exerciții de respirație, pacienții se concentrează asupra mișcărilor diafragmei. Dacă recurg la aceste exerciții în timp ce suferă de cefalee, durerile se intensifică. De asemenea, o respirație slabă poate intensifica durerile, așa că pacienții trebuie instruiți cu atenție. Dacă le fac corect, în timp, acestea încep să funcționeze preventiv, astfel încât cefaleele devin mai rare și mai puțin intense.

Descoperirea succesiunii simptomelor

Prima parte a tratamentului constă în reprimarea obișnuințelor fiziologice proaste și în deprinderea corpului cu răspunsuri sănătoase, folosind tehnicile de relaxare musculară, controlul tensiunii și exerciții de respirație. Următoarea fază a tratamentului este lucrul cu durerea acută, în prezența simptomelor. Încercăm să identificăm lanțul comportamental care conduce la cefalee. Îi cerem pacientului să identifice primul simptom de dinaintea apariției durerii intense. În timp, oamenii învață să identifice simptome tot mai timpurii. De exemplu, s-ar putea ca la început să se simtă puțin ciudat, și apoi, după zece minute, să aibă grețuri și tulburări de vedere. După încă cinci sau zece minute, își dau seama că se apropie durerea. Există un punct de recunoaștere, după care încep gândurile negative: „Nu, o să fie cea mai rea durere de cap. Iarăși. N-o să pot s-o împiedic." Gândurile negative agravează starea pacienților, care, din momentul respectiv, simt o durere puternică.

După ce alcătuim un lanț de evenimente comportamentale, îi determinăm pe pacienți să lucreze la strategiile de întâmpinare a fiecărui pas. Când se simt ciudat, își amintesc să practice relaxarea. Dacă se calmează, s-ar putea ca durerea să nu mai apară. Dacă își dau seama că au tulburări de vedere și greață, e timpul exercițiilor cu termometre pentru modificări voluntare ale tensiunii înainte de apariția durerii. Dacă au gânduri negative, le pot respinge, gândindu-se la lucruri pozitive.

Strategii de reacție la succesiunea simptomelor

În fine, există și strategii de întâmpinare. Îi învățăm pe pacienți să se îngrijească, astfel încât să atenueze percepția durerii. Am descoperit că oamenii sunt foarte diferiți în privința capacității de alterare a percepției durerii. În general, există patru abordări distincte, iar cea care funcționează în cazul unei persoane nu e valabilă în cazul alteia. Unii pot folosi eschiva: își distrag atenția, recurg la fantezii, se gândesc la altceva sau se concentrează asupra unor evenimente exterioare. Alții își pot alina durerea imaginându-și că au mâinile amorțite, iar apoi transferă amorțeala la locul durerii. O a treia abordare afectează direct percepția durerii, concentrându-se asupra ei și imaginându-și-o ca pe o furnicătură sau ca pe o senzație de căldură, nu ca pe o durere. A patra abordare este mindfulness: conștiența este orientată în întregime asupra durerii, până când aceasta cedează. Învățăm pacienții metoda care li se potrivește cel mai bine, folosind pentru aceasta mai degrabă o durere neutră, dintr-o zonă care nu le pune probleme, și nu cefaleea. Creăm o durere prin simpla ciupire și apoi evaluăm diferite strategii de a face față durerii. Cei mai mulți oameni își dau seama că una sau două strategii funcționează în cazul lor. Pe acestea le aplicăm pentru a atenua durerea de care suferă în realitate.

Un exemplu al acestor rezultate poate fi găsit la mama cu trei copii care avea dureri în fiecare dimineață și în fiecare seară. S-a angajat în exersarea zilnică a calmării corpului în general, făcând exerciții de respirație și lucrând asupra mușchilor și a tensiunii craniene. Dar tiparul durerilor sale nu s-a schimbat foarte mult decât după 20 de săptămâni. A ajuns să nu mai aibă deloc dureri după 13 ani de cefalee zilnică. Am urmărit-o în continuare. Nu a mai avut dureri timp de șase ani, până când a rămas însărcinată. Atunci, durerile au reînceput, dar au dispărut când a reluat exercițiile, apoi nu a mai avut nicio durere.

Dalai Lama: Minunat. A funcționat.

Daniel Brown: Așadar, acesta este un exemplu foarte bun de învățare, dar durează un timp pentru a învăța corpul să aibă obișnuințe mai sănătoase.

Reducerea hipertensiunii prin medicina comportamentală

Folosim această abordare pentru tratarea hipertensiunii – adică a tensiunii arteriale ridicate. Începem prin a ruga pacienții să țină un jurnal al valorilor tensiunii, pe care și-o măsoară de trei ori pe zi. Acesta este punctul de pornire. Etapele tratamentului sunt calmarea generală, urmată de exerciții de încălzire, reprezentând partea cea mai importantă a tratamentului. Fac acest lucru cu mâinile, brațele și picioarele timp de 20 de săptămâni. Temperatura este măsurată cu termometre obișnuite. Facem și exerciții de respirație. Tratamentul este asemănător celui pentru cefalee, deoarece hipertensiunea are multe legături cu tiparele circulației sângelui.

O persoană a venit la noi cu o tensiune sistolică de 180 – ceea ce e mult – și una diastolică de 100, de asemenea destul de mare. Am vrut să-i coborâm tensiunea diastolică de la 100 la 80. Când a început să înregistreze valorile, timp de șase săptămâni, a existat o mică scădere a tensiunii doar prin măsurarea ei – aplicarea tehnicii mindfulness produsese deja unele modificări. La finalul celei de-a 20 săptămâni de pregătire, tensiunea diastolică scăzuse de la 100 la 82, iar cea sistolică era de aproape 150. Această valoare poate părea mare, dar persoana respectivă avea 70 de ani.

Mulți dintre acești pacienți iau deja medicamente. La început, nu le cerem să-și schimbe medicația în timpul tratamentului pe care-l oferim noi. Pentru mulți, efectele medicamentelor și cele ale pregătirii comportamentale se combină în cele din urmă, scăzând tensiunea prea rapid. Ei încep să aibă simptomele hipotensiunii de poziție, amețind atunci când se ridică brusc. În această fază, le suprimăm medicația și îi lăsăm să-și folosească în schimb mintea. Când tensiunea diastolică scade sub o medie de 80 timp de două săptămâni, suprimăm 20% din medicație. Dacă tensiunea rămâne coborâtă, după două săptămâni suprimăm din nou 20% din medicație. Dacă urcă din nou, adaptăm și medicația. Aproape o treime dintre pacienți pot coborî sub ținta de 80 în mod constant, fără medicamente. O altă treime pot atinge această țintă cu o reducere a medicamentelor, iar pentru cealaltă treime tratamentul nostru nu funcționează.

Am ales următorul exemplu de pacient hipertensiv, gândindu-mă la munca minunaților noștri translatori din această săptămână. Acest pacient este translator la tribunal. Este o situație foarte stresantă. Trebuie să traducă foarte atent, deoarece cuvintele sale reprezintă declarații, astfel încât interpreții își fac tot timpul griji privind corectitudinea. În timpul automonitorizării ne-am dat seama că traducerile la tribunal reprezintă cel mai important factor de creștere a tensiunii. L-am învățat să exerseze, iar ca urmare tensiunile sistolică și diastolică au scăzut. Când a ajuns la ținta de 80, i-am cerut să ia termometrele în sala de judecată și să exerseze în pauze. Din acel moment, și-a mai măsurat tensiunea doar în astfel de situații foarte stresante. Treptat, a reușit să-și coboare tensiunea chiar și în aceste situații. A reușit să extindă învățarea și asupra situațiilor inedite, aplicând noile obișnuințe nu doar în stările de calm, ci și în cele cu stres ridicat.

Pentru o persoană care nu exersează constant, sărind adesea peste zile de practică, rezultatele sunt variabile. Putem observa o mare diferență dacă oamenii exersează în mod regulat. Constanța schimbării este mai importantă decât magnitudinea acesteia. Pentru ca un corp să dobândească un obicei nou, este mai bine să facem câte puțin în fiecare zi, decât să facem o schimbare majoră și apoi să nu mai facem nimic câteva zile.

Tratamentul astmului

Astmul este o afecțiune în care țesuturile musculare de pe căile respiratorii se contractă într-un spasm. Aerul este prins în căile bronhice, așa că persoana are dificultăți la expirare. Astmul poate fi cronic sau acut. Când este cronic, unele dintre cele mai mici ramificații ale căilor respiratorii se contractă. Contractarea variază în timp, fiind uneori mai puternică, alteori mai slabă, dar persoanele vulnerabile la astm au aproape tot timpul un anumit nivel de contractare.

O criză de astm acut înseamnă mai mult decât contractarea căilor respiratorii de mici dimensiuni. Principala cale respiratorie se contractă și cauzează o obstrucție a circulației aerului atât de puternică, încât persoana nu mai poate respira, instalându-se astfel criza. Când tratăm astmul din punct de vedere comportamental, luăm în considerare atât afecțiunea acută, cât și micile spasme cronice. Începem tot cu automonitorizarea, învățându-i pe oameni să fie conștienți de stările în care căile lor respiratorii sunt mai contractate sau mai puțin contractate. Cei mai mulți abia percep acest lucru, așa că utilizăm un aparat pentru capacitatea pulmonară, măsurând volumul de aer ce poate fi eliminat forțat într-o perioadă scurtă de timp. Aparatul este exact și nu foarte scump, așa că oamenii îl pot lua acasă, monitorizându-se singuri. În primele două sau trei săptămâni, îi rugăm să înregistreze valorile de la care se pornește. Multor astmatici li se îmbunătățește starea chiar în această perioadă. Deoarece încep să-și recunoască propriile tipare, nu-și mai fac așa de multe griji atunci când anticipează o criză. Pe măsură ce învață să perceapă exact simptomele, exersarea conștienței are deja un efect benefic.

Aceasta este prima etapă. După aceea, îi învățăm relaxarea și răspunsul biologic cu expirație maximă. Folosesc aparatul în timp ce fac exerciții de respirație speciale, vizualizând expirarea ușoară. Dacă se străduiesc prea tare, spasmele cresc, dar dacă sunt foarte relaxați își pot doza efortul, astfel încât spasmul bronhic să scadă, iar valorile volumului de aer expirat să crească. Se pot educa într-o anumită tehnică de respirație, care este adesea foarte individualizată. Învață controlul voluntar asupra răspunsului muscular. Acesta nu funcționează în cazul astmului provocat de alergii sau de inflamații, dar este foarte eficient în cazul astmului care are legături cu simptomele de stres.

PARTEA A PATRA

Emoția și cultura

Orient și Occident

Capitolul 8

Virtuțile în tradițiile creștină și budistă

Lee Yearley

LEE YEARLEY compară caracteristicile virtuților și viciilor din tradițiile creștină și confucianistă, unele dintre acestea făcând parte și din tradiția budistă. El se concentrează asupra unei anumite scheme a viciilor și virtuților, cea a lui Toma d'Aquino, un cleric creștin din secolul al XIII-lea. Doctorul Yearley arată că lista virtuților și a viciilor pe care o face d'Aquino se aseamănă în multe privințe cu listele concepute de gânditorii budiști și confucianiști. După această prezentare, Dalai Lama vorbește despre conceptul budist de virtute. Urmează un dialog despre motivarea acțiunii, împreună cu acțiunea însăși. Sunt discutate și dilemele morale, cum ar fi cea a cazurilor în care violența este justificată sau în care acțiunea nu este virtuoasă.

Există câteva caracteristici generale ale virtuții în tradițiile confucianistă și creștină, care fac parte și din tradiția budistă. Cele mai multe tradiții consideră că virtuțile sunt exemple de excelență, de înflorire umană. Ele reprezintă câștiguri continue ale sinelui, elemente-cheie ale caracterului oamenilor, aspecte ale lucrurilor care îi determină pe oameni să fie ceea ce sunt. În plus, virtuțile sunt manifeste nu doar în ceea ce face un om, ci și în ceea ce dorește și simte.

De asemenea, virtuțile sunt *corective*. Asta înseamnă că ele corectează un neajuns considerat ca aparținând naturii umane: o tentație căreia trebuie să i se reziste sau o motivație care trebuie să devină bună. Curajul, de pildă, corectează înclinația de a fi oprit de frică de la a face ceea ce trebuie. În mod asemănător, compasiunea corectează tendința de a fi egoist.

O altă caracteristică a virtuților este *expresivitatea*. Asta înseamnă că ele exprimă concepția unei persoane cu privire la ceea ce înseamnă o viață bună. Un om virtuos încearcă să oprească un vicios care atacă un copil nevinovat doar pentru că el crede că, făcând asta, curajul și compasiunea actului său exprimă ceea ce consideră el a fi o viață bună. Această trăsătură a virtuților face ca activitatea virtuoasă și sănătatea fizică să se afle uneori în conflict. De exemplu, exprimarea compasiunii și a curajului în situația de mai sus poate avea drept consecință vătămarea fizică sau chiar moartea.

Date fiind aceste caracteristici generale, ne putem apleca asupra virtuții și a viciilor de pe lista lui Toma d'Aquino. Voi începe cu viciile: ele împărtășesc toate aceste caracteristici ale virtuților, numai că sunt orientate mai degrabă spre rău decât spre bine. Altfel spus, ele întăresc înclinațiile rele în loc să le corecteze și exprimă o concepție greșită despre ceea ce presupune o viață bună. D'Aquino consideră importante șapte vicii – sau păcate –, deoarece sunt atât dăunătoare prin sine, cât și generatoare de alte păcate. (Sunt numite adesea „cele șapte păcate mortale".)

Pofta trupească este dată de dorințele sexuale în situații în care ar trebui să primeze alte considerații – de pildă, respectarea cerințelor etice. Lăcomia este dorința continuă de a consuma mâncare sau băutură în exces, astfel încât încetează să ne mai pese de alte lucruri mai importante. Aceste două păcate, pofta trupească și lăcomia, sunt primele care le vin în minte occidentalilor atunci când se gândesc la păcate. Totuși, d'Aquino se îngrijește de păcate mai subtile, care afectează stări umane mai înalte și pot otrăvi toate activitățile omului. Pentru el, pofta trupească și lăcomia provin din înclinațiile pe care le împărtășim cu animalele, iar din această cauză sunt mai crude și mai puțin capabile să ne pătrundă întreaga personalitate.

Unul dintre păcatele mai subtile este vanitatea. Vanitosul vrea să fie onorat de oameni lipsiți de valoare sau pentru înfăptuiri lipsite de valoare. De exemplu, el urmărește înfăptuirea lipsită de valoare a unui aspect plăcut sau caută lauda unor persoane a căror părere are o valoare nesemnificativă. Un alt păcat subtil este mânia, care ar putea fi ușor diferită de modul în care este înțeleasă în budism. Mânia este un viciu doar dacă îi face pe oameni să reacționeze violent fără motiv. Totuși, dacă mânia este controlată de buna judecată, ea poate reprezenta o adevărată forță a binelui, pentru că ajută la inițierea și susținerea unui răspuns legitim din punct de vedere etic. Este o diferență între viciul de a deveni furios pentru ceva neînsemnat și virtutea de a folosi mânia pentru a reacționa în fața unei nedreptăți semnificative, ca în cazul în care cuiva i-a fost refuzată angajarea din motive legate de sex. Actele virtuoase implică nu doar simpla observare a greșelii, ci și acțiunea în această privință. Uneori, avem nevoie de răspunsuri emoționale de genul mâniei pentru a trece la acțiune.

Invidia implică resentimentul față de bunurile altora, cum ar fi, de pildă, talentul muzical sau artistic. Ea poate determina chiar și implicarea în încercarea de a distruge ceea ce este invidiat. Este unul dintre cele mai grave vicii, pentru că presupune lipsa de iubire față de lucruri care, chiar dacă nu se află în posesia noastră, sunt bune în adevăratul sens al cuvântului. Este, de asemenea, unul dintre cele mai misterioase vicii, pentru că nimeni nu câștigă mare lucru din invidie, ceea ce nu se întâmplă în cazul celorlalte păcate. Dacă suntem senzuali sau lacomi, putem obține anumite satisfacții, dar, dacă suntem invidioși, ne alegem doar cu faptul că ne simțim prost pentru că un bun este al altuia. Unul dintre motivele pentru care mulți creștini susțin că natura umană este în mod fundamental coruptă – deci ideea păcatului originar este adevărată – este faptul că oamenii sunt invidioși.

Apatia spirituală este numită de către d'Aquino păcatul călugărului, deoarece a fost întâlnită prima oară printre călugării din mănăstiri și continuă să se găsească în principal acolo. Ea reprezintă un eșec înregistrat în urmărirea scopurilor dorite cu adevărat, o delăsare în privința căutării lucrurilor considerate importante. Caracterul acestui viciu cred că este foarte greu de înțeles, dar eu îl pot observa tot timpul, la mine și la alții. Îți place ceva bun, dar nu te poți convinge să faci ceea ce trebuie pentru a-l obține: de exemplu, să meditezi sau să scrii cartea pe care vrei s-o scrii. Apatia spirituală reprezintă, de asemenea, un bun exemplu al modului în care unele vicii (și virtuți) sunt atât de adânc înrădăcinate, încât nu pot fi observate niciodată prea limpede. Asta înseamnă că oamenii care suferă de apatie spirituală pot fi foarte activi, dar activitatea lor disperată acoperă faptul că nu-și pot urmări scopurile pe care doresc cel mai mult să le obțină.

Ultimul dintre aceste vicii, avariția, reprezintă, la un nivel simplificator, goana după bunuri materiale, impulsul de a avea obiecte, cum ar fi hainele sau bunurile. D'Aquino crede totuși că această pornire reprezintă, de fapt, încercarea de a ne proteja în fața spaimei produse de caracterul schimbător al tuturor lucrurilor, în special în fața spaimei de moarte. Altfel spus, căutăm și colecționăm bunuri materiale pentru a ne sustrage faptului că suntem supuși schimbării și morții. Astfel, avariția este o încercare de a nega adevăratul caracter al realității.

Mândria este un păcat mai general decât cele șapte menționate, pentru că le sprijină pe toate. Mândria constă într-o plăcere și o dorință nelalocul lor în ceea ce privește simțul propriei superiorității. De exemplu, se manifestă adesea printr-o satisfacție trezită de înzestrările naturale, concentrată asupra sinelui, și produce de obicei un tip dăunător de complacere și de încredere în sine. În plus, mândria nu recunoaște vulnerabilitatea, caracterul limitat al capacităților noastre și faptul că depindem de Dumnezeu.

Să vorbim acum despre virtuțile lui d'Aquino. El le repartizează în două grupuri. În primul grup intră cele patru virtuți cardinale. „Cardinal“ este derivat din cuvântul latin pentru „pivot“. Ele sunt acele excelențe primare de care oricine are nevoie pentru a duce o viață normală, decentă. Înțelepciunea practică este dată de buna judecată, care este sensibilă la diferitele tipuri de situații întâlnite și care ne coordonează în mod corespunzător acțiunile. De pildă, ne poate spune când este bine să fim mânioși și când trebuie să fim iertători. Dreptatea se referă la relațiile oamenilor cu semenii lor și se ocupă în special de faptul că trebuie să fim cinstiți, acordându-le ceea ce li se cuvine. Este importantă acțiunea în sine, nu intenția din spatele său: trebuie să dau înapoi banii pe care îi datorez, chiar dacă nu vreau să fac asta.

Curajul și moderația țin, în general, de relațiile oamenilor cu emoțiile lor. Curajul stăpânește sau corectează frica, astfel încât facem ceea ce trebuie. De exemplu, eu nu las frica de reacția celorlalți să mă împiedice să reacționez la remarcile rasiste. Moderația implică armonizarea dorințelor și emoțiilor, în special a acelora care sunt mai animalice, astfel încât să poată fi obținute starea de liniște și bunătatea etică. De exemplu, îmi controlez dorințele sexuale pentru a o putea trata așa cum trebuie pe femeia pe care mi se cere să o ajut. Aceste patru virtuți sunt esențiale pentru o viață decentă și stabilă în societate și în familie. Ele nu ne transformă în persoane deosebite, dar ne ajută să devenim cel puțin buni cetățeni și buni părinți.

Următorul grup de virtuți este al celor insuflate. Ele sunt insuflate pentru că provin din acțiunile directe ale lui Dumnezeu.

Sunt virtuți religioase. Asta înseamnă că se găsesc și în oamenii aflați sub standardele și aspirațiile umane obișnuite și implică un contact direct între om și sacralitate. Cele mai importante sunt numite virtuți teologice, unde *teo* este cuvântul din limba greacă pentru zeu, iar *logic* e derivat din cuvântul *logos*, care înseamnă rațiune sau „obiect al gândirii". Cele trei virtuți teologice sunt credința, speranța și mila.

Credința se manifestă în convingerea religioasă, dar spre deosebire de cele mai multe activități intelectuale care produc convingeri credința este animată de iubire și de contactul cu Dumnezeu. Credința nu-și poate dovedi științific convingerile, care constau doar în liniștea rezultată dintr-o relație cu Dumnezeu bazată pe iubire. Nota distinctivă a speranței este încrederea rezultată dintr-un contact cu Dumnezeu bazat pe credință și pe iubire. Speranța le permite oamenilor să depășească disperarea și să rămână totuși realiști. În plus, cel care speră recunoaște că situația în care se află nu i se datorează lui, ci puterii lui Dumnezeu. D'Aquino tratează într-un context creștin atât credința, cât și speranța, dar ambele se referă la modele de viață pe care le găsim în cele mai multe religii – la tipuri de credințe și convingeri care reprezintă mai mult decât ceea ce manifestă oamenii de obicei.

Mila este cea mai înaltă dintre virtuțile teologice, stând la baza credinței și a speranței. Cred că este apropiată de compasiunea adevărată și de bunătatea iubitoare din budism. Pentru d'Aquino, această virtute îi permite unei persoane să ia parte la viața lui Dumnezeu și să împărtășească cu El atribute de genul bucuriei și al stării de liniște. În plus, mila ne permite să vedem toate celelalte ființe ca pe niște creaturi asemenea nouă și, prin urmare, să recunoaștem că orice ar voi oamenii să facă pentru ei ar trebui să facă și pentru toți ceilalți. Rezultă de aici acea capacitate de a-i sluji pe alții și a te sacrifica pentru ei care este reprezentativă pentru creștinism. Mila este, de asemenea, și scopul suprem pe care îl slujesc credința și speranța. Asta înseamnă că trebuie să credem în ceva pentru a manifesta milă și că trebuie să avem întotdeauna speranță, mai ales în momentele întunecate, pentru a fi capabili de iubire.

Sanctitatea Voastră, suntem foarte interesați de viziunea dumneavoastră asupra celor mai semnificative vicii și virtuți din tradiția budistă.

Viziunea budistă

Dalai Lama: Iată viziunea mea. Încep de la un simț al sinelui, un simț de care am nevoie pentru fericire. Vreau să mă eliberez de suferință și sunt demn să experimentez fericirea pe care o caut, demn să fiu eliberat de suferință. Atât fericirea pe care o caut, cât și suferința de care vreau să mă eliberez sunt rezultate. Recunoscând acest lucru, caut cauzele care conduc la aceste rezultate: la starea de bine sau la durere și suferință. Caut cauzele care conduc la fericire și pot evita cauzele care conduc la suferință și perturbări mintale. Viciile fac parte din cea de-a doua categorie, în timp ce virtuțile aparțin celei dintâi.

În acest context, putem vorbi de karma sau despre acțiuni și rezultatele lor. Karma nu spune că nu trebuie să facem fapte rele, ci mai degrabă că faptele rele sunt acțiuni nesănătoase. Nu trebuie considerate niște valori brute, ci trebuie să ne întrebăm: „De unde provine acest lucru și de ce se află aici?" Dacă urmărim cauzele care conduc la acțiuni nesănătoase, descoperim perturbările mintale. Dar nu trebuie să ne gândim pur și simplu la perturbările mintale și să spunem „astea sunt rele", lăsând lucrurile așa cum sunt. Trebuie să observăm că perturbările mintale sunt niște rezultate și să ne întrebăm: „Care sunt cauzele lor?" Ne mai putem întreba: „Putem scăpa de aceste perturbări? Dacă da, cum? Ce fel de antidot sau ce remedii trebuie să aplicăm?" Aici intervine vidul, care este o modalitate prin care fenomenele apar ca fiind interdependente. Este o interrelaționare.

Principalele vicii sau, mai precis, principalele perturbări mintale sunt atașamentul și ura. Există foarte multe variațiuni subtile ale formelor distincte ale atașamentului și urii, dar toate provin în principal din aceste două perturbări mintale primare. Putem întreba: „Mai este ceva în afară de acestea două?“ Răspunsul este: „Da.“ Din perspectiva Madhyamika Prasangika, spunem că principala perturbare mintală este ignoranța cu care sunt percepute fenomenele inerente existenței.

Să observăm acum termenul de *perturbare mintală*. Cum se definește? Care sunt caracteristicile distinctive ale perturbărilor mintale? Sunt definite ca evenimente mintale care perturbă echilibrul sau pacea minții. Totuși, există și evenimente mintale sănătoase, care ne pot face nefericiți pentru moment, anxioși sau tulburați, dar de vreme ce sunt sănătoase nu reprezintă perturbări mintale.

Compasiunea este un astfel de exemplu. În *The Guide to the Bodhisattva Way of Life*, Shantideva arată că atunci când cultivăm compasiunea putem fi tulburați. Compasiunea poate crea anxietate ființelor sensibile. El se întreabă: nu cumva atunci când cultivăm compasiunea ne simțim în suferință? Și răspunde: da, dar există un scop mai înalt pentru cultivarea acestei neplăceri sau nefericiri temporare, căci va urma un beneficiu foarte mare. Dacă ne întoarcem acum la definiția perturbării mintale – ca factor mintal care perturbă echilibrul minții –, vedem că nu este vorba despre ceva care aduce o tulburare temporară, anxietate sau nefericire. Perturbarea mintală este o distorsiune mintală care nu numai că provoacă astfel de tulburări, ci produce și alte probleme pe termen lung. În cazul compasiunii, tulburarea este temporară, iar pe termen lung obținem un beneficiu.

Așadar, indiferent dacă un eveniment mintal creează sau nu nefericire, nu acesta este criteriul pentru a determina calitatea sa de perturbare mintală. De exemplu, atașamentul este o perturbare mintală, dar el poate coexista cu plăcerea. În mod asemănător, furia poate apărea concomitent cu un sentiment de satisfacție, ca atunci când ripostezi. Un eveniment mintal este o perturbare dacă perturbă liniștea minții, iar pe termen lung creează probleme suplimentare, continuând tulburarea care perpetuează un comportament nesănătos. Dacă efectele pe termen lung reprezintă o diminuare a problemelor, atunci nu există nicio perturbare mintală. Poate fi vorba chiar de ceva sănătos.

Când frica și mânia nu sunt emoții dăunătoare

DANIEL BROWN: Sanctitatea Voastră, citind Abhidharma, am fost întotdeauna pus în încurcătură de faptul că frica nu se află pe lista afecțiunilor primare sau secundare. După mine, frica este în mod sigur importantă.

DALAI LAMA: Motivul pentru care nu se numără printre cele șase amăgiri principale sau cele douăsprezece secundare este faptul că nu e considerată o emoție dăunătoare. Nu este în mod necesar dăunătoare. Există frică virtuoasă, nevirtuoasă și neutră. De pildă, frica de rău este în sine o virtute. Dacă întrebați de ce nu este menționată explicit printre diferiții factori mintali, nu puteți primi răspuns. Există un text Abhidharma în tradiția birmaneză care conține o listă cu peste 200 de diverși factori mintali, iar frica poate fi inclusă aici. Există o astfel de listă detaliată în tradiția Theravāda?

SHARON SALZBERG: Singurele cazuri în care este menționată frica se referă, din câte știu, la spaimă morală – un lucru pozitiv – și la un sentiment nesănătos de aversiune.

DALAI LAMA: Frica este unul dintre lucrurile ce trebuie depășite pentru a atinge iluminarea. Starea de absență a fricii este un scop de atins. Dar acest lucru nu dovedește că ar trebui socotită emoție dăunătoare.

DANIEL GOLEMAN: Sanctitatea Voastră, dat fiind faptul că există diferite tipuri de frică, mă întreb care este statutul mâniei. Este trecută în lista afecțiunilor primare, dar poate exista o mânie virtuoasă? Mânia este un rău sau o virtute?

DALAI LAMA: În general, mânia trebuie respinsă. Dar se poate întâmpla ca atunci când căutăm motivul pentru care a fost provocată mânia, acesta să fie compasiunea. Astfel, mânia poate fi o componentă a căii dumneavoastră spirituale, dar nu este vorba despre o mânie obișnuită. În cazul acestui tip de mânie, stârnită din compasiune, mintea devine într-adevăr agitată, dar fără răutate sau intenția de a face rău. Cu alte cuvinte, nu există niciun element al urii.

DANIEL GOLEMAN: Un act mânios poate conduce la acțiune?

DALAI LAMA: Da, poate conduce la o acțiune în forță, chiar violentă.

Violența virtuoasă

DANIEL GOLEMAN: Așadar, poate exista o violență virtuoasă. Ne puteți da un exemplu?

DALAI LAMA: În context tantric, există noțiunea de a folosi mânia urmându-ți calea. Putem întâlni o astfel de situație în cazul diferitelor zeități mânioase. Asta puteți găsi numai în tantra, nicăieri altundeva în budism.

DANIEL GOLEMAN: Care este cauza mâniei zeităților? Ce anume le stârnește mânia?

Dalai Lama: Este greu de spus că sunt mânioase pe ceva anume sau că există un obiect bine definit al mâniei lor. Dacă vreți un răspuns simplist, se poate spune că sunt mânioase pe obstacole, profanare sau circumstanțe nefavorabile. Dar în termenii practicii există situații în care o ființă iluminată caută să ajute o altă ființă și își dă seama că circumstanțele nu permit o abordare sau un angajament pașnic. Este nevoie de un angajament violent pentru a-i fi de folos ființei aflate în acea situație, iar circumstanțele provoacă o expresie a mâniei.

În cazurile în care logica și rațiunea nu pot stăpâni emoțiile negative – cu alte cuvinte, nu sunteți capabil să vă calmați singur –, un alt antidot este să vă vizualizați în chip de zeitate mânioasă în luptă cu propria emoție negativă. Vă mâniați pe propria mânie. [*râsete*]

Jon Kabat-Zinn: Când ne închipuim ca zeitate mânioasă, vorbim și despre o stare de liniște?

Dalai Lama: Când ne închipuim ca zeitate mânioasă, mintea este agitată. Nu este un joc prin care expunem starea de liniște perfectă, ci este vorba despre o agitație corespunzătoare.

Mânia din compasiune

Jon Kabat-Zinn: Dar există atașament, în sensul că emoția ne copleșește? Ne putem pierde înțelepciunea?

Dalai Lama: Cea mai mare parte a mâniei pe care o experimentăm în viața obișnuită este stârnită de atașament. Tipul de mânie despre care vorbim aici are o origine complet diferită. Ea e stârnită de compasiune.

Jon Kabat-Zinn: Și nu provoacă sau nu creează atașament?

Dalai Lama: Nu.

Alan Wallace: Perturbările mintale fac obiectul furiei zeității mânioase?

Dalai Lama: Da, într-adevăr. Într-un text budist numit *Patru sute de versuri*, scris de Aryadeva, un înțelept indian, există un vers care spune că Buddha este cel care vede emoțiile dăunătoare și greșelile, nu persoana care le posedă. Putem spune, cu anumite rezerve, că nu există mânie justificată îndreptată împotriva unei persoane.

Lee Yearley: Mânia îndreptată împotriva unei calități pe care o considerăm indezirabilă ne poate face s-o distrugem chiar dacă asta ar însemna distrugerea persoanei? De exemplu, am văzut un gardian dintr-un lagăr de concentrare din Germania nazistă, a cărui ură mânioasă l-a făcut să omoare un om, dar mi-am dat seama că era un tată bun și că merita să trăiască. Totuși, am considerat că singurul mod de a distruge ura este acela de a-l distruge pe el.

Dalai Lama: Acest lucru este justificat în următorul caz: recunoaștem această înclinație spre rău sau viciu, ne dăm seama că trebuie înlăturată, date fiind pierderile pe care le va aduce în viitor, apoi – și aici intervine cel mai important lucru –, din marea compasiune născută din dorința de a evita pagubele ne dăm seama că trebuie să îndepărtăm viciul. Când înțelegem că nu există nicio cale de a îndepărta viciul decât printr-un act de violență, atunci putem lua viața persoanei vicioase, fără a ne pierde compasiunea pentru ea și fiind dispuși noi înșine să săvârșim acest act.

Robert Thurman: Există o poveste despre Buddha, care, într-o viață anterioară, l-ar fi ucis pe Devadatta (și acesta aflat într-o viață anterioară), împiedicându-l astfel să-și ducă la îndeplinire planul de a omorî 499 de oameni. Nu era vorba doar despre viciu, ci și despre preîntâmpinarea unei acțiuni. Omorând această persoană, a împiedicat uciderea altor 499. Prevenind răul acestui masacru, a luat asupra sa răul uciderii unui om.

Lee Yearley: La ce trebuie să fii atent atunci când iei astfel de decizii, asigurându-te că nu te folosești în mod greșit de principiul respectiv?

Dalai Lama: Un factor important este cel conform căruia practicantul trebuie să se angajeze întotdeauna în acțiune având doi martori: pe sine și pe altcineva. Putem fi puși în situații în care nu există martori exteriori, dar de vreme ce suntem noi înșine acolo pentru a fi martori ai actului e nevoie să fii cinstit cu tine însuți. Ce trebuie să facem pentru a ne asigura de acest lucru? Asta depinde de mulți alți factori. În cele din urmă, ajungem la autodisciplină, pentru că, indiferent cât de elaborate ar fi reglementările exterioare, mintea este suficient de capabilă de ocolișuri pentru a putea găsi un punct slab. Din acest punct de vedere, până la urmă responsabilitatea este a individului. În foarte mare măsură este vorba despre o etică individualistă. De fapt, aceasta combină individualismul, perfecționismul și raționalismul.

Lee Yearley: Asta înseamnă că un om, chiar dacă este un practicant avansat, nu trebuie să încerce niciodată să omoare o persoană aflată pe punctul de a acționa distructiv doar pentru că s-ar putea să nu fie capabilă să-și evalueze onest propriile motivații sau intenții? Ar trebui să spun că nu trebuie să iau viața altuia pentru că aș putea găsi o justificare nesinceră prin care acțiunea respectivă ar fi greșită?

Dalai Lama: Trebuie să punem în balanță două lucruri. Pe de o parte, e vorba despre ceva interzis, crima. Pe de altă parte, există întotdeauna un eveniment contextual. Asta înseamnă că trebuie să ne întrebăm: de ce anume am nevoie în aceste circumstanțe? Ceva poate fi interzis, și totuși, în anumite condiții, beneficiul obținut în urma săvârșirii acelui lucru poate fi mai mare decât răul produs dacă evităm să acționăm. Găsim acest principiu al echilibrului chiar și în Vinaya*, cea mai importantă dintre eticile budiste, precum și în etica Bodhisattva**. Înțelepciunea proprie este chemată întotdeauna să cântărească circumstanțele specifice în termeni de principii generale și de context.

Este destul de ușor să explicăm violența în general, dar dacă încercăm să punem în practică această poruncă împotriva violenței, totul devine foarte dificil. În general, motivația este cea mai importantă, și ea trebuie luată în considerare mai întâi, însă rezultatul este și el important. Violența este doar o metodă, iar metoda este mai puțin importantă. Problema constă în aceea că nu putem cunoaște rezultatele acțiunilor până când acestea nu au loc. Violența este ca un medicament foarte puternic. Pentru o anumită boală, e foarte folositor, dar efectele secundare sunt grave. La nivel practic, este foarte complicat, așa că mai bine evităm violența.

Daniel Goleman: Sanctitatea Voastră, ați spus că motivațiile și rezultatele sunt mai importante decât metodele. Cum faceți distincția dintre motivațiile bune și cele greșite?

Dalai Lama: Atunci când lucrăm pentru alții, motivația adecvată este acțiunea în beneficiul celorlalți. Totuși, atunci când e vorba despre propriul interes, motivația adecvată este reprezentată de dorința de a obține mai degrabă pacea pe termen lung decât o stare de bine trecătoare. În literatura Vinaya există o idee pertinentă, care explică codurile disciplinare pe care călugării și călugărițele trebuie să le ia în calcul pentru a-și păstra puritatea jurămintelor depuse. Să luăm exemplul unui călugăr sau al unei călugărițe puse în situația în care nu există decât două alternative:

* Vinaya este o parte a canonului budist care se ocupă de disciplina monastică și de etică în general. (*N. a.*)

** Un Bodhisattva este o persoană avansată din punct de vedere spiritual, care depune jurământul de a face bine tuturor ființelor. (*N. a.*)

fie să ia viața unei persoane, fie să-și ia propria viață? În astfel de circumstanțe, există o justificare în a-ți lua propria viață pentru a evita să iei viața altuia, ceea ce ar implica încălcarea unuia dintre cele patru jurăminte cardinale. Desigur, asta presupune că acceptăm teoria reîncarnării; altfel, totul ar fi prostesc.

Robert Thurman: Sanctitatea Voastră, ați vorbit mai devreme și despre cazul unei persoane care s-ar putea sinucide, din compasiune, pentru a-l salva pe celălalt de păcatul de a-l ucide. Acesta ar fi un caz de sinucidere din grija manifestată față de alții.

Dalai Lama: Acesta este un exemplu din primul caz, acela în care dorim să fim de folos altora. Dacă este foarte limpede că o altă persoană plănuiește să te ucidă, îți poți lua viața pentru a proteja acea persoană de păcatul de a te fi ucis. În Tibet, s-a întâmplat ceva asemănător. Uneori, călugării își pot lua singuri viața, dar nu cu o armă. Se angajează într-un anumit tip de meditație în care conștiința lor se transferă în afara corpului și astfel mor. Pot face asta pentru a-i proteja pe cei care vor să-i ucidă.

Cliff Saron: Dar motivația omorului îi aparține în întregime persoanei care se pregătea să ucidă. Asta nu are consecințe?

Dalai Lama: Totul ține de complexitatea karmei. Pentru a se împlini karma unei acțiuni, trebuie să existe un fundament al actului uciderii, și anume ființa care urmează a fi ucisă. Trebuie să existe intenție. Trebuie să existe pregătire și trebuie să existe împlinirea actului. În acest caz, există fundamentul și intenția. Pregătirea poate exista și ea, dar cel puțin protejăm persoana de unul sau două aspecte dintre cele patru, așadar rezultatele karmice vor fi reduse. Dar asta nu înseamnă că persoana respectivă scapă complet de consecințe. Există cazuri în care putem acumula karma fără a comite cu adevărat o anumită faptă. Deci putem acumula consecințele unui act fără a-l comite. În alte cazuri, putem face un anumit lucru fără a suporta ulterior consecințele. De exemplu, dacă mergem pe o cărare și călcăm neintenționat o insectă, am comis o crimă, dar, din punct de vedere etic, nu am acumulat consecințele acestui act. De asemenea, când vorbim despre intenția de a face un lucru negativ, avem nevoie de trei factori. Mai întâi, trebuie să existe o afecțiune mintală activă în acest proces. Apoi, trebuie să existe o motivație și, în al treilea rând, trebuie să existe o recunoaștere a obiectului.

ROBERT LIVINGSTON: Să luăm cazul bombardării Japoniei. Oamenilor care au făcut asta li s-a spus că vor salva un milion de vieți.

DANIEL GOLEMAN: Aceasta a fost o acțiune de tip Bodhisattva?

DALAI LAMA: E foarte greu de analizat. Teoretic vorbind, da, e posibil, dacă a fost făcută pentru a salva o mulțime de vieți umane.

ROBERT THURMAN: Sanctitatea Voastră, nu cumva o astfel de acțiune a unui Bodhisattva este un caz cu totul excepțional? Bodhisattva încearcă să nu comită niciodată violențe. Pentru a analiza consecințele, trebuie să fim clarvăzători. De aceea, numai un Bodhisattva experimentat poate lansa o bombă, dar asta ar paraliza cei mai mulți oameni în fața împlinirii unei astfel de acțiuni deosebite. Nu cred că Harry Truman era un Bodhisattva! [*râsete*]

LEE YEARLEY: În teologia creștină, există noțiunea de păcat prin omisiune. Omițând să faci un lucru care previne o moarte, ești tu însuți vinovat de acea moarte. Să presupunem că Harry Truman a decis să nu lanseze bomba, pentru că nu era clarvăzător, pentru că se îndoia de propria judecată și nu credea că are suficiente informații. În acest caz, ar fi fost vinovat pentru acele vieți pierdute pentru că el nu a fost în stare să creadă în propria capacitate de a judeca lucrurile?

DALAI LAMA: În cazul unui om care vede pe cineva că se îneacă și spune „nu e treaba mea“, trecând mai departe, avem de-a face cu o omisiune, cu o nonacțiune. Și ne putem întreba dacă acest lucru are consecințe karmice negative. Aici este vorba despre un caz simplu. Mai târziu, putem recurge la unul mai dificil.

Lee Yearley: Dacă vedem cum cineva se îneacă și spunem „nu e treaba mea", asta reprezintă o violare clară a simțului de conectivitate sau de relaționare cu ceilalți, adică o acțiune vicioasă.

Mă gândesc la o situație în care ne îndoim că înțelegem suficient de bine care ar putea fi consecințele. De exemplu, vedem pe cineva lovind un copil, dar nu știm dacă există motive întemeiate pentru acțiunea persoanei respective. Dacă nu acționăm pentru a opri acțiunea și reiese că n-am intervenit într-un caz în care ar fi trebuit s-o facem, deoarece era vorba despre un act de violență, suntem responsabili pentru că nu am avut încredere în judecata noastră imediată, deoarece ne-am îndoit că am putea ști suficient de multe lucruri cu privire la ceea ce se întâmplă?

Dalai Lama: În astfel de circumstanțe, totul depinde de atitudinea persoanei care se confruntă cu o astfel de situație. Dacă a întors spatele copilului bătut pentru a nu se amesteca în treaba altcuiva, există o problemă. Pe de altă parte, poate fi motivat să întoarcă spatele, deoarece implicarea sa ar putea spori furia bătăușului, iar copilul ar fi avut mai mult de suferit. Așa că depinde foarte mult de tipul de motivație și de atitudinea din momentul respectiv. Bob, întorcându-ne la problema noastră, a bombelor de la Hiroshima și Nagasaki: nu putem judeca acest act din punct de vedere etic doar după un moment particular din istorie. Trebuie să privim consecințele pe termen lung, și dacă facem asta, trebuie să ținem seama de enorma proliferare a armelor nucleare. Abia după aceea putem declara, fără echivoc, că este un act contrar eticii. Chiar și în aceste circumstanțe speciale poate exista o motivație pozitivă, dar de atunci au apărut în mod limpede o mulțime de consecințe negative. Din cauza asta a sporit frica.

Etica socială

Robert Thurman: Mi se pare că discuția s-a învârtit mai ales în jurul conștiinței individuale, al comportamentului și al impactului forțelor instituționale – guvernamentale și religioase – asupra acestui comportament. Aș vrea să ne îndreptăm atenția asupra unei probleme cu care ne confruntăm cu toții – anumite națiuni și guverne au reușit să creeze arme de distrugere în masă. Unii dintre cei care contribuie la asta sunt persoane considerate etice, care cred în contribuția la binele grupului, dar au făcut posibilă această amenințare la adresa întregii lumi. Cum vă raportați, dumneavoastră și Sanctitatea Sa, la acest aspect?

Lee Yearley: Cred că unul dintre cele mai neliniștitoare și mai neplăcute lucruri din lumea modernă este creșterea statelor-națiune și rolul jucat de acestea. Winston Churchill a spus că războaiele purtate de democrații vor fi cele mai teribile din istoria omenirii. Cred că avea dreptate. Este vorba despre a vedea în acest colectiv, grup, națiune un lucru ce trebuie protejat cu orice preț, pentru care oamenii trebuie să se implice și să se sacrifice. Într-o anumită privință, a-i înregimenta pe toți membrii unui grup în slujba unui scop comun îi transformă pe aceștia în entități aproape demonice. Cred că există cazuri în istoria Americii în care națiunea americană a făcut lucruri pe care niciun individ sau grup de indivizi nu le-ar face vreodată. Nu sunt sigur că acționăm în vreun fel în această privință, în afară de faptul de a fi conștienți de asta, ceea ce este foarte puțin.

Dalai Lama: Pare ceva asemănător cu povestea dumneavoastră despre persoana care păstrează arma și crede că cel mai bun lucru este să o dea înapoi când i se cere. În locul unei arme, avem armament nuclear în cantități mari.

Jon Kabat-Zinn: Depinde cu adevărat de punctul critic. Societățile existente s-ar putea îndrepta spre autodistrugere pe scară largă, ucigând nu doar părți din ele, ci întreaga lume, ceea ce ar putea împiedica orice dezvoltare ulterioară. Putem face o analogie cu bolile autoimune, în care corpul nu-și recunoaște propria natură și se autodistruge. În același fel, raționaliștii egoiști sau perfecționiștii plini de pasiune ar putea fi determinați să ucidă întregul organism. Astfel, pentru moment, adevărata întrebare este dacă putem deveni conștienți individual sau colectiv de această problemă, ceea ce ne-ar permite să evităm distrugerea, invocând o inteligență transcendentă sau proprietăți noi ale inteligenței aferente creierului și sistemului nervos. Există vreo scăpare din această dilemă biologică?

Un călugăr: Distrugerea cu care are de-a face rasa umană acum pare să depindă în bună măsură de faptul că știința, cel puțin cea aplicată, pare să fie lipsită de valori, de un fundament etic. Așa trebuie să stea lucrurile? Asta face parte în mod necesar din funcționarea corectă și din progresul științei?

Francisco Varela: Nu sunt de acord cu faptul că știința este lipsită de valori. Ea nu este separată de viața socială a unei țări sau a globului. Deciziile în privința construirii unei arme sau a instalării unui anumit dispozitiv tehnologic, care apoi distruge mediul, sunt întotdeauna decizii politice, morale, istorice și economice care implică întreaga societate. Valorile științei aplicate sunt valorile societății în care are loc aplicația. Nu putem scoate știința în afară, ca pe o componentă distinctă. Când un medic dintr-o clinică poate opri sau nu aparatele care țin în viață un pacient, el ia o decizie tehnologică, dar se bazează pe mai multe poziții, inseparabile din punct de vedere social. Etica despre care vorbim aici se aplică oriunde, inclusiv în știință, și pare să distorsioneze întreaga natură a procesului științific, pentru a încerca să-l facă special, ca și cum s-ar afla în mansardă, nu în bucătărie, cu toți ceilalți.

Lee Yearley: Cred că, în mare, acest lucru este adevărat, dar totuși pare destul de ușor, pentru că asta presupune ca oamenii de știință să se comporte eroic și să nu urmeze o direcție de cercetare ce ar putea fi folosită pentru distrugere. Dat fiind faptul că îi recompensăm pe oamenii de știință în moduri diferite și că ar trebui să existe cel puțin o etică a profesiei, cred că avem dreptul să le cerem să se abțină să facă un anumit lucru atunci când au motive să creadă că vor apărea consecințe negative.

Francisco Varela: Asta nu s-a întâmplat niciodată în istorie. Se va întâmpla doar atunci când urmărirea unei astfel de direcții va deveni o acțiune negativă social și când nu vom mai furniza mijloacele de a o urmări, prin finanțări și premii. Dacă o lăsăm pe seama individului, nu va funcționa, mai întâi pentru că oamenii de știință sunt la fel de confuzi în privința eticii ca toată lumea, și apoi pentru că un om de știință nu lucrează doar pentru că așa vrea el. Omul de știință are nevoie de mijloace, iar tehnologia înaltă necesită bani și infrastructură, așa că ne întoarcem de unde am pornit. Nu putem pune decizia în privința cercetării unei anumite tehnologii pe seama unui grup de oameni. Am fi mult prea optimiști și am greși.

Lee Yearley: Nu vreau să spun că este, pur și simplu, responsabilitatea omului de știință și că acesta nu face parte din societate. Însă, uneori, trebuie să luăm decizii dramatice care ne pot provoca mult rău. Oamenii de știință sunt puși câteodată în astfel de situații. De fapt, totul ar putea implica o acțiune mult peste limitele normalului, și de aceea am numit-o eroică, dar cred că avem dreptul să le cerem asta oamenilor și să îi judecăm dacă nu reușesc să o realizeze.

Capitolul 9

Rădăcinile respectului de sine: diferențele dintre Orient și Occident

Limba și cultura influențează modul în care interpretăm și definim emoția. De exemplu, sentimentul *yugan* – în linii mari, un moment de unicitate estetică – în Japonia, sau *rasa*, o apreciere fără cuvinte în India, nu au corespondenți exacți în engleză. În mod asemănător, tibetanii nu au un cuvânt pentru termenul *emoție*. Și, cu toate că reprezintă un punct central al conceptului tibetan de stare de bine, starea de liniște nu este inclusă ca stare emoțională importantă în engleză. Există foarte mulți termeni tibetani care se referă la meditație și conștiință și care nu au un echivalent în engleză. Emoțiile sunt trăite prin lupa culturii.

Întrebarea-cadru a acestei discuții despre emoție este dacă circumstanțele istorice și culturale ar putea da naștere unor emoții noi sau expresiilor acestora. Cazul studiat este respectul de sine. Dalai Lama este uluit să audă că mulți occidentali suferă din cauza unui respect de sine scăzut. Nu există un concept de genul dezgustului de sine sau al dezaprobării de sine – sau, după cum spune Dalai Lama, „o lipsă a compasiunii față de propria persoană“ sau un „dispreț orientat către sine“ – în cultura tibetană. Acest fapt conduce la o explorare pe scară largă a rădăcinilor acestei stări, a diferenței dintre sentimentele de „vid“ în sensul psihologic de inadecvare și resimțirea vidului din practica budistă, despre care Dalai Lama spune că ar putea fi – alături de cultivarea bunătății iubitoare față de sine – un antidot pentru sentimentele de respect de sine scăzut și un fundament pentru acceptarea sinelui.

LEE YEARLEY: Sanctitatea Voastră, credeți că emoțiile sunt, parțial, niște produse ale istoriei? Unii filozofi au susținut că, deoarece occidentalii duc o viață mult mai bogată și mai complicată emoțional decât în trecut, în vocabularul nostru au intrat mai mulți termeni destul de preciși, cum ar fi: imatur, neîncrezător, sentimental, timid, victimizat.

ALAN WALLACE: Acești termeni nu pot fi traduși prea ușor.

DALAI LAMA: În istorie, se poate întâmpla ca anumite circumstanțe fără precedent să dea naștere unor emoții fără precedent. Se poate, de asemenea, ca emoțiile existente să dispară pe măsură ce se modifică circumstanțele.

LEE YEARLEY: Ne puteți da niște exemple?

DALAI LAMA: De pildă, într-o societate înstărită se poate naște o competiție acerbă pentru dobândirea bunurilor materiale, ceea ce conduce apoi la un mare nivel de anxietate. Acesta poate fi un caz de emoții fără precedent create de circumstanțe. Un alt exemplu: înaintea crizei din Golf, menționarea Irakului declanșa un anumit tip de reacție emoțională. Acum, situația s-a schimbat, iar când cineva spune „Irak“ apar cu totul altfel de emoții.

DANIEL GOLEMAN: Dar acele sentimente puteau apărea și înainte. Nu am făcut decât să le aplicăm altui obiect. Există tipuri noi de sentimente, pe care oamenii le trăiesc acum, dar care nu au existat în trecut?

Dalai Lama: Se poate întâmpla ca, dacă s-a creat un nou tip de obiect, să se nască emoții fără precedent. Acel obiect ar putea fi o circumstanță sau mediul. În mod fundamental, dorința și aversiunea sunt prezente dintotdeauna și e puțin probabil să fie creat un nou tip de distincții.

Lee Yearley: Permiteți-mi să vă dau un exemplu, pentru a înțelege la ce mă refer. S-au făcut cercetări ample referitoare la romancierii francezi din secolul al XIX-lea, de pildă Flaubert. După ce această literatură a devenit o parte din viața oamenilor, acțiunile și jurnalele lor dau la iveală un nou set, foarte diferit, de probleme, termeni și idei despre nașterea emoțiilor. Sunt dificil de reperat cauzele anumitor efecte, dar se pare că o descriere literară a unei serii de dificultăți ce ar putea apărea în relația dintre un bărbat și o femeie a început să creeze aceste dificultăți și, prin urmare, a creat noi emoții în acest domeniu.

Daniel Brown: Când am vorbit mai devreme despre emoții, aminteam despre o listă simplă a tiparelor expresiei faciale. Totuși, știm din experiență că există mult mai multe tipuri de emoții și nuanțe subtile ale acestora decât cele trecute în listă. Nu sunt multe variațiuni ale expresiei musculare faciale sau în răspunsul autonom, ori visceral. De vreme ce fiziologia este mai degrabă simplă, s-a sugerat că gândirea sau limbajul trebuie să ajute la specificarea emoțiilor. Astfel, întrebarea este următoarea: dezvoltarea unui nou limbaj, de pildă cel din romane, poate crea noi specificități sau subtilități ale emoțiilor?

Robert Thurman: Noile concepte și moduri de interpretare nu fac decât să adauge complexitate acelorași emoții principale. Literatura budistă, în special cea din Antichitatea indiană, conține o foarte complexă analiză a emoțiilor. E discutabilă apariția unei emoții cu adevărat noi, cu toate că ar putea fi vorba despre câteva modalități de expresie inedite.

Dalai Lama: Putem vorbi, cu siguranță, de faptul că modul în care folosim noi limbajul poate intensifica sau amplifica anumite distorsiuni cognitive, dar rămâne o chestiune deschisă dacă poate crea noi tipuri de distorsiuni sau de emoții.

Francisco Varela: E posibil. De exemplu, în literatura spaniolă, mai precis în romanele secolului al XVIII-lea, apare un anumit fel de raportare a sinelui la ceilalți, care nu exista înainte. Apare un cuvânt nou, *verguenza ajena*, care desemnează rușinea pe care o resimte cineva în contul altei persoane atunci când acționează într-un mod stânjenitor. Nu este o rușine obișnuită, pentru că nu noi suntem actorii, și nu este compătimire, de vreme ce recunoaștem în noi înșine lipsa de pricepere a celuilalt.

Dalai Lama: Există totuși o recunoaștere a celuilalt ca ființă umană?

Francisco Varela: Desigur, dar acea persoană nu trebuie să fie o rudă sau un prieten.

Dalai Lama: Există întotdeauna o relație într-un sens universal. Sunt legat de acea persoană ca ființă umană. Înțeleg că, la un anumit moment din trecut, acum unu sau două milioane de ani, creierul uman era mai mic decât astăzi. A existat și o schimbare a dimensiunilor zonelor anterioare și posterioare ale creierului?

Francisco Varela: Da.

Dalai Lama: Asta ne poate face să credem că ni s-a schimbat capacitatea de a avea emoții?

Daniel Goleman: Partea din creier care controlează emoțiile este foarte veche. Se numește creier reptilian, pentru că îl avem în comun cu reptilele. De-a lungul evoluției, au apărut cortexul, creierul gânditor și capacitatea de a avea emoții subtile. Se pare că și un aligator poate simți frică sau mânie, la fel ca noi, dar odată cu cortexul au apărut distincții mai subtile. Sentimentele complexe și subtile despre care discutăm acum au apărut doar mai târziu în evoluție.

Dezvoltarea emoțională în copilărie

Dalai Lama: Lăsând deoparte istoria, să luăm cazul dezvoltării unei persoane. Un copil mic care nu a fost educat trăiește mai puține tipuri de emoții decât un copil bine educat?

Daniel Goleman: Da. Pe măsură ce copilul crește, există anumite etape specifice în care apar emoțiile. De exemplu, emoțiile sociale de tipul stânjenelii sau al rușinii nu apar până în jurul vârstei de cinci ani. Chiar și în primii trei sau patru ani de viață, emoțiile apar pe măsură ce se maturizează diferite părți ale creierului.

Daniel Brown: Cele mai timpurii sunt bucuria, tristețea, furia și frica. După aceea, lucrurile se complică. Anumite emoții care implică mai multă cogniție – cum ar fi vinovăția – apar mult mai târziu.

Dalai Lama: Există vreo distincție în ceea ce privește educația religioasă?

Daniel Brown: Nu. Condițiile sunt universale.

Dalai Lama: Printre adulți, există vreo distincție între credincioși și ceilalți în privința varietății emoțiilor?

Francisco Varela: Acest lucru nu a fost studiat. Este limpede că vocabularele diferitelor limbi în ceea ce privește emoțiile pot varia spectaculos.

Daniel Brown: Și mai știm că, în anumite grupuri culturale, emoțiile sunt mai evidente decât în alte grupuri. De exemplu, expresiile mâniei sunt mult mai puțin evidente în cultura japoneză. Disprețul este mai evident în cultura franceză decât în cea americană.

Daniel Goleman: Când Paul Ekman, care a studiat expresiile faciale ale emoțiilor universale, a fost în Japonia, a descoperit că oamenii care urmăresc filme tulburătoare își exprimă foarte puțin emoția, cu excepția cazului în care cred că sunt singuri. A folosit o cameră ascunsă atunci când oamenii se uitau la film. Când se considerau singuri, ei își exprimau emoția în același mod ca oriunde altundeva în lume. Dar atunci când în încăpere se afla o altă persoană, nu exprimau nicio emoție. Așadar, expresia facială a emoției este afectată de cultură, dar sentimentele rămân prezente.

Aprecierea de sine negativă

Sharon Salzberg: Lee a vorbit mai devreme despre o convingere puternică printre occidentali, conform căreia răul se găsește în centrul ființei umane. Pare ceva foarte diferit de înțelegerea budistă a stării spirituale naturale, care este pură și luminoasă, părțile corupte, ce dau naștere suferinței, fiind doar trecătoare, nu inerente minții. Aș vrea să vă cer părerea despre o stare spirituală foarte obișnuită printre occidentali, aceea de ură puternică față de propria persoană. În budismul Theravāda învățăm că sursa cea mai puternică a bunătății iubitoare – *metta* – este observarea bunătății cuiva, dar adesea oamenii spun că nu-și pot identifica propria bunătate. Sau atunci când le cerem să se gândească la lucrurile bune pe care le-au făcut, astfel încât să devină bucuroși, plini de respect de sine și de încredere, ei spun că nu le este ușor să facă acest lucru. Pot insista asupra lucrurilor rele pe care le-au făcut, dar nu și asupra celor bune. Dacă vorbim despre generozitate, oamenii spun că sunt generoși, dar asta doar pentru că simt că nu merită lucrurile pe care le oferă altora. Dat fiind faptul că oamenii afirmă atât de des că pot simți iubire și compasiune pentru alte ființe mai ușor decât pentru sine, ce înseamnă să înveți să te sacrifici pentru alții? Pentru acești oameni, accentul pus pe sacrificiul de sine este văzut adesea nu ca o bunătate iubitoare reală, ci pur și simplu ca dispreț față de sine și sentiment al lipsei de valoare a propriei persoane. Uneori mai există o componentă. Nu e vorba doar despre faptul că oamenii vor să fie fericiți și nu sunt. Ei vor să fie fericiți, dar simt că nu merită să fie. Se simt vinovați, ca și cum ar fi o greșeală să fie fericiți. Așadar, atunci când vorbim despre bunătate iubitoare și compasiune, trebuie să vorbim mai ales despre iubirea de sine?

[*După un lung schimb de replici în tibetană, Alan Wallace spune că acest concept îi este străin lui Dalai Lama.*]

Dalai Lama: Disprețul față de sine sau lipsa de compasiune față de sine reprezintă ceva care apare din când în când, ca rezultat al anumitor circumstanțe, sau e o chestiune de temperament, o trăsătură mintală stabilă?

Sharon Salzberg: Cred că este o trăsătură mintală stabilă foarte des întâlnită în cultura occidentală.

Daniel Brown: Terapeuții cognitivi au descoperit că mulți oameni obișnuiți poartă un dialog interior continuu și foarte negativ. Își spun: „Nu pot face asta. Mă urăsc. N-o să mi se întâmple niciodată nimic bun." Acest monolog devine obișnuință, chiar dacă oamenii nu-și dau seama. Terapeuții spun că, pentru a schimba acest obicei, trebuie să intervii cu gânduri pozitive intenționate, ceea ce e foarte dificil. Când oamenii sunt deprimați, acest discurs negativ se intensifică și mai mult. De asemenea, occidentalilor le este foarte caracteristic faptul că atunci când se examinează pe sine în psihoterapie sau în meditație, o bună parte din această ură față de sine apare în experiențele timpurii.

Jon Kabat-Zinn: Sanctitatea Voastră, această problemă a respectului de sine scăzut este foarte obișnuită în Occident. De obicei, oamenii nici măcar nu sunt conștienți de monologul interior negativ. În bună măsură, această situație are la origine experiențele copilăriei.

O mamă este supărată și îi spune copilului „ești rău“, când de fapt vrea să spună „nu-mi place ce faci“. Mesajul „sunt rău“ rămâne întipărit în mintea copilului și după ce a crescut și a uitat de cauze. Vedem acest lucru aproape în toate cazurile celor sosiți la spital cu probleme de sănătate. Oamenii nu simt că ar avea cine știe ce valoare.

Dalai Lama: Oamenii aceștia sunt violenți?

Jon Kabat-Zinn: Nu, sunt oameni obișnuiți.

Sharon Salzberg: Adică noi. [*râsete*]

Dalai Lama: Dacă oamenii cu un astfel de respect de sine scăzut sunt puși în situații în care se pierd cu firea, nu au sentimentul că propriul sine merită să fie apărat?

Jon Kabat-Zinn: Uneori pur și simplu renunță. Se simt neajutorați, ca și cum ar merita răul care li s-ar putea întâmpla. Pe de altă parte, mulți răspund sentimentelor interioare profunde de respect de sine scăzut, devenind agresivi. Se reped asupra altora ca niște tancuri. În adâncul lor nu se simt bine cu ei înșiși și nu vor să examineze situația, așa că își proiectează forța în afară. Acest lucru conduce foarte ușor la agresiune și lipsă de simpatie față de sentimentele altora. Este o problemă foarte mare în Occident.

Daniel Brown: De obicei nu conduce la agresiune și violență cu orientare directă spre exterior, ci la o ură de sine mai accentuată.

Dalai Lama: Ce credeți dumneavoastră, ca vindecători, că ar putea fi benefic pentru acești oameni? Care sunt metodele eficiente?

Jon Kabat-Zinn: Considerăm că învățându-i pe oameni meditația, mai ales metoda mindfulness, obținem efecte foarte bune. Dacă le ceri unora care nu știu nimic despre meditație să stea nemișcați și să-și urmărească respirația, primul lucru pe care îl observă este dificultatea sarcinii, pentru că ideile vin și se duc. Dacă le ceri apoi să-și urmărească gândurile, fără să se lase dominați de ele, își dau seama că unele sunt de genul „nu sunt bun de nimic“. Înainte, ei considerau adevărat acest lucru. Acum îl consideră un simplu gând. Când se întorc la respirație și gândurile trec, se simt eliberați. Chiar și în cazul oamenilor care suferă de dureri cronice sau de boli de inimă se poate petrece foarte rapid o schimbare a modului în care se privesc pe sine, cu toate că problema nu dispare imediat. Adesea, după numai opt sau zece săptămâni, oamenii încep să se abțină să mai gândească așa, nu numai în timpul meditației, ci și în viața cotidiană. Când ai sentimente negative față de tine însuți, față de alții sau față de o situație specială, le recunoști ca gânduri, nu ca adevăruri, și le lași să treacă. Astfel capeți un echilibru interior mult mai mare și scapi de problemele respectului de sine scăzut.

Sharon Salzberg: Este benefică și predarea învățăturilor morale, astfel încât oamenii să se poată respecta pe ei înșiși pentru că duc o viață mai virtuoasă. De asemenea, atunci când predăm meditația bunătății iubitoare este foarte important ca oamenii să se pună și pe sine printre obiectele sentimentelor de afecțiune, nu doar pe alții.

Jon Kabat-Zinn: Sunteți surprins?

Dalai Lama: Da, foarte mult. Credeam că am cunoștințe foarte bune despre minte, dar acum mă simt cam ignorant. Cred că aceste lucruri sunt foarte ciudate și mă întreb care sunt cauzele lor. Suferiți cu toții de tulburări mintale? Cauzele acestor autocritici sunt, pur și simplu, fiziologice?

Cauzele respectului de sine scăzut

Thupten Jinpa: Poate că originile sunt culturale, poate că țin de moștenirea religioasă și de alți factori de genul acesta.

Dalai Lama: Poate că problemele sunt cauzate de o mentalitate absolutistă. Adică dacă un lucru oarecum negativ este etichetat ca absolut negativ, iar dacă un altul oarecum bun este văzut ca fiind absolut bun, ignorându-se toate variațiile subtile ale intervalului, s-ar putea provoca o disfuncție cognitivă.

Jon Kabat-Zinn: Mai există și o altă posibilitate, cu toate că niciuna nu este exclusivă. Este legată de ceea ce spunea Daniel Goleman mai devreme despre oamenii care simt că nu dețin controlul asupra propriei vieți. În trecut, în societatea noastră existau multe sisteme care confereau individului sentimentul apartenenței și al conectivității. Sistemele furnizau un oarecare control și defineau o mică lume cu sens. De exemplu, biserica și familia extinsă reprezentau forțe foarte puternice în viețile oamenilor. Astăzi în Occident biserica este mult mai slabă și mai puțin importantă pentru mulți oameni. Familia se destramă în foarte multe cazuri. Munca este și ea foarte fragmentată: nu mai este vorba despre ferma tatălui, care aparținuse bunicului, și așa mai departe. Relațiile sociale sunt astăzi mult mai dinamice, iar acest lucru face mai dificilă găsirea locului în societate de către tineri.

Lee Yearley: Nu este doar un fenomen modern. Când Alexis de Tocqueville studia America, în 1830, a descoperit că una dintre cele două caracteristici principale ale americanilor este „nervozitatea americană". Cu toate că se declara în favoarea unei societăți liberale, democratice, el considera că prețul plătit pentru o astfel de societate este foarte mare: din cauza acestei nervozități, nu te poți situa pe o anumită poziție. Faptul că nu ți-e clar cine ești și că nu știi care sunt valorile face parte din cerințele sistemului. El credea că, din această cauză, experimentul american ar putea eșua, iar asta se întâmpla acum aproape 200 de ani.

Dalai Lama: Acest tip de atitudine se întâlnește la o mare parte a populației americane?

Jon Kabat-Zinn: Da.

Dalai Lama: Sunt diferențe mari față de europeni sau de sud-americani?

Francisco Varela: Există foarte puține lucruri comune, Sanctitatea Voastră. Cred că unul dintre motive este ceea ce am menționat mai devreme: posibilitatea ca emoțiile să fie condiționate parțial de limbaj. Când merg în Statele Unite, sunt surprins de numeroasele discuții despre respectul de sine. În Europa și în America de Sud se vorbește mult mai puțin despre asta. În Franța, de exemplu, expresia „respect de sine" nu este folosită în mod obișnuit. Limba întărește emoția și îi conferă un rol important în viață. Cred că acesta e un exemplu foarte bun de modalitate în care istoria, cultura și limbajul contureazǎ un anumit repertoriu al emoțiilor.

Jon Kabat-Zinn: Am putea avea, așa cum am spus mai devreme, o emoție nouă care nu a existat acum 500 de ani. Una pe care am descoperit-o noi înșine.

Lee Yearley: O motivație a acestui fapt este ideea religioasă foarte răspândită a unui Dumnezeu care judecă.

Un călugăr: Conceptul de păcat originar întărește această opinie. Am întâlnit și câțiva oameni cărora doctrina budistă a sinelui care nu este existent cu adevărat le întărește respectul de sine scăzut.

Lee Yearley: Se spune uneori despre creștinii americani că practică un creștinism care ține de crucificare, uitând toate celelalte lucruri întâmplate. În povestea creștină completă, Iisus este ucis, dar se ridică din morți pentru a face comunitatea să trăiască într-un anumit fel. Dar ei nu văd decât bunătatea distrusă, nu și faptul că aceasta continuă să trăiască, așa că o parte a tabloului este lăsată pe dinafară.

Dalai Lama: Această mentalitate este întâlnită și în cazul oamenilor muți?

Daniel Goleman: Da, Sanctitatea Voastră. De fapt, în America, oamenii cu handicap au adesea sentimente de acest gen mai puternice.

Dalai Lama: Vreau să spun: există obstacole în această privință pentru oamenii care nu au posibilitatea de a comunica prin cuvinte?

Francisco Varela: Este cazul lui Helen Keller, care s-a născut oarbă și surdă. Totuși, a avut un îngrijitor foarte bun, cu care comunica prin atingere. În cele din urmă, a învățat să citească și să scrie, descriind experiența de a fi orb și surd. Descrierea ei nu constituie o imagine a sinelui socializat, ci un tip diferit de sine care a devenit social atunci când ea a învățat să comunice într-un cadru cultural. Este un exemplu perfect, iar răspunsul este, desigur, da, lipsa limbajului în participarea la cultură conturează un simț al sinelui.

Dalai Lama: Un termen important în budismul tibetan este *autocentralitatea*, care presupune prețuirea propriei stări de bine mai presus de orice altceva. Dar aceasta poate coexista cu lipsa respectului de sine?

Daniel Brown: Da, cele două există adesea împreună. Oamenii pot avea adeseori o imagine de sine grandioasă, exagerată, dar și un respect de sine scăzut.

Dalai Lama: Acești oameni cu respect de sine scăzut au cu siguranță un simț al „eu"-lui. Nu simt oare și că ar vrea să fie fericiți?

Daniel Brown: Ba da, desigur, foarte mult.

Daniel Goleman: A vrea să fii fericit înseamnă autocentralitate?

Dalai Lama: În budismul tibetan putem întreba: „Un Buddha are un interes propriu sau este preocupat doar de alții?" Iar răspunsul – foarte important – este că Buddha le are pe amândouă. La fel, un Bodhisattva, lipsit de autocentralitate, vrea totuși să obțină iluminarea deplină pentru binele tuturor creaturilor. Astfel, o asemenea persoană are atât un interes propriu, cât și unul public. Altfel nu ar exista încredere și am avea un respect de sine scăzut. Dar autocentralitatea se află dincolo de asta, iar un Buddha sau un Bodhisattva nu prezintă o astfel de caracteristică. Autocentralitatea dorește fericirea proprie, dar neglijează starea de bine a celorlalți. Nu trebuie să existe grandoare, dar prioritatea ne face să fim noi înșine, orice altceva trecând pe un plan secund.

Daniel Brown: În psihoterapia occidentală există o mulțime de studii despre persoanele suferind de tulburări de personalitate narcisistă, care reprezintă versiuni extreme ale problemelor respectului de sine. Ei au de obicei un respect de sine foarte scăzut, dar și grandoare. Unii încep prin a se plânge de propriul respect de sine scăzut și, prin psihoterapie, dezvăluie o imagine despre sine grandioasă, astfel încât ajung la o viziune mai echilibrată asupra lor. Alții încep prin a fi foarte plini de sine și, după psihoterapie, își descoperă respectul de sine scăzut. Din nou, succesul psihoterapiei constă într-o viziune mai echilibrată asupra sinelui.

Am descoperit că narcisiștilor sau celor care au probleme cu respectul de sine le este foarte dificil să fie conștienți de ei înșiși și de ceilalți în același timp. De exemplu, pacienții narcisiști vin la psihoterapie atât de plini de sine, încât nu sunt conștienți de prezența terapeutului. Umplu încăperea, iar terapeutul se plictisește, pentru că nu se simte prezent pentru pacient. Uneori, apare cazul invers: pacientul este atât de copleșit de prezența terapeutului, îl idealizează sau îl crede atât de puternic, încât simțul sinelui este inexistent în prezența acestuia. Oamenii cu astfel de tulburări narcisistice extreme nu pot fi conștienți de sine și de altul în același timp, așa că alternează între a exista numai ei, și nimeni altcineva, sau numai altcineva, și deloc ei. Asta face parte din problema care trebuie rezolvată.

Dalai Lama: În cazurile oamenilor cu respect de sine scăzut par să fie prezente trei aspecte. Primul este existența unui simț al sinelui. Apoi, vor să fie fericiți. Iar al treilea este disprețul sau ura față de propria persoană. Asta poate fi legată de disperare și de lipsa de speranță. Ați spus că, atunci când oamenii cu probleme de acest tip sunt învățați, prin practica mindfulness, să își urmărească gândurile în timp ce se formează și își dau seama că nu sunt decât simple gânduri, acest fapt este util pentru creșterea respectului de sine. Asta se întâmplă deoarece, procedând astfel, au sentimentul unei realizări? Asta le crește respectul de sine sau altceva?

Abilitatea de a face ca lucrurile să se întâmple

Jon Kabat-Zinn: Cred că este vorba și despre altceva, dar ați pus punctul pe i în cazul acestei forme extreme de descurajare. Eficacitatea proprie a reprezentat subiectul multor cercetări din psihologia occidentală în ultimii 15 ani. Încrederea în capacitatea cuiva de a face să se întâmple ceva într-un anumit domeniu este foarte exact orientată. Dacă omul nu crede în capacitatea sa de a se lăsa de fumat, putem prezice că nu se va putea lăsa de fumat foarte ușor. Să ne gândim la repararea unei mașini. Unii se uită sub capotă și spun: „Doamne, n-o să pot face asta niciodată.“ Ei nu vor repara niciodată o mașină. Alții zic: „Ei bine, cine știe?! Hai să încerc!“ Ei sunt mult mai fericiți și mai bine adaptați și, în plus, își revin mult mai repede după boală. Această încredere în propria competență este cel mai puternic indicator al șanselor de recuperare a pacientului după boli de inimă sau artrită și se află în legătură cu anumiți parametri ai sistemului imunitar.

Pentru a răspunde mai exact întrebării, sentimentele de eficacitate proprie ale oamenilor cresc atunci când descoperă, prin meditație, că nu trebuie să se lase copleșiți de un gând. Când identifică aserțiunea „nu sunt bun de nimic“ ca gând, nu ca adevăr, o lasă să dispară. Când gândul se formează din nou, ei îl observă și îl lasă să dispară, astfel încât nu se mai simt deprimați. Încrederea lor în capacitatea de a-și spori iscusința crește, iar sentimentul de control este o cale foarte bună de a mări respectul de sine.

Dalai Lama: Aplicați și alte metode, cum ar fi acordarea unei sarcini pentru cei cu o încredere de sine scăzută, urmărind apoi îndeplinirea acesteia și lăudându-i dacă o duc cu bine la capăt, ridicându-le astfel moralul sau respectul de sine?

Jon Kabat-Zinn: Da, sigur că și asta ajută.

Metode de control asupra respectului de sine scăzut

Daniel Brown: Permiteți-mi să vorbesc despre problema metodelor. Jon s-a referit la folosirea meditației în acest caz. Am vrea să cunoaștem mai multe întrebuințări, dar această abordare este unică în cadrul activității sale. În Occident, abordarea obișnuită a problemelor de acest tip aparține psihoterapiei, iar în psihoterapie există două metode utile în acest caz. Una este terapia cognitivă, care lucrează direct cu gândurile. Mai întâi, identificăm tiparul unei gândiri negative, cerându-le oamenilor să scrie o listă a gândurilor negative pe care le au de obicei, cum ar fi: „sunt rău“, „nu sunt în stare de nimic“, „întotdeauna se întâmplă lucruri rele“, „o să fie mai rău“. Apoi scriu, pe o altă coloană, gânduri pozitive sau afirmații care slujesc ca antidot. De exemplu, în dreptul gândului „o să fie mai rău" oamenii scriu „fiecare lucru la rândul său", sau în dreptul gândului „sunt rău" scriu ceea ce consideră că au mai valoros în ei.

Apoi încep să exerseze păstrarea în minte a acestor afirmații, ca în cazul unei meditații sau al unei mantre. Am descoperit că atunci când oamenii practică aceste afirmații în mod regulat, douăzeci de minute sau o jumătate de oră zilnic, ori câteva minute de mai multe ori de-a lungul zilei, tiparul gândurilor negative se schimbă, iar ei au mai multe gânduri pozitive despre propria persoană. Așadar asta este o cale: identificarea negativului și aplicarea antidotului, care este afirmația pozitivă.

Dalai Lama: Este ca și cum ne-am reaminti de propria valoare.

Daniel Brown: Da. Sanctitatea Voastră, înțeleg că aveți o practică asemănătoare în tradiția dumneavoastră, care are de-a face cu aplicarea opusului ca antidot al comportamentului negativ. Ce am spus eu este foarte asemănător, doar că se aplică mai degrabă gândului, decât comportamentului. Dacă avem gânduri rele, aplicăm gânduri bune ca antidot.

A doua abordare folosită în psihoterapie se referă mai mult la calitatea relațiilor dintre oameni; în acest caz, e vorba despre pacient și terapeut. Se consideră că un pacient cu multe gânduri negative a fost ignorat de părinți pe când era copil sau nu a fost lăudat destul pentru realizări. Acești oameni au o nevoie legitimă de a fi admirați. Așa că terapeutul încearcă să îi laude pentru realizările lor. Cu timpul, dacă terapeutul este mereu interesat, respectuos și admirativ la adresa pacientului, ura de sine cedează, iar pacientul dezvoltă un simț al sinelui mai sănătos și mai echilibrat. Este ca și cum ar avea din nou un părinte în persoana terapeutului.

Dalai Lama: Încerc să depistez etiologia, legăturile cauzale naturale care conduc la această situație. Pentru a le detecta, observăm că există un simț al sinelui care dorește fericirea proprie, dar apar apoi respectul de sine scăzut și nemulțumirea. Dar mai presus de toate astea nu s-ar putea să existe deja o compasiune pentru sine la un nivel mai profund? În acest caz, respectul de sine scăzut este o distorsiune la un nivel superficial, în timp ce, mai în profunzime, găsim un simț al iubirii de sine.

Jon Kabat-Zinn: Cred că așa stau lucrurile, dar dacă nu putem lua contactul cu acel simț al iubirii de sine, ne simțim dați la o parte și singuri.

Dalai Lama: Dacă la baza acestor emoții nu există o iubire adevărată, nu vei fi afectat de laudele altora. Când alții laudă o persoană cu un respect de sine scăzut, persoana respectivă va spune că cei care îl laudă se înșală. Metoda descrisă de Daniel Brown, aceea a afirmațiilor puse să contracareze sentimentele negative, este asemănătoare într-un fel cu ideea de a le aminti pacienților propria valoare. Când aceștia citesc lista de cuvinte negative și apoi pe cea de cuvinte pozitive, li se reamintește că pot face ceva, că au o valoare, iar asta pare să-i ajute. Dar dacă nu putem vorbi de existența unei iubiri de sine care stă la baza emoțiilor, totul e dificil de înțeles – nu ar exista nicio motivație.

Jon Kabat-Zinn: Cred că în fiecare ființă umană există rezerve de iubire ascunse.

Dalai Lama: Da, desigur. Cred că asta e natura umană. Atât timp cât vorbim despre o ființă umană, iubirea de sine trebuie să fie prezentă.

Jon Kabat-Zinn: Sanctitatea Voastră, aveți dreptate. De exemplu, mulți oameni au probleme cu propriul corp. Nu le place propriul trup, li se pare că nu e suficient de frumos etc. Când terapia reușește sau când oamenii privesc experiențe pozitive în meditație, găsim o cale spre starea de bine din interior.

Dalai Lama: Asta încearcă să facă yoghinii tibetani prin meditație, așa că au reușit asta fără să vrea! [*râsete*]

Jon Kabat-Zinn: Când oamenii încep să acorde atenție propriului corp, descoperă adesea că, sub neplăcerea superficială, ei își acceptă trupul. Dar gândurile superficiale care apar tot timpul sunt negative, ceea ce îi împiedică să intre în contact cu sentimentul profund de unitate. Dacă fiecare dintre cele cinci miliarde de oameni de pe planetă ar avea propria conectivitate, iubire și limpezime dincolo de suprafață, atunci problema principală ar fi mai ales pentru cei cu mari probleme în privința asta, cum să ia contact cu pacea și iubirea din interior într-un mod mai eficient și mai durabil, care să conducă la o înțelegere profundă pe termen lung.

Cultivarea bunătății iubitoare față de propria persoană

Dalai Lama: Cred că un principiu budist foarte relevant pentru această problemă este afirmația conform căreia natura de Buddha pătrunde în toate ființele. Când aplici asta la personalitate, rezultatul este că natura esențială a propriei minți este absolut pură. Acest fapt furnizează un fundament pentru încrederea în sine și astfel pentru depășirea disperării.

Jon Kabat-Zinn: Dar este nevoie de credință. Or, ați spus că patru miliarde de oameni de pe planetă nu cred.

Dalai Lama: Nu pornim de la natura de Buddha, pentru că asta ar însemna pur și simplu un salt în credință. Căutăm, mai întâi, să înțelegem vidul. Așadar există două căi: pentru unii, primul pas este credința, dar mai există o cale care nu este a credinței simple, ci a urmăririi înțelegerii vidului. Pe baza acestei realizări putem observa că distorsiunile cognitive sunt pur și simplu accidentale.

Ele nu aparțin naturii minții, așa că ne putem elibera de ele. Acum putem introduce afirmația despre natura de Buddha ca având un fundament foarte solid – nu mai este doar o afirmație sau o credință.

JON KABAT-ZINN: Asta ar putea pune o mare problemă în America dacă folosiți cuvintele nepotrivite, pentru că ceea ce înțelegeți dumneavoastră prin vid este foarte diferit de ceea ce înțeleg occidentalii. Ei se simt deja într-un mare vid! [*râsete*]

DALAI LAMA: Concepția despre vid a occidentalilor este cu totul goală! Această noțiune occidentală, care este o falsă concepție despre vid, spune că e pur și simplu vid, în timp ce concepția corectă este aceea de vid absolut. În mod normal, când folosim cuvântul *ego* sau identitate a sinelui, pot exista două conotații: una negativă și una care nu trebuie să fie negativă. Un sens al identității sinelui este negativ pentru că provine din aroganță, supraestimare și așa mai departe, fără vreun fundament valabil. Acest tip de sentiment puternic al identității sinelui este fals. Dar mai poate exista un sens al identității sinelui, al egoului. În realitate, acesta este mai puternic la Bodhisattva decât la un om obișnuit, pentru că Bodhisattva sunt pregătiți să-și sacrifice binele propriu pentru binele altora. Ei prețuiesc starea de bine a altor ființe în locul binelui propriu. Pentru a obține această putere a voinței, avem nevoie înainte de orice de un sentiment puternic al identității sinelui. Pe baza acestuia, putem schimba prioritatea sinelui cu prioritatea celorlalți. Astfel sentimentul identității sinelui la Bodhisattva este chiar mai puternic decât cel al persoanelor obișnuite, care nu sunt în stare să-și sacrifice propriul bine de dragul celorlalți. Pentru asta avem nevoie de o extraordinară forță a voinței, care se obține printr-o puternică încredere în sine.

JON KABAT-ZINN: Aceste observații sunt relevante pentru ceea ce spunea Lee Yearley despre păcat și apatie spirituală, o problemă foarte răspândită în această societate. Mă întreb dacă nu are vreo legătură cu problema dezvoltării unui sentiment puternic al determinării, dar fără conotații egoiste, negative.

Daniel Brown: În psihoterapia occidentală există un concept numit respect de sine sănătos, diferit de ceea ce a spus Sanctitatea Voastră despre Bodhisattva. Un individ cu un respect de sine sănătos nu suferă de mania grandorii, nu este arogant fără un motiv puternic, dar cel mai important este că persoana își păstrează respectul de sine relativ independent de context. Pentru oamenii obișnuiți, cu un respect de sine scăzut, valoarea proprie depinde de context. De exemplu, își fac griji în legătură cu modul în care îi privesc ceilalți, având nevoie de un anumit tip de admirație sau de laudă. Dacă alții îi critică, respectul de sine scade. Astfel, sentimentul propriei valori depinde de modul în care îi văd ceilalți. Sau poate depinde de propria evaluare ori de propriile realizări. Dacă fac ceva bun, se simt plini de sine. Dacă nu se ridică la nivelul standardelor personale, se simt prost. Oamenii cu un respect de sine sănătos sunt mai puțin dependenți atât de contextul extern, cât și de discrepanța dintre comportarea de moment și propriile standarde individuale în privința acelei comportări. Putem spune așadar că în cazul lor respectul de sine este stabil, nu variază prea mult.

Dalai Lama: Are o stabilitate mai mare pentru că se bazează pe dovezi și pe rațiune.

Daniel Brown: Da, are o stabilitate mai mare, așa că acești oameni nu sunt afectați prea ușor atunci când ceilalți îi judecă negativ sau când îi admiră foarte mult. În sensul ăsta, ei se află dincolo de laudă și de reproș și sunt mai puțin afectați dacă ceea ce fac într-un anumit moment se găsește sub standardele sau țelurile proprii. Ceea ce lipsește din acest concept occidental al respectului de sine este chiar faptul pe care tradiția dumneavoastră pune accentul. Conceptul de respect de sine sănătos pune accentul de obicei pe autonomie, adică pe independență. Conceptul

Bodhisattva pune accentul pe relațiile cu ceilalți, pe a face ceva pentru alții, iar în acest sens pare diferit.

Dalai Lama: Am dat exemplul cu Bodhisattva, dar acesta are o relevanță mult mai largă.

Am vorbit despre această problemă a identității sănătoase sau adecvate a sinelui cu referire la Bodhisattva pentru că de obicei aceștia sunt asociați cu sacrificiul de sine. Totuși, un sentiment puternic al identității sinelui poate fi relevant pentru mulți oameni care nu sunt Bodhisattva. Pentru a trăi un astfel de sentiment puternic și adevărat al sinelui nu este neapărată nevoie de un altruism profund, de prețuirea profundă față de ceilalți. Nu numai Bodhisattva, ci și *Srāvaka** și *Pratyekabuddha*** au un puternic sentiment al „eu"-lui care îi face să se abțină de la acțiuni nesănătoase. Așadar, și ei au un sentiment puternic al identității personale.

Acceptarea de sine autentică

Daniel Goleman: Care sunt calitățile sau trăsăturile minții în cazul unei astfel de identități? Ce factori mintali sunt dominanți în mintea unor astfel de oameni?

Dalai Lama: Acest sentiment adecvat al identității sinelui sau al încrederii în sine nu este ceva ce apare ca urmare a unei singure cauze, ci a mai multora. De pildă, conform psihologiei budiste, încrederea în sine poate apărea fără îngâmfare sau mândrie, iar

* *Srāvaka* înseamnă „ascultător". Este vorba despre practicanți budiști care urmează calea eliberării individuale, fără a-și pune în minte, ca Bodhisattva, să devină iluminați pentru binele tuturor ființelor. (*N. a.*)

** *Pratyekabuddha* înseamnă „buddha tăcut". Este vorba despre practicanți budiști care urmează calea desăvârșirii solitare. În concepția lor, ei iau personalitatea și evenimentele mintale drept curgătoare și impersonale, nu ca fiind înrădăcinate în sinele imobil. (*N. a.*)

pe baza încrederii în sine putem aspira la ceva, dar fără a dori acel lucru cu ardoare. În mod asemănător, putem simți compasiune fără a implica un atașament afectiv. Distingem diferite tipuri de încredere în sine după inteligență.

ALAN WALLACE: Termenul pe care îl traducem prin „încredere în sine“ sau „respect de sine“ are și înțelesul de conștiință, atât personală, cât și publică. Distincția dintre conștiința personală și cea publică este că prima operează și când suntem singuri: conștiința noastră sau respectul de sine nu ne va permite să ne angajăm în anumite acțiuni nesănătoase, pentru că le vom considera sub demnitatea noastră sau inadecvate, indiferent dacă cineva află de ele sau nu. Conștiința publică implică și luarea în considerare a faptului că ceilalți sunt conștienți de persoana noastră. Ambele sunt privite ca stări spirituale sănătoase. Le putem avea dezvoltate pe ambele, fără vreo anihilare a sinelui, lipsă de respect de sine sau disperare.

DANIEL BROWN: Această definiție pune accentul pe abținerea de la acțiuni nesănătoase. Oare include și gândurile nesănătoase?

ALAN WALLACE: Da, desigur – corpul, vorbirea și mintea.

THUPTEN JINPA: Există un sentiment al precauției, dar fără descurajare.

DALAI LAMA: Limba creează anumite dificultăți. Poate că în cele din urmă vom avea o singură limbă universală. Ne-ar economisi foarte mult timp! [*râsete*]

Care este cea mai bună metodă pentru cei care au o astfel de problemă și nu sunt budiști?

DANIEL GOLEMAN: Terapia cognitivă.

DALAI LAMA: Puteți aplica elemente ale budismului unor oameni care nu cred?

DANIEL GOLEMAN: O parte importantă a terapiei cognitive este practica mindfulness: simplul fapt de a învăța că avem gânduri.

Alex Berzin: Dar cred că celălalt aspect este, de asemenea, foarte important: o relație cu cineva care are rol de învățător, nu neapărat psihiatrul pe care îl plătim, căci în acest caz am putea spune că terapeutul ne laudă doar pentru că i-am dat bani. E nevoie de cineva care să vrea cu adevărat să ne ajute, să ne ia în serios, să ne facă să simțim că merităm să fim ajutați. Acest aspect relațional este foarte important pentru occidentali, deoarece au fost crescuți în izolare și se simt singuri.

Daniel Goleman: De exemplu, atunci când studenții occidentali găsesc un profesor foarte afectuos și îngăduitor, acesta le poate rezolva problema respectului de sine scăzut, pentru că ei se simt iubiți pentru ceea ce sunt, așa cum sunt, fiind ajutați astfel să-și depășească sentimentele negative.

Dalai Lama: Așadar se poate întâmpla ca o cauză importantă a acestui respect de sine scăzut să fie pur și simplu lipsa de iubire.

Daniel Brown: Da, și anume iubirea adecvată. Cu o iubire condiționată, în care copilul este iubit doar dacă face ceea ce trebuie, acesta înțelege că este prețuit și respectat numai dacă se comportă într-un anumit fel.

Jon Kabat-Zinn: Iar acest fel este cel dorit de părinți.

Alex Berzin: Mai există un factor important în modul de creștere a copiilor occidentali. Ei sunt recompensați pentru că sunt răi. Dacă plâng suficient și se comportă îngrozitor, părinții vor ceda în cele din urmă și le vor da ceea ce-și doresc.

Dalai Lama: Acest obicei ar putea fi mult mai răspândit. Tibetanii par să procedeze la fel. [*râsete*]

Francisco Varela: Sanctitatea Voastră, nu credeți că și în familiile tibetane putem întâlni cazuri în care dragostea nu este întotdeauna necondiționată? Nu putem întâlni părinți care nu sunt capabili întotdeauna să-și iubească necondiționat copiii?

Dalai Lama: În general, atitudinea tibetană constă în aceea că părintele nu-și iubește copilul pe baza sentimentului „copilul meu e bun“, ci pe baza observației „acesta e copilul meu“. Cred că acesta este principalul motiv. Iubirea se bazează pe faptul că este vorba despre propriul copil și ea crește dacă acesta devine mai bun și cultivă calități bune. Dacă are calități negative și le întreține, atunci iubirea s-ar putea să scadă. Poate că există și factori sociologici. De exemplu, sistemul economic capitalist occidental este foarte competitiv și multe dintre valorile sale sunt luate în considerare în termeni de consecințe economice, astfel încât acest tipar s-ar putea extinde și asupra relațiilor dintre părinți și copii. În sistemul economic, plătești și obții ceva în schimb, iar acest lucru se poate aplica și comportamentului copilului. Este ca o relație de afaceri: pentru a obține compasiunea părinților, copiii trebuie să plătească un preț, să fie respectuoși sau să aibă o atitudine corectă.

Lee Yearley: Aș vrea să expun o altă viziune asupra acestui lucru, o viziune cu care colegii mei s-ar putea să nu fie de acord. Cred că există o mare problemă legată de respectul de sine în cazul unei mari părți a populației americane. Dar o bună parte a acestei populații are un respect de sine foarte puternic, care nu e nici grandilocvent, nici bolnav. Mulți dintre ei dețin puterea. Conduc țara și fac asta cu atâta forță, încât denotă un foarte puternic sentiment al sinelui, chiar dacă este unul foarte înșelător. Foarte mulți oameni din această țară ar duce-o mai bine dacă ar avea mai multe probleme cu respectul de sine!

Daniel Brown: Dacă ne uităm la depresii, statisticile sunt semnificative. Aproximativ 15% din populație e diagnosticată ca fiind depresivă într-un anumit moment din viață, iar depresia este asociată de obicei cu un respect de sine scăzut. Iar aceștia nu sunt decât cei care intră în atenția medicilor, așa că estimez că cel puțin un sfert din populație ar suferi de depresie.

Lee Yearley: Nu pun la îndoială acest lucru, dar mă gândesc că pentru jumătate, sau cel puțin pentru o treime din populație, această observație nu este valabilă. Mulți dintre acești oameni sunt cei care iau deciziile importante în privința a ceea ce reprezintă țara și încotro se îndreaptă ea.

Dalai Lama: Ați găsit diferențe în această privință între un sistem socialist și unul capitalist?

Daniel Brown: Nu știm. Dar au existat câteva studii pe familii în privința respectului de sine scăzut. Un tipar care apare în mai multe studii arată că familiile cu așteptări foarte mari, în special cele care prezintă o mobilitate verticală, vor crește, probabil, copii cu probleme în privința respectului de sine. Desigur, după criza economică din anii '30, americanii se temeau să nu treacă și copiii lor prin ce au trecut ei, așa că au obținut stabilitatea economică. Fiecare copil are propriul temperament și propriul mod de a crește și de a se dezvolta. Pe lângă corp, mai există și o identitate unică, aparținând individului. În familiile în care există așteptări foarte mari în privința modului în care ar trebui să fie copilul după ce crește există o discrepanță. Părinții continuă să-l perceapă pe copil greșit și să-și impună așteptările, care sunt diferite de modul natural de dezvoltare a copilului. Rezultatul este că, atunci când crește, copilul se simte perceput greșit sau incorect, ca și cum ceilalți nu ar ști cine este. Acest fapt conduce la îndoiala de sine și la incapacitatea de a-și percepe propriile merite și propria valoare. Este doar un exemplu, dar aceste aspecte sunt studiate foarte amănunțit în America.

Alex Berzin: Din experiența mea cu țările socialiste, cred că nu sistemul economic este cel care contează. Fiecare țară pare să aibă o cultură proprie. Polonezilor chiar nu le pasă de ceea ce spun alții despre ei, iar în Rusia, care este ortodoxă, nu există problema occidentală a vinovăției. Fiecare cultură, fiecare țară este diferită.

Dalai Lama: Așadar, ca răspuns la întrebarea dumneavoastră inițială despre începerea cultivării bunătății iubitoare față de sine și a prezenței acesteia în practica budistă: da, există așa ceva. [*râsete*]

PARTEA A CINCEA

Natura conștienței

Capitolul 10

Mintea, creierul și corpul în dialog

O PROBLEMĂ CENTRALĂ este relația dintre emoții, cogniție și activitatea cerebrală, care ne conduce la chestiunea naturii conștienței sau a conștiinței. Acesta este un punct de divergență important între știință și budism: conștiința este o proprietate a creierului sau are o existență separată în formele sale cele mai subtile?

Principalul dezacord între budism și neuroștiințele occidentale este legat de natura conștiinței. În Occident, oamenii de știință neurologi cred că problema explicării conștiinței poate fi rezolvată prin identificarea unor corelativi neuronali ai acesteia în creier. O teorie foarte vehiculată susține că acest lucru se poate realiza prin localizarea unor circuite neuronale asociate cu stări ale conștiinței și determinarea modului în care acestea sunt interconectate cu alte circuite. Acest model pleacă de la premisa apariției conștiinței din ampla interacțiune a nenumăratelor rețele neuronale alcătuite din celule.

Totuși, oamenii de știință recunosc că deocamdată nimeni nu știe cum poate fi conștient de el însuși un ansamblu complex de neuroni. Unii critici observă că cercetarea din știința neuronală presupune reducționismul – viziunea conform căreia evenimentele mintale și comportamentul pot fi reduse la fiziologie. Există o dispută activă și constructivă în știința contemporană cu privire la „problema dificilă" a conștiinței, care pare să nu fie accesibilă explicațiilor în termeni de procese fiziologice. Nu s-a căzut de acord până azi asupra unei soluții. Prin contrast, modelul budist tibetan propune opt tipuri ale conștiinței: conștiința „fondului universal" (*Kun shi*), gândul (*sems*) și cele șase simțuri. Dualitatea primară a subiectivității – perceperea sinelui ca fiind distinct de obiectele conștienței – se naște la nivelul fondului universal. *Sems* reprezintă cunoașterea, miezul gândurilor discursive. În ceea ce privește „al șaselea simț", cunoașterea este aceea care coordonează și sintetizează celelalte cinci simțuri ale conștiinței.

În budism, meditația este folosită pentru a stabiliza și examina cu atenție mintea, ajungând în cele din urmă să recunoască aspecte subtile ale minții, dincolo de percepția senzorială și de gând. Convingerea occidentală dominantă, potrivit căreia conștiința reprezintă o funcție născută din activitatea cerebrală, este, din perspectiva budistă, o poziție materialistă, reducționistă. Budismul susține că, deși multe forme de conștiință sunt asociate cu creierul și cu percepția senzorială, unele elemente mai subtile ale ei nu se limitează la activitatea creierului. Dincolo de conștiința obișnuită se află o „conștiență intrinsecă". Ea este „natura de Buddha" a tuturor ființelor și nu este dependentă de corp sau de creier. Aceste două poziții reprezintă fondul tensiunii intelectuale din conversația începută de Dalai Lama printr-o întrebare incisivă.

Dalai Lama: Poate fi cazul ca anumite activități mintale sau conceptualizările însele să reprezinte cauze ale stimulării unor zone ale creierului? Cu alte cuvinte, putem vorbi despre un trafic în ambele sensuri? Dacă pornim de la premisa că există conștiință, înseamnă că avem posibilitatea de a explica factorii psihologici. Cred că există niveluri diferite ale conștiinței sau ale minții. Unul este produsul corpului fizic, iar acea minte se dezvoltă doar ca răspuns la schimbările din corp. Un alt nivel al minții, mai subtil, precedă corpul și cauzează modificările din creier. Dacă presupunem că nu există conștiință ca fenomen separat, ci doar ca proprietate a creierului, atunci care este agentul cauzal pentru activitatea cerebrală?

Francisco Varela: Nu există un răspuns unanim acceptat, dar tendința generală în neuroștiințe este de a considera conștiința ca o proprietate a activității electrice inerente a creierului. Ideea unei minți subtile nu e luată în considerare nici ca fiind necesară, nici ca fiind posibil de dovedit.

Dalai Lama: Care ar fi agentul cauzal pentru apariție? Considerați că, pur și simplu, activarea din creier depinde de alte activări ale acestuia?

Francisco Varela: Da. Din punct de vedere științific, acest lucru are sens, deoarece există încă de la început lucruri care se influențează reciproc. Bine alimentat, creierul menține în funcțiune această activare reciprocă.

Dalai Lama: Așadar, emoțiile apar din cauza activității care are loc în creier. Dar aici există un element important. Este o relație cauzală sau pur și simplu o corespondență? Activitatea cerebrală cauzează emoția sau ele sunt simultane, fără ca vreuna să fie cauza celeilalte?

Cliff Saron: Nu s-ar spune că sunt simultane, mai ales din punctul de vedere al neuroanatomiei.

Dalai Lama: Putem spune, fără echivoc și invariabil, că activitatea cerebrală precedă stările emoționale?

Cliff Saron: Activitatea cerebrală există la mai multe niveluri, iar la unele determină apariția stărilor emoționale. Rămâne de stabilit dacă diferențele din cortex preced experiența sau sunt ulterioare ei. Putem studia o anumită activitate chiar înainte de apariția expresiei faciale, urmărind apoi dacă există o corespondență. În experimentele care studiau depresia și temperamentul, diferențele cerebrale nu aveau legături cu răspunsurile emoționale curente, ci mai degrabă cu tendințele de reacție emoțională. În acest caz, nu putem spune că activitatea cerebrală reprezintă cauza stărilor emoționale curente.

Dalai Lama: Nu cumva atunci când coborâm la cel mai elementar nivel, la particulele elementare, de exemplu, descoperim că cele din creierul uman nu pot fi deosebite de particulele elementare ale unei pietre?

Francisco Varela: Sunt la fel până la nivel de atomi și molecule.

Dalai Lama: Mergând de la nivelul particulelor elementare în sus, spre atomi, molecule și așa mai departe, de la ce nivel începem să vorbim despre apariția conștienței?

Francisco Varela: Sanctitatea Voastră, nu există un consens în neuroștiințe, nici măcar cu privire la ce înseamnă conștiența.

Dalai Lama: Pornind de la nivelul particulelor elementare în sus, în ce stadiu putem avea dovezi privind prezența conștienței?

Francisco Varela: Acest lucru a fost cercetat. Evident că toată lumea consideră că oamenii au conștiență.

Dalai Lama: Când se unesc mai multe particule, ele par să aibă viață, nu-i așa? Sunt două categorii: plantele și animalele. Ambele au viață. Dar o categorie a dezvoltat conștiența, iar cealaltă nu. Care este principala cauză a acestui lucru și la ce stadiu putem vorbi de așa ceva?

Francisco Varela: Răspunsul clasic, pe care eu îl consider foarte bun, este următorul: cunoașterea sau conștiența (în orice ar consta ea) este o proprietate care apare dintr-un anumit tipar sau ansamblu, ori dintr-o configurație a sistemului, ceea ce solicită existența unui sistem nervos. Este nevoie de aparate senzoriale și motoare, precum și de neuroni de legătură. Plantele nu au dezvoltat niciodată sisteme nervoase – numai animalele au făcut-o. Apoi sistemul nervos a evoluat și a creat diferite capacități pentru cunoaștere. La un moment dat, s-a întâmplat ceva care i-a făcut pe oameni conștienți. În această privință există o mare dispută. Cei mai mulți acceptă că anumite animale – cum ar fi maimuțele mari sau delfinii – pot avea conștiență și pot manifesta chiar compasiune.

Dalai Lama: Cred că sensul pe care îl dați termenului „conștiență“ este prea specific, pentru că știm cu toții că multe alte animale sunt conștiente într-un anumit sens al termenului, poate chiar și șarpele-de-apă.

Francisco Varela: Da, dar nu putem spune că sunt conștiente de ele însele.

Dalai Lama: Nu mă refer la conștiența de sine, ci la conștiență în general, oricare ar fi sensul dat termenului. Oamenii sunt ființe pentru că simt și experimentează.

Francisco Varela: Scuzați-mă. De câte ori folosiți termenul conștiență în context neuroștiințific, el are conotația de conștiență de sine. Dacă foloseați termeni precum cunoaștere sau percepție, oricine ar fi fost de acord că animalele cu sistem nervos pot cunoaște. Mulți ar spune chiar că animalele unicelulare, ca amiba, au o formă foarte primitivă de cunoaștere.

Dalai Lama: Dar plantele nu au?

Francisco Varela: Nu. Principala diferență e dată de corelarea motrico-senzorială, care face să existe posibilitatea mișcării. În comportament, acesta este un element-cheie care ne permite să identificăm cunoașterea. De vreme ce amiba se poate mișca și își poate căuta hrana, este foarte diferită de planta care primește hrana în mod pasiv. Capacitatea de mișcare creează posibilitatea unui sistem nervos. Dincolo de asta, este greu de spus unde începe sau unde se termină ceva. De exemplu, despre celulele B și T se poate spune că au o formă foarte redusă de cunoaștere și chiar de stimulare.

Dalai Lama: Așadar, când spuneați că unii oameni de știință acceptă faptul că maimuțele mari au conștiență, vă refereați la conștiența de sine întâlnită la oameni.

Francisco Varela: Da, o formă de reflecție asupra sinelui care poate fi similară cu propria noastră experiență. Pisicile probabil că nu intră în această categorie sau se află într-una mai joasă, iar amiba este într-una și mai joasă.

Emoțiile declanșate de gânduri

Cliff Saron: Sanctitatea Voastră, am vorbit despre cauze interne și cauze externe ale emoției, dar ce mișcare a minții declanșează emoția?

Dalai Lama: E greu de spus. Înainte de toate, putem întreba dacă în mintea unui *arhat* – o ființă eliberată – sau a lui Buddha, care este liber de orice întunecare, există emoții. Dacă includem printre emoții lucruri ca bunătatea iubitoare și compasiunea, atunci răspunsul trebuie să fie: da, acestea sunt prezente în mintea unei ființe iluminate. Așa că nu putem spune că egoismul, de pildă, este o cauză necesară pentru apariția emoțiilor, pentru că iluminații nu sunt egoiști, dar trăiesc emoții. Un sentiment al sinelui nu este neapărat înșelător, așa ca egoismul, astfel că iluminații pot avea un sentiment al sinelui care să nu fie înșelător. Dar rămâne o întrebare deschisă referitoare la faptul dacă acesta declanșează emoțiile sau dacă emoția face parte din însăși natura conștienței, ori este declanșată de perceperea unui anumit obiect.

Există niveluri diferite ale conștiinței. Pe de o parte, avem un nivel al conștiinței care este tangențială corpului. De exemplu, există cazuri în care o disfuncție fizică, un dezechilibru al corpului, reprezintă principala cauză a unei distorsiuni cognitive de genul dorinței ardente.

Însă dacă ne referim la percepția senzorială, psihologia budistă vorbește despre trei tipuri de cauze concurente, care împreună dau continuitate conștienței senzoriale. De exemplu, în percepția vizuală, prima cauză, condiția dominantă, este facultatea fizică a văzului. A doua este condiția referențială, adică un stimul extern. A treia cauză, numită condiția imediată, este evenimentul imediat precedent al clarității sau calitatea de cunoaștere a percepției senzoriale. Acest eveniment al clarității are și el propriile sale cauze concurente, iar cea imediată reprezintă momentul precedent percepției. Așadar, una dintre cele trei condiții este cognitivă: acest moment precedent al percepției.

Din experiență, pot spune că este cu siguranță adevărat faptul că putem sta foarte liniștiți, neafectați de vreun stimul, iar la apariția unui gând putem fi uimiți, putem tresări sau putem avea o altă reacție fizică. Se pare că, înainte de toate, există un eveniment cognitiv subiectiv care acționează apoi drept cauză a celui fizic, nu invers. Pe urmă, desigur, se poate întâmpla ca activitatea din corp să potențeze acea emoție sau chiar să o modifice. Este la îndemâna experienței comune faptul că, prin natura sa, conștiența pare să fie oscilantă sau fluctuantă. Pare să oscileze chiar mai repede de zece cicli pe secundă. [*râsete*] În meditație, cultivarea practicii mindfulness slujește controlării conștienței și eliminării oscilațiilor, astfel încât conștiența sau atenția să poată deveni stabilă. Dacă lucrurile stau așa, s-ar părea că natura conștienței a fost schimbată prin introducerea acestor mijloace mintale pur subiective, și anume cultivarea practicii mindfulness. Pare plauzibil ca această cultivare să producă schimbări în creier și în corp în ansamblu.

Francisco Varela: În acest caz, putem spune că starea emoțională produce oscilația conștienței?

Dalai Lama: În termenii succesiunii cauzale, trebuie să existe mai întâi contactul primar, și abia apoi cunoașterea, iar aceasta din urmă produce emoția.

Francisco Varela: Așadar, emoția urmează după luarea la cunoștință. Dar cum rămâne cu situația în care, de pildă, auzim un sunet, un trosnet, iar atenția își schimbă orientarea? Se pare că mai întâi avem un fel de alertă, de panică sau de frică – o stare emoțională –, și abia după aceea ne dăm seama că acoperișul stă să cadă. În acest caz, nu putem spune că emoția precedă luarea la cunoștință?

Dalai Lama: Dacă faceți o analiză exactă a momentelor, se pare că veți descoperi că are loc ceva de genul cunoașterii. Auziți un sunet anormal, chiar dacă nu v-ați dat seama că se prăbușește acoperișul, iar acest sunet stârnește emoția. Apoi urmează atenția mai detaliată, orientată spre ceea ce se petrece. Este o problemă de complexitate: percepeți sunetul, dar abia mai târziu vă dați seama de semnificația acestuia.

Francisco Varela: Dar cum ați analiza situația la extrema cealaltă, în care nu ar avea loc niciun eveniment deosebit? Stați pe loc sau mergeți și apare o anumită stare de spirit. Dintr-odată vă simțiți singur sau poate deprimat, fericit sau altfel. Care ar fi cauza acestei schimbări emoționale?

Dalai Lama: Poate fi cu totul internă sau poate fi indusă foarte subtil din exterior. Pe de o parte, ne-am obișnuit cu anumite rutine de conceptualizare care alcătuiesc predilecții. Așadar chiar și în absența vreunui stimul extern explicit, puterea obișnuinței poate da naștere unei schimbări de stare aparent spontană. Mai există și posibilitatea ca mediul să aibă o calitate subtilă care provoacă acea emoție. Poate fi ceva plăcut sau poate exista o calitate ușor depresivă, chiar dacă nu sunteți conștient de asta.

În prima mea vizită la Moscova, funcțiile mintale îmi erau foarte slabe. Alți preoți tibetani care au vizitat acea zonă au descris experiențe similare ale unor emoții fără precedent apărute în timpul rugăciunilor zilnice. Desigur, se poate ca asta să se fi întâmplat doar pentru că micul dejun se servea foarte târziu. [*râsete*] Din nefericire însă, în acea zonă s-au petrecut multe crime, au existat multe emoții umane negative. În astfel de situații, chiar dacă nu există nimic manifest sau evident de care să fim conștienți, efectul poate fi resimțit. Puteți traduce asta, impropriu, „mâhnire", dar literal înseamnă ceva care întunecă, acoperă, învăluie ca un nor [tibetană: *sgrib pa*]. În același fel, practicanții din Tibet care au rămas în munți pot prezice, de obicei, când se apropie cineva, chiar dacă acest lucru se va petrece târziu în noapte sau a doua zi. Acest lucru se întâmplă, așa că există o influență din partea mediului, fie ea negativă, fie pozitivă, chiar dacă nu este un stimul pe care să-l putem conștientiza.

Daniel Brown: Unele teorii occidentale ale emoțiilor vorbesc și despre niveluri diferite de procesare a informației. Ele sunt divergente într-un punct: putem cunoaște la un nivel de preatenție, înainte de a fi conștienți, sau după identificarea conștientă, atunci când gândul este mai elaborat? Dar există o presupunere comună, ca în tradiția tibetană, și anume că e întotdeauna implicat un anumit grad de cunoaștere.

Daniel Goleman: Un studiu elaborat de Richard Davidson aruncă puțină lumină asupra reprimării și a funcției cerebrale. Știți că partea dreaptă a corpului este controlată de partea stângă a creierului, și invers. Acest lucru este adevărat și pentru ceea ce vedem, astfel încât dacă divizăm ceea ce pătrunde în ochi într-o parte stângă și o parte dreaptă, ceea ce pătrunde în partea dreaptă merge în partea stângă a creierului, iar ceea ce pătrunde în partea stângă merge în partea dreaptă a creierului. În acest experiment s-a folosit un aparat pentru a trimite un cuvânt unei părți a creierului sau celeilalte. Cuvintele arătate părții drepte merg în partea stângă a creierului, unde este poziționat centrul de control al vorbirii. În partea dreaptă a creierului se află centrul emoțiilor negative, după cum ne-a spus Cliff. Asta înseamnă că, dacă un cuvânt văzut cu partea dreaptă ne supără, informația despre el merge mai întâi în partea stângă a creierului și apoi în cea dreaptă, unde apare reacția emoțională. Cercetătorii au reușit să măsoare exact decalajul de timp dintre activitatea din partea stângă a creierului și aceea din partea dreaptă. S-a petrecut un lucru foarte interesant. În cazul unui cuvânt neutru, cum ar fi „sticlă“, nu a existat nicio diferență între cei înclinați spre reprimare și ceilalți subiecți. În cazul unui cuvânt foarte tulburător, cum ar fi „ucide“, a existat o creștere semnificativă a timpului în care informația a trecut dintr-o parte în cealaltă la cei înclinați spre reprimare. Asta înseamnă că undeva, în creier, se află o zonă care cenzurează, spunând: „Nu poți afișa asta; nu ai voie să știi asta.“ Așadar s-ar putea să fie adevărat că oamenii înclinați spre reprimare nu experimentează, de fapt, ceea ce neagă.

Dalai Lama: Ce se întâmplă dacă arăți același cuvânt părții stângi?

Cliff Saron: Se va proiecta din câmpul vizual stâng în partea dreaptă a creierului. Aceștia erau niște dreptaci al căror aparat al vorbirii se presupune că este controlat de anumite zone din partea stângă a creierului, așa că, pentru a-i face să vorbească, informația trebuie să treacă din partea dreaptă în cea stângă.

Dalai Lama: Dar ce se întâmplă în cazul unui cuvânt plăcut? Este acesta asemănător unui cuvânt neutru în termenii vitezei de trecere dintr-o parte în cealaltă?

Daniel Goleman: Nu cred că au existat diferențe între cuvintele plăcute și cele neutre. Studiul a demonstrat că prezentarea cuvintelor neutre părții stângi a creierului produce o anumită viteză de răspuns, care nu este diferită de aceea din cazul cuvintelor plăcute, dar că prezentarea cuvintelor neplăcute părții drepte a creierului se petrecea mai încet decât cea a cuvintelor plăcute.

Cliff Saron: Acest cenzor a redus viteza de trecere a informației emoționale negative din partea dreaptă a creierului în cea stângă, acolo unde putem formula un răspuns.

Daniel Goleman: Nu cred că putem spune unde este poziționat cenzorul, dacă e să fie poziționat undeva.

Cliff Saron: Testul a fost unul de asociere liberă: vezi un cuvânt și trebuie să rostești primul cuvânt care-ți vine în minte. Măsurătorile făcute nu au fost electrice, ci de durată – cât de mult timp a trecut până la pronunțarea cuvântului. Este vorba despre timpul de reacție.

Dalai Lama: De exemplu, dacă un cuvânt neutru este arătat în stânga, ajunge în partea dreaptă a creierului.

Cliff Saron: Exact. Întotdeauna durează puțin mai mult până când un cuvânt ajunge în câmpul vizual stâng și apoi este rostit.

Francisco Varela: Dacă există întotdeauna un timp de reacție, de ce am mai vorbi despre cenzură? Strict vorbind, ar fi vorba mai degrabă despre o încetinire, decât de cenzură.

Cliff Saron: Există o poartă. Îndepărtarea sau ridicarea ei cere timp.

Daniel Goleman: Am putea spune că procesarea este mai lungă în cazul cuvintelor neplăcute decât în cazul celor plăcute. Nu cunoaștem cu exactitate nimic mai mult.

Bob Livingston: Sanctitatea Sa ar putea fi interesat de informația potrivit căreia avem cu toții un anumit grad de cenzură în ce privește vederea cuvintelor și a imaginilor. Voi da două exemple. O combinație de cuvinte, cum ar fi „erou“ și „faimă“, este văzută mult mai repede – timpul de reacție este scurt. Citirea unei combinații ca „doamnă“ și „târfă“ durează de patru ori mai mult, măsurată în milisecunde. Acest lucru li se întâmplă tuturor oamenilor obișnuiți. Dacă cerem unei persoane să identifice o imagine, va exista o diferență importantă între una plăcută și alta care provoacă sentimente negative. Dacă arătăm patru imagini în același timp și le cerem subiecților să ne anunțe de îndată ce pot identifica una dintre ele, ei vor vedea mai repede imaginile plăcute. S-ar putea să dureze chiar și o secundă până când vor identifica o imagine negativă. Aceasta este o operațiune care apare înaintea conștienței.

Daniel Goleman: Pentru că văd că sunteți interesat, vă mai dau un exemplu de studiu. Când vă concentrați sau priviți un anumit lucru, ochiul face mișcări insesizabile. Oftalmologii au un aparat care le permite să detecteze cu precizie mișcările ochiului, fără a interfera cu obiectul văzut. Când persoane cunoscute ca fiind anxioase au privit o imagine care avea atât porțiuni neplăcute, cât și porțiuni neutre, ochiul s-a deplasat mai întâi spre porțiunile neutre. Nici măcar nu a privit spre cele neplăcute. Când au fost întrebați ce au văzut în imagine, au descris toate lucrurile plăcute, dar nu și le-au amintit deloc pe cele neplăcute. Nu știm exact cum se petrece acest lucru, dar și în cazul acesta putem ajunge la concluzia că, înainte de conștiența deplină, o parte a creierului reușește să afle ce se petrece și să devieze percepția de la ceea ce e neplăcut.

Dalai Lama: Din punct de vedere budist, se pune problema dacă persoana nu a văzut imaginea sau nu și-o amintește. S-ar putea să o fi văzut vizual, dar nu poate face legătura deoarece nu i-a acordat suficientă atenție porțiunii cu pricina. Așadar, la nivel senzorial nu este implicată nicio evaluare.

Daniel Goleman: Asta e problema. Uneori, persoana nu vede imaginea deloc. S-a descoperit asta cu ajutorul aparatului oftalmologic. Alteori o poate vedea, dar nu și-o amintește.

Dalai Lama: Cum puteți observa asta?

Jon Kabat-Zinn: De fapt, experimentul demonstrează că o văd. Dacă mișcările ochiului nu cenzurează, ele sunt distribuite asupra întregului câmp vizual. În cazul ăsta, putem spune că ochii acestor oameni selectează ceea ce este plăcut, și asta ne spune că trebuie să fi văzut toată imaginea.

Daniel Goleman: Asta este următoarea idee.

Cliff Saron: Cred că trebuie clarificat un anumit lucru, Sanctitatea Voastră. Aparatul folosit urmărește centrul vederii, acea zonă foarte îngustă în care vederea este clară. Dar zărim informații și cu vederea periferică, iar aceasta ne informează cât se poate de conștient să nu mișcăm ochii în direcția respectivă.

Percepția senzorială și conștiința

Francisco Varela: Trebuie să spunem, de asemenea, că prin ceea ce numim vedere de prim nivel facem o mulțime de evaluări, chiar la nivelul ochiului sau al retinei. De exemplu, în retină putem depista deja unde anume există o margine și unde nu există, înainte de a avea un obiect pe deplin configurat. Nu știm dacă este un pahar sau un microfon, dar dacă există o margine în câmpul vizual avem deja o decizie luată în doar câteva milisecunde. Din punctul de vedere al neuroștiințelor, acest lucru este foarte important. Construirea câmpului vizual întreg are loc în mai multe etape. Ceea ce se află jos poate fi foarte elaborat, implicând multe evaluări, construcții și interpretări, chiar cu mult înainte de intervenția conștienței.

Dalai Lama: Chiar și înainte ca informația să ajungă la creier?

Francisco Varela: Imaginea care pornește din nervul optic nu este un mănunchi de raze luminoase brute care a pătruns prin retină. Ea este deja bine structurată și elaborată înainte de a ajunge în creier.

Dalai Lama: Dar neuroştiinţele moderne nu susţin cumva că, de fapt, creierul vede, nu ochiul?

Francisco Varela: Nici creierul, nici ochiul, ci faptul că ochiul şi creierul lucrează împreună. Atât timp cât există o activitate între ochi şi creier, există şi o activitate care porneşte de la creier şi ajunge la simţuri. Avem de-a face, în egală măsură, cu ceea ce numim control centralizat al aferenţei senzoriale şi aferenţă senzorială către creier. Punerea împreună a acestor două lucruri alcătuieşte vederea, care nu este nici în ochi, nici în creier. Este peste tot. Este o proprietate emergentă.

Dalai Lama: Problema constă în posibilitatea evaluării în percepţia vizuală, independent de cea mintală. Pare să nu fie sigur că acest lucru este presupus de sistemul Prasangika, pe care îl considerăm cel mai sofisticat sistem filozofic al budismului. Din perspectiva Prasangika, este un fapt sigur că apariţia diferitelor simţuri este afectată de influenţa sau de tendinţa latentă a ignoranţei anterioare, care e percepută ca fiind existentă. Cu siguranţă că aparenţele afectează anumite simţuri, iar aceste simţuri nu reprezintă conştienţa mintală. Rămâne o chestiune deschisă dacă, în termenii modului de concepere a obiectelor, simţurile sunt modificate în vreun fel de către evaluare.

Francisco Varela: Punctul de vedere al neuroştiinţelor ar spune, evident, că aşa stau lucrurile. De exemplu, când ne atingem pielea, activitatea receptorului care simte se află sub controlul direct al creierului superior. Creierul dirijează informaţia. Pentru un neurolog, informaţia este întotdeauna o chestiune cu două sensuri: atât impactul degetului, cât şi controlul receptorului care interpretează impactul. Chiar şi la acest prim nivel, înainte de impactul senzorial, există foarte multe interpretări ale acestei activităţi.* De pildă, în

* În cazul sistemului vizual, receptorii sunt bastonaşele şi conurile retinei. Bastonaşele nu pot detecta culoarea, în schimb sunt sensibile la intensitatea

retină ceea ce iese din nervul optic nu este doar activitatea receptorului. Dacă am putea compara imagini ale activității receptorului și ale activității nervoase, cele două ar arăta foarte diferit. Marginile și liniile de demarcație ale texturilor și suprafețelor ar apărea deja la acest nivel.

ALAN WALLACE: Spuneți că și o conștiență vizuală primitivă este condiționată de experiența anterioară?

FRANCISCO VARELA: Anumite activități de prim nivel nici măcar nu sunt dependente de experiența anterioară, ci pur și simplu se desfășoară.

CLIFF SARON: Este o funcție a modului în care sunt conectate celulele.

FRANCISCO VARELA: De exemplu, când privim nervul optic din retina unei broaște, vedem activitatea care aparține doar lucrurilor care sunt considerate a fi muște. Nu vedem aceste „detectoare de muște" în retina oamenilor sau a maimuțelor.

DALAI LAMA: Dacă, de pildă, ne ardem, iar membrul respectiv se contractă spontan, foarte repede, depărtându-se de sursa de căldură, această reacție imediată are sau nu legătură cu creierul?

FRANCISCO VARELA: Ambele posibilități sunt adevărate. Dacă legătura cu creierul este tăiată și vă ardeți piciorul, acesta se va contracta, pentru că există un reflex la un prim nivel. Este adevărat, de asemenea, că reflexul de prim nivel este armonizat în mod normal de centrii superiori, astfel încât, dacă ne ardem, reflexul prevalează asupra controlului superior. După aceea, controlul superior poate spune „exagerezi, n-a fost chiar așa de rău". Există

---

luminoasă. Conurile detectează culoarea și mediază vederea detaliată și exactă. În retină, există patru tipuri de nervi, fiecare cu o funcționalitate distinctă. Aceștia trimit informația nervului optic, care o transmite cortexului vizual prin nucleul talamic. În acest context, senzorul și receptorul sunt sinonime. (*N. a.*)

niveluri de interdependență, unele dintre ele fiind mai importante în anumite momente. Imediat după ardere, reflexul de prim nivel preia comanda. Centrii superiori preiau comanda în cazul activităților normale, cum ar fi mersul pe jos. La extrema cealaltă se află acrobatul care merge pe sârmă la circ, în cadrul unui act artistic. El folosește nivelurile superioare pentru a face față tendințelor impuse de reflexele de prim nivel.

Ceea ce poate însemna percepție nu se poate localiza cu adevărat, fiind de fapt o activitate comună, în care fiecare element își joacă propriul rol. În neuroștiințe, acest lucru este foarte important. În general, creierul lucrează ca un dispozitiv de distribuire. Vorbim despre localizare doar pentru că atunci când este afectată o anumită zonă încetează o funcție, nu pentru că funcționează acolo și numai acolo. Este o greșeală frecventă: limbajul pe care-l folosim pentru a descrie acest lucru îl reduce la ceva neadevărat.

Capitolul 11

Subtilitățile conștiinței

ÎN TERMINOLOGIA utilizată de filozoful științei Thomas Kuhn, budismul și neuroștiințele reprezintă *paradigme* diferite: corpuri de legi, metode și teorii dintr-o disciplină care generează o concepție intelectuală coerentă. Așa cum neurologii activează într-o paradigmă care are metodele și teoriile sale specifice, învățăceii și practicanții budiști activează într-un corp teoretic foarte diferit și utilizează metode, precum meditația, pentru a explora un teritoriu care este acoperit și de neuroștiințe: peisajul conștiinței.

Dalai Lama discută despre fenomene de genul experienței de după moarte și al stărilor meditative, care ar putea lansa o provocare paradigmei neuroștiințelor occidentale, indicând anumite subtilități ale conștiinței necunoscute de aceasta. Știința obișnuită implică rezolvarea problemelor într-o paradigmă dominantă. Periodic apar descoperiri noi, care nu se încadrează în paradigmă. Ca urmare, se renunță la vechea paradigmă, iar locul său este luat de alta. Dalai Lama sugerează – deși recunoaște posibilitatea ca datele științifice occidentale să schimbe paradigma budistă – că există fenomene dincolo de frontierele științei, care ar putea conduce la o astfel de schimbare de paradigmă în știința occidentală. (Unele probleme sunt menționate în această discuție, fiind explorate sistematic în următoarea Conferință despre Mind and Life: „Somnul, visul și moartea".)

Dalai Lama: Dacă rezultatele cercetărilor științifice ar fi dovezi empirice care contrazic direct anumite afirmații din sutrele budiste, nu ar fi rezonabil să ne agățăm de viziunile budiste. Totuși, simpla absență a confirmării științifice empirice nu este un motiv suficient pentru a nega afirmațiile budiste. Mai degrabă aveți nevoie de ceva care contrazice empiric, direct poziția budistă, înainte de a o respinge. Abordarea tradițională Mahayana își examinează critic propriile principii – fie că este vorba despre aserțiuni cosmologice, fie de altceva – și se compară cu dovezile științifice. Abia apoi se decide dacă afirmațiile budiste pot fi luate *ad litteram* sau dacă e nevoie de noi interpretări. De vreme ce spunem că învățăturile lui Buddha pot fi repartizate în două categorii – cele care trebuie interpretate literal și cele care trebuie cercetate pentru găsirea înțelesului adevărat –, e bine să ne fixăm prioritatea maximă asupra rațiunii, fără a ne bizui doar pe autoritatea textelor.

Francisco Varela: Desigur, este greu de evaluat dacă există dovezi empirice care contrazic ideile tradiționale. E greu de spus ce anume ar putea fi socotit drept dovadă și în ce condiții ar fi acceptată aceasta. De exemplu, pentru unii oameni de știință este evident că nu există minte în absența creierului. Ceea ce este socotit a fi o dovadă de către budiști nu este considerat evident de către unii oameni de știință. Ambele părți vor spune că dețin dovezi și, desigur, că privesc spre lumi diferite. Urechea internă și simțul echilibrului, care este considerat simț în Occident, dar nu și în budismul clasic, reprezintă poate cel mai bun exemplu. Dar mai există și exemple mai complicate, în care intervine și interpretarea.

Dalai Lama: Asta este o problemă fundamentală: mintea și relația dintre minte și creier. Perspectiva mea asupra acestei probleme constă în aceea că există multe niveluri de subtilitate ale conștiinței, iar știința s-a orientat doar către cele obișnuite. Astfel că știința nu le-a descoperit pe cele mai subtile, care sunt foarte importante în prezentarea budismului, iar nedescoperirea lor nu este suficientă pentru a contrazice. După cum cred că am spus mai devreme, din cauza corpului uman există o anumită conștiință care depinde în întregime de organism. Evident, acest nivel grosier al minții este mintea umană. În acest context, putem vorbi de mintea umană ca fiind o proprietate emergentă a corpului. Dar cum a devenit minte mintea umană? În general, va trebui să spuneți că există o continuitate a conștienței.

Francisco Varela: Exact aceasta este inferența pe care cei mai mulți oameni de știință neurologi occidentali nu sunt dispuși să o accepte. Ei o interpretează ca fiind bazată pe convingeri ideologice și religioase și o resping ca irelevantă. Ei vă vor întreba care sunt dovezile dumneavoastră în ceea ce privește existența conștienței.

Dalai Lama: Poziția budistă în acest caz nu este absolut lipsită de dovezi. De pildă, există – înainte de orice – oameni care-și amintesc viețile anterioare. Apoi, există cei care și-au întărit conștiența sau clarviziunea. În al treilea rând, există oameni care au calități extraordinare, manifestate chiar din copilărie. Toate acestea pot fi socotite dovezi. În ceea ce privește universul întreg, cu galaxii care dispar și galaxii care sunt în evoluție, ne putem întreba care sunt cauzele acestor fenomene. Oamenii de știință au, desigur, teoria lor despre Big Bang. Totuși, cred că rămân de explicat multe fenomene misterioase. Apoi, fie acceptăm că primele lucruri din univers au apărut fără vreo cauză – ceea ce nu reprezintă un răspuns satisfăcător –, fie îl acceptăm pe Dumnezeu, această problemă rămâne totuși controversată din punct de vedere budist. Desigur, explicația budistă nu este nici ea complet satisfăcătoare – mai rămân o mulțime de probleme nerezolvate. În știință, fenomenele sunt explicate conform unei paradigme care nu acceptă existența minții independent de creier. Dar rămâne o întrebare deschisă: pot fi explicate toate aceste tipuri de experiențe extraordinare în cadrul acestei paradigme?

FRANCISCO VARELA: Da, și în afară de asta, după cum știți, fiecare dovadă în parte poate fi reconceptualizată. De exemplu, în Occident, oamenii care-și amintesc viețile anterioare sunt duși de obicei la psihiatru și tratați ca bolnavi de schizofrenie. Nimeni nu acordă atenție acestui lucru, pentru că e considerat pur și simplu nebunesc. Anumiți schizofrenici au un discurs care, dacă ar fi studiat din punct de vedere budist sau al vreunei alte tradiții mistice, ar părea discursul unei persoane foarte iluminate. Așa că, după cum vedeți, dovezile unora reprezintă boli pentru alții.

DALAI LAMA: Cred că există două niveluri ale adevărului. Un tip de adevăr devine consens public. Dar mai există un anumit tip de adevăr, care nu este stabilit prin consens. Cu siguranță că pot exista în acest moment adevăruri de care să nu fie nimeni conștient. Ele rămân totuși adevăruri, nu-i așa? Nu este necesar să fie acceptate ca adevăruri. În același context, pot exista anumite adevăruri de care doar câțiva oameni să-și fi dat seama, pentru că au putut cunoaște ceva care îi privea direct. Nu trebuie ca acel lucru să fie cunoscut de toată lumea pentru a fi adevărat. În ce privește ideea dumneavoastră privitoare la anumite experiențe socotite dovezi într-o disciplină și erori în alta – în acest punct cercetarea devine importantă.

Paradigmele și „faptele" pe care le scot la iveală

FRANCISCO VARELA: Tipul de adevăr la care aderă știința prezintă un model foarte limitat. Este adevărul prin consens dus la extrem. Frumusețea științei constă în faptul că acest adevăr prin consens este construit foarte activ, prin experimente, în publicații și conferințe etc. Punctul său slab constă în faptul că nu oferă un loc celuilalt tip de adevăr.

DALAI LAMA: Este, de asemenea, posibil ca cercetarea științifică sau de alt gen, de pildă religioasă, să opereze în domenii de referință complet diferite. De exemplu, cercetarea științifică este realizată în principal în cadrul măsurătorilor fenomenelor fizice. Și chiar și în știință există două categorii: științe tari și științe moi. Bunăoară, dacă ar trebui să expuneți prezentările făcute aici în contextul unei științe tari, care ar fi fost reacția?

JON KABAT-ZINN: Nu prea bună! [*râsete*]

DANIEL BROWN: Sanctitatea Voastră, dar chiar și în cadrul științelor tari există limite. Făceam o cercetare despre cei care meditează, iar un practicant experimentat al meditației mi-a pus o întrebare foarte interesantă: „Aveți un aparat care poate măsura conștiența?“ Cred că atât timp cât nu avem tehnologia potrivită pentru a măsura meditația, este puțin probabil să înțelegem mintea cu ajutorul științei. Asta nu înseamnă că nu este adevărată sau că nu există, ci că nu deținem tehnologia adecvată, iar științele tari trebuie să ia în calcul această limitare.

DALAI LAMA: Așadar, până când nu vom putea stabili natura conștienței, ne va fi greu. Asta este cea mai dificilă problemă.

DANIEL GOLEMAN: Mă întreb dacă această conștiință subtilă pe care ați amintit-o nu poate fi detectată științific. Aveți aici un grup de oameni de știință pasionați, interesați să audă mai multe lucruri despre conștiința subtilă la care vă referiți, pentru a vedea dacă ea poate fi studiată. Poate reușim să folosim metodele științelor tari pentru a testa poziția dumneavoastră în disputa asupra existenței minții.

Dalai Lama: Eu, personal, nu am nimic de spus, pentru că nu pot vorbi din punctul de vedere al unei experiențe de meditație profundă. Dar pe baza tratatelor budiste, pot afirma că problema conștiinței subtile are legătură cu două domenii de cercetare potențiale. Unul este cercetarea oamenilor care dorm și visează, iar celălalt este cercetarea muribunzilor. Mai există două alte tipuri de experiențe care merită să fie cercetate: somnul adânc, fără vise, și leșinul.

Subtilitățile conștiinței – perspectiva tibetană

Adam Engle: Interesant este faptul că, dacă investigăm corpul cu ajutorul minții prin meditație, ajungem la sistemul energetic înainte de a atinge nivelurile celular și chimic. Totuși, dacă îl investigăm cu microscoape și cu alte instrumente, ajungem întâi la nivelurile celular și chimic. Asta ar putea explica de ce sistemele orientale au descris doar canalele*, iar știința occidentală a descris nivelurile celular și chimic.

Daniel Brown: Ce au de spus despre sistemul celular practicanții foarte avansați ai meditației, care pot percepe și transforma curenții energetici? Percepția lor asupra schimbărilor din corp se extinde în cele din urmă la modificările celulare (din sistemul imunitar) pe care le-a descris Francisco?

Dalai Lama: Nu încape îndoială că yoghinii avansați sau contemplativi pot percepe diversele energii din corp, inclusiv pe cele cinci principale și pe cele cinci secundare, ba chiar și culorile

* Canalele (*tsa*) sunt niște trasee interne subtile, asemănătoare meridianelor din acupunctură. *Prana* sau *lung* este energia care se deplasează prin aceste canale. (*N. a.*)

asociate cu aceste energii. Așadar, în principiu, ei își pot folosi *samadhi** pentru a percepe nivelul celular.

Daniel Brown: Pot lua cunoștință și de modificările chimice?

Dalai Lama: *Bindhu* sau picăturile** din corp constituie o altă problemă. Acestea tind să aibă mai degrabă conotația de substanță decât pe aceea de energie și sunt și ele identificate în practica yoga.

Francisco Varela: Dacă yoghinul poate identifica activitatea la nivel celular, atunci ar trebui să poată urmări activitatea celulară din creier. În cazul ăsta, am avea un „cerebroscop" fantastic.

Dalai Lama: Putem întreba de ce textele contemplative budiste nu includ o descriere amănunțită a funcțiilor creierului și celulelor. Probabil că un motiv este reprezentat de faptul că accentul principal cade pe înțelegerea minții și pe ceea ce poate constitui un instrument sau un element esențial pentru această activitate. Aici sunt incluse *chakrele* – canalele*** – și picăturile, totul oprindu-se la acest nivel.

Daniel Goleman: Sunt interesat de afirmația dumneavoastră potrivit căreia yoghinii pot afla asta prin *samadhi*. Care este mecanismul sau organul cunoașterii? Cum ar putea cunoaște yoghinul un creier până în cele mai mici detalii dacă însuși creierul reprezintă baza unei astfel de întreprinderi?

Dalai Lama: Prezentarea budistă vorbește despre creier ca despre fundamentul conștienței, dar creierul nu cunoaște, de fapt,

---

* *Samadhi* este starea de meditație fără distragerea atenției, lipsită de gânduri. (*N. a.*)

** *Bindhu* sau *thigle* (picături sau esență) se referă la o esență interioară subtilă ce poate fi percepută de către practicanții avansați sub forma unor sfere de lumină de diverse mărimi și culori. (*N. a.*)

*** Chakrele (centrii) sunt puncte vitale de energie, corespunzătoare coroanei capului, gâtului, inimii, ombilicului și organelor sexuale. Acești centri sunt legați printr-un canal central (*tsa uma*). (*N. a.*)

nimic. Conștiența ia act de lucruri, iar unul dintre acestea poate fi nivelul celular al corpului.

Robert Thurman: Conștiența care percepe structura fizică a propriului nostru creier poate fi considerată cel mai subtil nivel al conștiinței?

Conștiența senzorială îmbunătățită ca urmare a practicării meditației

Dalai Lama: Chiar și la un nivel mai general, într-un moment al realizării tantrice, cunoscut sub numele de „izolarea vorbirii" – în care practicantul nu a trăit încă cea mai subtilă stare spirituală de limpezime –, este posibil să percepem direct energiile și culorile care li se asociază.

Daniel Goleman: Dar această percepție nu este independentă de modelele obișnuite ale percepției, cum ar fi sistemul vizual?

Dalai Lama: Este mintală.

Daniel Goleman: Pur și simplu mintală, fără a implica în vreun fel creierul?

Dalai Lama: Este o problemă interesantă. Pe de o parte, cum am spus mai înainte, creierul poate acționa ca o condiție principală pentru aceste tipuri de conștiență mintală, așa cum mecanismul vizual reprezintă principala condiție a percepției. *Kalachakra-tantra* vorbește despre o nouă facultate senzorială sau cognitivă care se naște în cursul dezvoltării contemplative. Nu știm dacă aceasta este materială sau imaterială.

Așadar există două interpretări diferite în funcție de context, care poate fi Sutra sau Vajrayana.* În contextul Sutrei, diferite tipuri de conștiență îmbunătățită se nasc prin puterea *samadhi*. Ele au o natură cognitivă pură, născându-se din minte, iar această interpretare vorbește doar despre conștiența îmbunătățită din punct de vedere vizual sau auditiv. Senzațiile olfactive, gustative sau tactile sunt diferite, deoarece organul simțului trebuie să intre în contact cu obiectul. În context Vajrayana sau Tantra, se spune că diferite tipuri de conștiență îmbunătățită pot fi induse prin puterea *pranei*, a energiei.** Acestea sunt cauze fizice, nu se limitează la cogniție. Într-un sistem de meditație tantric, care exploatează sau manipulează energiile subtile și canalele energetice, putem cultiva conștiența îmbunătățită pentru toate cele cinci simțuri, nu doar pentru văz și auz.

Daniel Goleman: Dacă am observa creierul unui yoghin care face aceste lucruri, am găsi modificări cerebrale?

Dalai Lama: Da. Dumneavoastră pregătiți echipamentul, noi aducem yoghinii.

Daniel Goleman: S-a făcut.

Daniel Brown: Să sintetizăm: budismul tibetan adoptă un punct de vedere pragmatic, în același sens în care Lee Yearley a descris pragmatismul lui William James – scopul oricărui studiu este ceea ce poate fi benefic sau de folos. Ne putem imagina că un yoghin experimentat poate percepe activitatea cerebrală și chimică, dar această activitate nu este cel mai important element ce

---

* Există două diviziuni generale în budismul tibetan: Sutra și Tantra, ambele având drept scop natura de Buddha. Sutra este o cale etapizată, folosind practici progresive pentru purificarea minții. Tantra folosește în schimb percepția directă a stării de iluminare pentru a transforma stări spirituale normale. (*N. a.*)

** *Prana* sau *lung* (energie) se referă la o energie interioară subtilă, legată de respirație. Conform Tantrei, activitatea minții are legătură cu această energie interioară subtilă. (*N. a.*)

trebuie studiat din perspectiva scopului, adică iluminarea tuturor ființelor. Este corect să spunem că aceasta este cauza pentru care nu a fost acordată importanță unui astfel de studiu?

Dalai Lama: Chiar dacă n-ar fi fost important în trecut, acum este. [*râsete*]

Robert Thurman: Dacă presupunem că experiențele din trecut ale yoghinilor, inclusiv ale lui Buddha – care a fost cel mai bun dintre toți –, formează tradiția medicinei budiste, atunci motivul pentru care nivelul celular nu a jucat același rol ca în medicina occidentală ar putea fi opțiunea, nu ignoranța. În acest caz, întrebarea eficientă este: de ce au ales să nu intervină la nivel molecular sau celular decât prin ierburi și au lucrat în cea mai mare parte la nivel energetic? Asta ar putea fi o lecție.

Dalai Lama: Ar putea fi nevoie să călătorim înapoi în timp, să-l întrebăm pe Buddha însuși! Dar motivul poate fi reprezentat de faptul că nivelul celular este superficial, în timp ce ei voiau să pătrundă în profunzimi.

Francisco Varela: Nu este limpede motivul pentru care yoghinii au întâlnit mai întâi nivelul energetic, nu pe cel celular, care din punct de vedere occidental este primar.

Dalai Lama: Un motiv ar putea fi acela că *lung* sau energia, așa cum este definită ea în literatura tantrică, reprezintă vehiculul prin care apar conștiența și evenimentele mintale. Dar este adevărat și că putem urmări această energie chiar și la cele mai subtile niveluri ale conștiinței, iar acolo am depășit deja nivelul fizic al activității celulare.

Francisco Varela: Ceea ce ar sugera că, dacă ne referim la *lung* ca la ceva similar cu electromagnetismul sau cu o altă formă de energie, am putea comite ceea ce Whitehead a numit „eroarea plasării greșite a concretului".

DALAI LAMA: Înțelegând și manipulând aceste energii, putem obține un efect direct asupra stărilor de spirit. De aceea yoghinii pun accent pe importanța acestor energii. Mai departe, influențând mintea sau schimbând starea spirituală, putem afecta starea fiziologică a corpului. În sens invers, acest proces nu funcționează. O schimbare a stării fiziologice nu afectează în mod necesar mintea, mai ales la cele mai subtile niveluri. Dar adevărul este că nu știm dacă yoghinii percep nivelul celular, iar dacă o fac, de ce nu vorbesc despre asta.

Energia subtilă în viață și în moarte

JON KABAT-ZINN: Sanctitatea Voastră, ați pus mai devreme o întrebare care mi se pare că i-a surprins pe toți occidentalii: ce se întâmplă cu sistemul nervos și cu sistemul imunitar atunci când o persoană moare? Vorbim acum despre un al treilea sistem, care este modelat conform fizicii corpurilor solide. Acest model nu are neapărat legătură cu proprietățile vii ale unei structuri, ci prezintă un ordin de mărime diferit. Dat fiind faptul că există o legătură directă cu practicanții meditației și ai medicinei tibetane, aș vrea să vă întreb: știți ce se întâmplă cu sistemul energiei subtile în cazul morții?

DALAI LAMA: În diverse Tantre, există prezentări ușor diferite, depinzând probabil de metabolismul și de înclinațiile persoanei respective. În procesul morții, vorbim despre disoluția a patru elemente. Primul este elementul pământ, corespunzător stării solide. Apoi apa. Urmează focul sau căldura. În sfârșit, aerul. Experiența perceptivă este primul lucru pe care trebuie să-l observăm: experiența vizuală nu dispare cu totul, ci devine vagă sau difuză. În termenii semnelor exterioare, pielea corpului pare ușor întinsă. Cred că sistemul imunitar și creierul își încetează activitatea după disoluția elementului aer, pentru că, în acel moment, respirația se oprește și, probabil imediat după aceea, creierul nu mai primește suficient oxigen, deci moare. Dar după încetarea respirației, mai există încă patru etape ale procesului morții. Așadar, moartea nu apare simultan cu oprirea respirației.

Jon Kabat-Zinn: Când este distrus sistemul energetic subtil? Din punctul de vedere al fizicii occidentale, nu există niciun motiv ca acesta să dispară odată cu moartea. Sistemul de conducție ar trebui să funcționeze și după asta.

Dalai Lama: Mai există patru etape ale procesului de dezintegrare. Acestea sunt descrise în termenii unor experiențe legate de viziune, în timpul cărora mai persistă anumite energii subtile relative. Apoi acestea se dizolvă treptat, până când în cele din urmă, la finalul celei de-a opta etape, în corp nu mai este prezentă nici cea mai subtilă energie. Această energie foarte subtilă nu dispare pur și simplu în neant, ci se separă de corp. Unitatea sa cu corpul este secționată. Această secționare între corp și energia subtilă este folosită de practicile budismului tibetan la transferul conștiinței.

Jon Kabat-Zinn: Așadar, dacă sistemul energetic există cu adevărat, el poate fi studiat și după ce oamenii mor.

Dalai Lama: După „moartea“ occidentală. Fenomenul poate apărea chiar și în cazul oamenilor obișnuiți. Corpul unei femei care a murit s-a păstrat, dacă nu mă înșel, șase zile fără să se descompună. Noi credem că atunci când apare a opta stare mintală, oamenii mor, dar nu sunt morți. Ar fi interesant de comparat creierul unei persoane aflate în așa-zisa moarte clinică cu un creier care se descompune.

Daniel Goleman: S-ar putea ca nu creierul să fie important. Ar putea fi important un alt sistem energetic, care nu are nimic de-a face cu creierul.

Dalai Lama: Ar fi foarte bine să avem un echipament sofisticat care să lămurească această dilemă. Singura problemă reală este aceea de a aștepta să moară un yoghin.

Robert Thurman: Asta este o nouă definiție a vânătorii de subiecți!

Jon Kabat-Zinn: Putem să încheiem acest subiect întorcându-ne la emoții și la discuția condusă de Lee Yearley privitoare la opoziția dintre vicii și virtuți? Experiența acestui proces extins al morții – în care medicina occidentală ar spune că persoana este moartă, iar medicina tibetană ar susține că doar moare – poate depinde de virtuțile persoanei, puse în balanță cu emoțiile sale negative?

Dalai Lama: Această capacitate de a aștepta într-o stare de iluminare apare în două cazuri. Unul este foarte simplu: prin forța realizărilor ca yoghin. Dar mai există o categorie cu o mulțime de circumstanțe diferite, cel puțin după cum reiese în mod aparent. Acești oameni nu sunt yoghini și, din câte ne putem da seama (am și eu cunoștințe printre ei), nu trăiesc cea mai profundă formă de iluminare în această viață. Totuși, ei sunt în stare să rămână în starea respectivă timp de șapte sau opt zile. În astfel de cazuri, capacitatea respectivă ține probabil de virtute, de acțiunile karmice virtuoase din trecutul persoanei.

Jon Kabat-Zinn: Ar putea fi o extensie a noțiunii de sănătate, mult dincolo de conceptul occidental. Perspectiva meditativă tibetană asupra ființelor umane este mai complexă decât cea a științei occidentale, pentru că există tot felul de niveluri de exprimare a ființei, prea puțin prețuite sau recunoscute în Occident. Poate că noțiunile noastre de sănătate, de întreg sau de integrare a ființei sunt reduse față de cazul în care am avea o perspectivă mai largă, care să includă înțelegerea iluminării tantrice. Vedeți vreun folos în asta?

DALAI LAMA: Cu siguranță că este interesant și necesită cercetări suplimentare. Din perspectiva budistă, cu cât avem mai multe explicații și intuiții, cu atât este mai bine.

Activitatea cerebrală și stările meditative

DALAI LAMA: S-au făcut cumva cercetări legate de cei care practică *samatha* sau repausul meditativ?

DANIEL GOLEMAN: Nu există încă studii semnificative despre activitatea craniană în timpul unei stări de concentrare asupra unui singur obiect. Sunt totuși câteva studii bune ale efectelor practicii *vipassana*. În general, se afirmă că practicile de calmare se dovedesc foarte liniștitoare din punct de vedere psihologic. Ritmul bătăilor inimii și cel al respirației se reduc. Metabolismul corpului se încetinește.

DANIEL BROWN: Din perspectiva activității cerebrale, nu știm ce se întâmplă cu emoțiile în timpul practicării meditației de liniștire. Am realizat câteva studii în care oamenii își explicau verbal sentimentul subiectiv privitor la ceea ce se întâmpla. Am conceput chestionare și am comparat modul în care răspunsul oamenilor la aceeași întrebare se modifică în timp, pe măsură ce aceștia capătă experiență în meditație. Unul dintre lucrurile care se modifică în mod evident este calitatea atenției și a conștienței. Oamenii consideră că în ciuda schimbărilor interioare de stare își pot menține o stabilitate a conștienței. Celălalt aspect evident este că oamenii au devenit flexibili: când ceva le distrage atenția, își pot relua mai ușor concentrarea. Am descoperit că emoțiile continuă să apară. Oamenii ne-au comunicat că emoția este mai intensă, dar au lăsat-o să rămână în conștiență fără a reacționa prea puternic la ea. Am studiat reactivitatea pe două niveluri: la nivelul general al gândurilor evaluative și la nivelul mai subtil al aversiunii și încrâncenării. La ambele niveluri, s-au arătat mai puțin reactivi, și totuși sentimentul era prezent în conștiența lor, adesea chiar cu o intensitate mai mare. Subiecții au fost practicanți experimentați – din punct de vedere occidental – ai meditației, dar nu în sensul tradiției budiste tibetane, în care oamenii meditează mai intensiv și mai mult timp. Nu știm ce se întâmplă cu emoțiile în cazul celor cu multă experiență în meditație.

Daniel Goleman: Într-un alt studiu asupra concentrării, s-a descoperit că atunci când oamenii se concentrează foarte puternic creierul devine mai liniștit, are o activitate redusă.

Dalai Lama: Dar în cazul oamenilor care sunt de obicei obtuzi? Se poate face o cercetare comparativă între activitatea craniană a celor greoi din punct de vedere mintal și activitatea celor sclipitori în timpul unei stări de mare concentrare?

Cliff Saron: S-au făcut câteva studii asupra activității cerebrale în cazul unor experți foarte pricepuți la un anumit lucru și la novici nepricepuți. Experimentele au arătat cum creierul folosește mai multă energie în cazul novicilor, iar în cazul experților pare să opereze mai eficient în termeni de metabolism sau nivel de glucoză de care are nevoie creierul. Însă întreaga idee a activității este o problemă foarte complicată, din cauza enormei complexități a creierului și a diferitelor moduri de funcționare a țesuturilor neuronale.

Daniel Goleman: Dar există un principiu general care spune că un creier abil, fie el al unui om care meditează sau al unui șahist, folosește mai puțină energie pentru a obține rezultate bune.

PARTEA A ȘASEA

O etică universală

Capitolul 12

Medicina și compasiunea

Dalai Lama

CUM SE POTRIVESC principiile compasiunii și responsabilității universale cu țesătura culturii contemporane? Dalai Lama susține, într-o explorare generală a compasiunii, a naturii umane și a eticii, un sentiment al responsabilității universale bazat pe ideea că toți oamenii sunt ființe care își doresc fericirea. Dacă ne dăm seama că toți ceilalți au aceleași dorințe legate de fericire și de evitarea suferinței, atunci putem obține o toleranță și o acceptare a acestora mai ridicate. Mai mult, Dalai Lama conchide că esențială este cooperarea umană. Oricare ar fi rolul individului – fie el politician, om de știință, industriaș, muncitor sau practicant al spiritualității –, cel mai important lucru este să vedem interdependența acestor roluri și responsabilități, precum și nevoia de cooperare reciprocă. Cu toate că înțelegerea greșită joacă un mare rol în desfășurarea evenimentelor umane, experiența predominantă este cea a cooperării – fără ea, societatea nu poate funcționa.

Dalai Lama consideră compasiunea ca fiind inerentă naturii umane, iar acest lucru este evident în cazul atenției afective dintre părinți și copii, al necunoscutului care se oprește să ajute un șofer a cărui mașină a rămas în pană, al flecărelii prietenoase dintre vecini la băcănie sau la oficiul poștal. Astfel că Dalai Lama consideră compasiunea o stare naturală a vieții umane. Totuși, ea trebuie cultivată, nu considerată ca de la

sine înțeleasă. Educația copiilor trebuie să implice o pregătire etică, astfel încât ei să aducă beneficii societății și întregii umanități atunci când vor crește.
Dalai Lama începe dialogul subliniind îngrijorarea față de miliardele de oameni care caută o călăuzire morală în viață, dar nu au convingeri religioase puternice.

Dalai Lama: Am discutat mai devreme despre patru miliarde de oameni de pe planetă (și despre faptul că numai o parte relativ mică dintre aceștia au convingeri religioase care le oferă un fundament etic în viață). Principala mea grijă este promovarea calităților umane autentice printre oameni, fără o agendă religioasă, aceasta fiind cea mai eficientă metodă. Religia este o chestiune intimă, nu-i așa? De aceea, dacă etica și principiile noastre morale sunt strâns legate de religie, apar o mulțime de probleme. Cu toții suntem de acord că, în calitate de ființe umane, trebuie să acceptăm o etică și niște principii morale. Întrebarea este: cum le promovăm? Dacă sunt legate de religie, atunci promovarea acestor principii nu se poate face decât prin religie. Prin urmare, întrebarea devine: care religie? După asta, apar multe complicații. Este mult mai bine dacă religia devine o chestiune de voință proprie, cum ar fi culoarea hainelor pe care le purtăm. O alegere personală, o chestiune personală!

Lee Yearley: Consider că există ceva atât de uimitor în apariția conștiinței și în posibilitatea de a manifesta compasiune, încât a le numi naturale nu reprezintă o descriere satisfăcătoare. Asta este, parțial, sensibilitatea religioasă. Nu sunt sigur că prin caracter religios înțelegeți ceea ce înțeleg și alte religii, dar cu siguranță nu mi se pare natural ca ființele să se poată ajuta una pe cealaltă sau să fie capabile să reflecteze asupra transcendentului. Asta este o parte din ceea ce înțeleg eu prin „religios". Nu mi-ar plăcea ca acest cuvânt să devină proprietatea privată a celor care aparțin unei anumite religii, pentru că am pierde ceva foarte important pentru înțelegerea a ceea ce deține fiecare.

Cultivarea compasiunii

Daniel Goleman: Sanctitatea Voastră, după cum a spus și Jon, compasiunea și empatia au fost lăsate în afara educației medicale, cu toate că este mare nevoie de ele. Unii dintre noi încearcă să remodeleze pregătirea medicală pentru a include empatia și compasiunea față de ceilalți. Vrem să știm dacă aveți idei referitoare la metodele de abordare, care ne-ar putea ajuta să facem asta.

Dalai Lama: În budism, medicina este considerată unul dintre cele cinci domenii ale cunoașterii destinate ajutării celorlalți, împreună cu tehnologia, logica, știința sunetelor – care include lingvistica – și cunoașterea interioară sau practica spirituală. Există o zicală populară care spune că eficacitatea tratamentului nu depinde atât de mult de priceperea medicului, cât de altruismul și compasiunea sa. I-am auzit pe unii spunând că o anumită persoană este un mare doctor, că e foarte pricepută și știe multe, dar că se îndoiesc de personalitatea sa. Desigur, pacienții găsesc întotdeauna ceva de care să se plângă, nu-i așa?

Jon Kabat-Zinn: La fel este și în Occident.

Dalai Lama: Compasiunea și altruismul sunt calități care trebuie să apară în mod natural din resursele interioare. Ele depind, de asemenea, și de mulți factori de mediu. Este foarte util să avem inițiative noi, cum sunt ale dumneavoastră în acest domeniu. Apoi, dacă alți oameni au inițiative similare și lucrurile se împământenesc, impactul ar putea fi foarte mare. Asta ne determină să ne întrebăm ce tip de acțiune sau de concepție asupra vieții trebuie adoptat. Un factor important este familiarizarea copiilor cu valorile compasiunii, bunătății iubitoare, altruismului și așa mai departe, încă de la o vârstă fragedă. Dacă este posibil, acestea trebuie introduse în programa școlară.

Jon Kabat-Zinn: Îmi place ceea ce spuneți despre oamenii care își asumă responsabilitatea de a face acest lucru în diferite instituții. În America sunt mulți care meditează de ceva vreme și unii vor să folosească meditația pentru a duce o existență mai bună. În America nu există modele pentru așa ceva. De câte ori apare un astfel de lucru – de exemplu, în școli –, el reprezintă o noutate. Dar poate fi pus în aplicare în multe moduri care nu cer experiență, mai ales în termeni de atitudine. V-ați încuraja oamenii să fie creativi în privința deplasării atitudinii în această direcție la locurile lor de muncă?

Dalai Lama: Nu e neapărat nevoie să existe un precedent. Pe măsură ce tatonați și experimentați, puteți crea propriile paradigme pe care să le respectați.

Daniel Goleman: Sanctitatea Voastră, ați spus că o modalitate de a face acest lucru este crearea unui mediu al compasiunii. Ce ar putea însemna asta într-o facultate de medicină? Există atitudini sau tehnici specifice folositoare studenților?

Compasiunea ca element natural al vieții

Dalai Lama: Cred că afecțiunea umană reprezintă fundamentul naturii umane. Fără ea, nu putem obține satisfacția sau fericirea ca individ, iar fără acest fundament nu poate obține satisfacție nici comunitatea umană în întregul ei. În gândirea mea obișnuită iau întotdeauna în calcul mediul, ansamblul comunității. Tehnicienii, oamenii de știință, medicii, avocații, politicienii, chiar și personalul militar și credincioșii – cu toții fac parte din comunitatea umană. Așadar toți sunt în primul rând ființe umane și fiecare profesie în parte este orientată către umanitate, nu-i așa? Se presupune că ea slujește umanității, așa că toate aceste activități umane diferite pornesc de la motivația de a face ceva pentru propria comunitate. În cel mai rău caz, intenția este de a face bine propriei familii. Chiar și această comunitate foarte limitată își află altruismul printre rădăcinile sale. Toate activitățile umane pornesc de la această motivație, toate sunt orientate către comunitate. Prin urmare, condiția umană sau calitatea umană fundamentală este afecțiunea. Asta este chestiunea cea mai importantă, nu-i așa?

Putem dezvolta sau promova această calitate umană, pentru că eu cred că natura umană conține compasiunea. Desigur, așa cum am menționat mai devreme, furia, ura și toate celelalte emoții negative fac parte și ele din mintea umană. Totuși, forța dominantă a minții umane rămâne compasiunea.

Concepția are loc atunci când un bărbat și o femeie se unesc. Cred că ea se datorează iubirii autentice. Asta înseamnă că se respectă unul pe celălalt, le pasă fiecăruia de celălalt și împărtășesc un sentiment de responsabilitate. Nu este ca în situația pe care am discutat-o ieri, în care actul sexual are loc din alte motive. Cazuri ca acelea reprezintă o iubire nebunească. Cred că există o dorință nebunească pentru plăcerea sexuală, iar aceste lucruri negative iau amploare. Dar cred că sexualitatea umană adecvată include un simț al responsabilității care derivă dintr-un fel de lege naturală. Apoi, de-a lungul celor câteva luni petrecute în pântecul mamei, dezvoltarea copilului este puternic influențată de starea spirituală a acesteia. După aceea, mai ales în timpul primelor săptămâni după naștere, atingerea fizică a mamei este cel mai important factor pentru dezvoltarea sănătoasă a copilului.

Le spun oamenilor întotdeauna că o mamă este adevăratul învățător care poate preda compasiunea și afecțiunea umană. Prin urmare, nu consider compasiunea ca făcând parte doar din religie. E vorba despre natura umană fundamentală, pe care toți o împărtășim. Cred că laptele mamei este un simbol al compasiunii. Fără acesta, nu putem supraviețui. Primul act pe care îl facem împreună cu mama, bebeluși fiind, este să sugem lapte de la ea sau de la cineva care îi ține locul, cu un sentiment de apropiere nemăsurată. În acele momente poate că nu știm să spunem ce este iubirea sau compasiunea, dar există un puternic sentiment de apropiere. De asemenea, dacă nu există un sentiment puternic de apropiere față de copil din partea mamei, aceasta nu va avea prea mult lapte. Așa că eu cred că laptele uman este simbolul compasiunii și al afecțiunii umane.

Am discutat deja despre modul în care boala este influențată în mare măsură de starea de spirit și de relația pacientului cu medicul. Din experiența mea, pot spune că atunci când vizitez un medic zâmbetul acestuia e plin de înțeles. Un medic poate să fie foarte bun, un adevărat profesionist, dar dacă nu zâmbește mă simt uneori foarte stânjenit. [*râsete*] Dacă un medic are un zâmbet autentic și este cu adevărat preocupat, atunci mă simt în siguranță, iar acest lucru reprezintă, desigur, un beneficiu. Asta este natura umană, nu-i așa? Apoi, în ultima zi a vieții noastre nu mai contează de fapt dacă avem sau nu un prieten. Foarte curând ne vom despărți de prietenii foarte buni. Totuși, dacă suntem acompaniați de persoane de încredere, ne putem simți în siguranță și liniștiți chiar și în acele momente.

Așadar, cred că viața umană se bazează foarte mult pe afecțiune. Așa cum am spus de la început, principala mea preocupare este de a explica natura umană fundamentală fără a recurge la vreun sistem religios. Acum dumneavoastră, oamenii de știință, îmi furnizați și mai multe instrumente! Starea economiei moderne, precum și cea a mediului sau a populației reprezintă factori care ne reamintesc foarte bine că trebuie să fim ființe umane bune și că trebuie să cooperăm mai mult. În ultimele zile, am discutat mult despre celule. Se pare că fiecare individ este o celulă, nu-i așa? Această planetă este asemenea unui corp uman, iar într-un anumit sens fiecare dintre noi reprezintă o componentă mai puțin importantă a acestui corp. Fără coordonare, un corp individual nu se poate menține, nu poate fi sănătos, nu poate supraviețui. În mod asemănător, planeta poate fi considerată un corp uman, fiecare individ fiind asemenea unei celule. Uneori, anumite celule pot deveni foarte turbulente! Dar altele ajută la salvarea corpului. Acest fapt constituie o realitate, nu este o problemă metafizică.

Progresul științific este foarte dependent de mai mulți factori: economici, politici, sociali și așa mai departe. Pozițiile adoptate în domeniile științifice nu sunt independente. Cred că așa stau lucrurile. Când experții occidentali devin specialiști autentici, domeniul lor de interes e deja prea mic. Dacă sunteți pe deplin implicați într-un anumit domeniu, acest lucru se poate dovedi problematic. De asemenea, acest lucru capătă uneori o natură distructivă, pentru că nu puteți urmări relevanța sau consecințele negative pentru interesul general. Gândiți-vă la bomba cu neutroni, care omoară oamenii, dar nu și casele sau alte lucruri. Mai târziu, după ce se termină războiul, în acele case se pot instala alți oameni. Spre deosebire de această armă, altele nu doar că omoară oameni, ci produc și o mulțime de pagube, astfel încât după aceea oamenii trebuie să muncească din greu. Din acest punct de vedere, bomba cu neutroni este „mai bună“, dar ar fi și mai bine dacă am produce o armă care să nu omoare soldați nevinovați, ci să meargă direct la generalii sau la politicienii care iau deciziile! [*râsete*] Cred că ar fi cel mai bun lucru. Să nu mai existe necazuri pentru oamenii nevinovați – arma să acționeze asupra persoanei care a decis declanșarea războiului.

Vedeți, așadar, că dacă priviți numai dintr-un anumit unghi aceste realizări ale îngrozitoarei puteri distructive, ele pot fi considerate uimitoare. Apoi, pentru că produc și mai multe dezastre, mai multă durere și mai multă suferință, le considerăm negative. Iar asta are foarte mult de-a face cu sentimentele umane fundamentale.

Acestea reprezintă abordarea și convingerea mea. Toți indivizii, fie ei oameni de știință, practicanți ai unei religii, comuniști sau atei extremiști, sunt ființe umane. Toți sunt membri ai acestei comunități umane. Fiecare are responsabilitatea de a se preocupa de întreaga comunitate. Acesta nu este doar un principiu religios, ci are de-a face cu interesul fiecăruia. Nu facem asta nici pentru Dumnezeu, nici pentru Buddha, nici pentru vreo altă planetă, ci pentru planeta pe care trăim. Este în interesul nostru. Este foarte important să avem o astfel de perspectivă și o astfel de înțelegere. N-am nicio idee cum s-ar putea aplica acest lucru în domeniul medical. În principal, este vorba despre sistem, despre întreaga structură.

Uneori le dau oamenilor următorul exemplu: aceste degete ale mâinii sunt foarte folositoare. Chiar și un singur deget poate face ceva, dar indiferent cât de puternic ar fi degetul în sine, el nu poate funcționa fără mână. Orice domeniu – medical, religios sau științific – este lipsit de utilitate și chiar distructiv dacă nu reușește să rămână în legătură cu tema umanității fundamentale. Așadar, eu aș spune că trebuie să fie puse în legătură cu sentimentul uman primordial al afecțiunii. Astfel, toate aceste activități umane diferite devin constructive, nu-i așa?

Anexă

Despre Institutul Mind and Life

R. Adam Engle și Francisco J. Varela

Dialogurile Mind and Life dintre Sanctitatea Sa Dalai Lama și oamenii de știință occidentali au prins viață în urma colaborării dintre R. Adam Engle, un om de afaceri din America de Nord, și Francisco J. Varela, un neurocercetător născut în Chile, care a lucrat și a trăit la Paris. În 1984, Engle și Varela, care la acea vreme nu se cunoșteau, au avut, în mod independent, inițiativa de a crea o serie de întâlniri interculturale în care Sanctitatea Sa și oamenii de știință din Occident să poarte discuții amănunțite, de-a lungul mai multor zile.

După ce a frecventat Facultatea de Drept de la Harvard, Engle și-a început cariera la o firmă de avocatură din Beverly Hills specializată în industria divertismentului, fiind și membru al consiliului general al companiei GTE la Teheran. Spiritul său amator de inedit l-a făcut să-și petreacă un an de vacanță în Asia, unde a devenit fascinat de mănăstirile tibetane pe care le-a descoperit în Himalaya. În 1974, s-a întâlnit cu Lama Thubten Yeshe, unul dintre primii budiști tibetani care au predat în engleză, și a petrecut patru luni în mănăstirea Kopan, în Kathmandu. Întors în Statele Unite, Engle s-a stabilit în California, lângă Santa Cruz, unde Lama Yeshe și Lama Thubten Zopa Rinpoche aveau un centru de odihnă.

De la Lama Yeshe a aflat Engle de interesul deosebit pentru știință manifestat de Dalai Lama și de dorința Sanctității Sale de a-și adânci înțelegerea asupra științei occidentale și de a împărtăși propria concepție despre știința contemplativă orientală unor oameni de știință occidentali. Engle și-a dat seama imediat că acesta era un proiect care îi plăcea.

În toamna lui 1984, Engle, căruia i se alăturase în această aventură Michael Sautman, s-a întâlnit cu fratele mai mic al Sanctității Sale, Tenzin Choegyal (Ngari Rinpoche), la Los Angeles, prezentându-i acestuia planul unei întâlniri de o săptămână pentru discuții științifice interculturale, cu condiția ca Sanctitatea Sa să participe la această întâlnire. Rinpoche s-a arătat dispus să-i prezinte Sanctității Sale planul. În câteva zile, el a răspuns că Sanctitatea Sa dorește foarte mult să poarte discuții cu oamenii de știință și i-a împuternicit pe Engle și pe Sautman să organizeze întâlnirea. Astfel a început Choegyal să joace un rol important în ceea ce este astăzi Institutul Mind and Life.

Între timp, Varela, budist practicant din 1974, se cunoscuse cu Sanctitatea Sa la o întâlnire internațională din 1983, unde ținuse un discurs la Simpozionul despre Conștiință din Alpbach, unde s-au împrietenit imediat. Sanctitatea Sa era bucuros să discute cu un om de știință care se ocupa de creier și care înțelegea în bună măsură budismul tibetan, iar Varela a hotărât să caute modalități de a continua dialogul științific. În primăvara lui 1985, Joan Halifax, prietenă apropiată a acestuia și pe atunci directoare a Fundației Ojai, auzind de eforturile lui Engle și Sautman, a venit cu sugestia ca Engle, Sautman și Varela să lucreze împreună. Cei patru s-au întâlnit la Fundația Ojai, în octombrie 1985, și au decis să lucreze împreună. Ei au hotărât să se concentreze asupra disciplinelor științifice legate de minte și viață, care constituiau o interfață fructuoasă între știință și tradiția budistă. Așa au apărut numele primei întâlniri și, în cele din urmă, numele Institutul Mind and Life.

A fost nevoie de încă doi ani de muncă, în care Engle, Sautman și Varela au corespondat cu Biroul Personal al Sanctității

Sale înainte ca, în octombrie 1987, să aibă loc prima întâlnire, la Dharamsala, în India. În acest timp, Engle și Varela au colaborat îndeaproape pentru a găsi o structură utilă a acestor întâlniri. Engle și-a asumat rolul de coordonator general, având responsabilitatea de a strânge fonduri, iar Varela, în calitate de coordonator științific, și-a asumat responsabilitatea conținutului științific, invitarea oamenilor de știință și editarea unui volum despre întâlnire.

Această diviziune a responsabilităților a funcționat atât de bine, încât a continuat în toate întâlnirile ulterioare. Când a fost organizat formal Institutul Mind and Life, în 1990, Engle a devenit președinte și a fost coordonatorul general al tuturor întâlnirilor. Deși Varela nu a fost coordonatorul științific al tuturor întâlnirilor, el a rămas o forță călăuzitoare și cel mai apropiat partener al lui Engle, până la moartea sa, în 2001.

Trebuie spuse câteva cuvinte despre unicitatea acestei serii de conferințe. Se știe că punțile ce pot fi construite pentru a lega budismul de știința vieții moderne – și, în special, de neuroștiințe – sunt foarte greu de conceput. Varela și-a dat seama prima oară de asta atunci când a încercat să înființeze un program științific la Universitatea Naropa (fostă Institutul Naropa), o instituție pentru profesii liberale, creată de maestrul în meditație tibetan Chögyam Trungpa Rinpoche. În 1979, Naropa a primit finanțare de la Fundația Sloan pentru a organiza ceea ce a constituit, probabil, prima conferință de gen: „Abordări comparative ale cogniției în Occident și în budism". S-au adunat aproximativ 25 de reprezentanți ai unor importante instituții academice din America, specializați în diverse discipline: filozofie, științele cogniției (neuroștiințe, psihologie experimentală, lingvistică, inteligență artificială) și, desigur, studii budiste. Întâlnirea i-a dat o lecție greu de uitat lui Varela în ceea ce privește grija și diplomația cerute de organizarea unui dialog intercultural.

Astfel, în 1987, profitând de experiența căpătată cu Naropa și dorind să evite capcanele din trecut, Varela a militat pentru adoptarea câtorva principii operative, care au acționat deosebit de bine, transformând întâlnirile Mind and Life într-un extraordinar succes. Poate că cea mai importantă a fost decizia ca oamenii de știință să nu fie aleși doar după reputație, ci și după competența în domeniu și deschidere. Unele familiarizări cu budismul erau benefice, dar nu esențiale, atât timp cât oamenii de știință aveau un respect real pentru știința contemplativă orientală.

Apoi programa a fost ajustată pe măsură ce conversațiile cu Dalai Lama au clarificat nivelul științific la care trebuiau să se situeze discuțiile pentru ca Sanctitatea Sa să poată participa activ la ele. Pentru a fi asigurată participarea activă la întâlniri, acestea au fost structurate în așa fel încât dimineața să conțină prezentări ale oamenilor de știință occidentali. În acest fel, Sanctitatea Sa putea fi informat în privința chestiunilor de bază dintr-un anumit domeniu. Prezentarea de dimineață s-a bazat pe expunerea unui punct de vedere științific în mod general și nepartizan. Ședințele de după-amiază au fost dedicate discuțiilor care au decurs natural din prezentările de dimineață. În timpul acestor ședințe de discuții, prezentatorul de dimineață își putea exprima propriile opinii și evaluări, dacă acestea erau diferite de perspectivele general acceptate.

Problema traducerii din tibetană în engleză în cazul unei întâlniri științifice a constituit o încercare serioasă, dat fiind că a fost imposibil de găsit un vorbitor nativ de tibetană care să aibă fluență atât în ceea ce privește engleza, cât și în ceea ce privește știința. Problema a fost depășită prin alegerea a doi translatori minunați, un occidental cu pregătire științifică și un tibetan, care, în cadrul întâlnirilor, au fost plasați unul lângă celălalt. Acest lucru a permis o lămurire rapidă a termenilor, la fața locului, ceea ce este foarte important pentru depășirea neînțelegerilor inițiale dintre cele două tradiții. Thupten Jinpa este un călugăr tibetan care pe atunci învăța pentru a obține gradul de Geshe la mănăstirea Ganden Shartse, iar apoi pentru un doctorat în filozofie la Universitatea Cambridge. B. Alan Wallace, un fost călugăr în tradiția tibetană, este absolvent de fizică la Amherst și are un doctorat în religie la Universitatea Stanford. Ei au fost translatori la prima întâlnire Mind and Life, apoi au continuat și la întâlnirile următoare. La a cincea întâlnire Mind and Life, Wallace nu a fost disponibil, așa că rolul translatorului occidental l-a jucat José Cabezón.

Un ultim principiu care a sprijinit cu succes seria Mind and Life a fost cel conform căruia întâlnirile trebuiau să fie complet private – fără presă și fără prea mulți invitați. Acest lucru contrastează puternic cu întâlnirile din Occident, în care imaginea publică a lui Dalai Lama face imposibilă discuția relaxată și spon tană. Institutul Mind and Life deține în arhivă înregistrări video și audio, dar și transcrieri ale întâlnirilor, însă acestea au constituit un mediu protejat, propice explorării.

Primul dialog Mind and Life a avut loc în octombrie 1987, la reședința privată a lui Dalai Lama din Dharamsala. Varela era coordonator științific și a moderat întâlnirea, prezentând câteva teme generale ale științelor cogniției, incluzând metoda științifică, neurobiologia, psihologia cognitivă, inteligența artificială, dezvoltarea creierului și evoluția. Au mai asistat și Jeremy Hayward (fizică și filozofia științei), Robert Livingston (neuroștiințe și medicină), Eleanor Rosch (științele cogniției) și Newcomb Greenleaf (informatică).

Evenimentul a constituit un succes pe deplin recompensator, atât Sanctitatea Sa, cât și ceilalți participanți percepându-l ca pe o adevărată întâlnire a spiritelor, generatoare de progrese substanțiale în acoperirea intervalului dintre știință și budism. În concluzia întâlnirii, Dalai Lama ne-a încurajat să continuăm dialogurile din doi în doi ani, lucru pe care am fost bucuroși să-l punem în practică. Am transcris prima întâlnire Mind and Life, am editat transcrierea și am publicat-o cu titlul *Gentle Bridges: Conversations with the Dalai Lama on the Sciences of Mind* (Shambala Publications, 1992). Această carte a fost tradusă în franceză, spaniolă, germană, japoneză, chineză și italiană.

A doua întâlnire Mind and Life a avut loc în octombrie 1989, la Newport, în California. Coordonator științific a fost Robert Livingston, iar accentul a fost pus pe neuroștiințe. Au fost invitați Patricia S. Churchland (filozofia științei), J. Allan Hobson (somn și vise), Larry Squire (memorie), Antonio Damasio (neuroștiințe) și Lewis Judd (sănătate mintală). În timpul acestei întâlniri, Engle a fost trezit de telefon la trei dimineața, fiind anunțat că Dalai Lama a primit Premiul Nobel și că ambasadorul norvegian va veni să-l informeze personal de acest lucru în dimineața acelei zile la ora 8:00. După ce a primit știrea, Dalai Lama a participat la întâlnire conform programului, luându-și răgaz doar pentru a organiza o conferință de presă având ca subiect primirea premiului. Sinteza acestor discuții este disponibilă acum cu titlul *Consciousness at the Crossroads: Conversations with the Dalai Lama on Brain Science and Buddhism* (Snow Lion Publications, 1999).

A treia conferință Mind and Life a avut loc din nou la Dharamsala, în 1990. Deoarece au participat la primele două întâlniri, fiind și organizatori, Engle și Tenzin Geyche Tethong au recunoscut că cele ținute în India sunt mai fructuoase decât cele din Occident. Daniel Goleman (psihologie) a fost coordonatorul științific al celei de-a treia întâlniri, care s-a concentrat asupra relațiilor dintre emoții și sănătate. Printre participanți s-au numărat Daniel Brown (psihologie experimentală), Jon Kabat-Zinn (medicină), Cliff Saron (neuroștiințe), Lee Yearley (filozofie) și Francisco Varela (imunologie și neuroștiințe). Materialul sintetizat în urma acestei conferințe s-a constituit în volumul de față.

În timpul acestei conferințe a apărut o nouă arie de cercetări, mergându-se mult mai departe decât în cazul celorlalte conferințe, dar într-un mod care ar putea fi numit o extindere naturală. Cliff

Saron, Richard Davidson, Francisco Varela, Gregory Simpson și B. Alan Wallace au inițiat un proiect de cercetare pentru a studia efectele meditației asupra practicanților cu o experiență îndelungată. Lor le-a venit ideea să profite de bunăvoința și încrederea câștigate în comunitatea tibetană din Dharamsala, precum și de deschiderea Sanctității Sale față de această cercetare. A fost înființat Institutul Mind and Life, cu o primă finanțare primită de la Fundația familiei Hershey, iar președinte a fost încă de la început Engle. Institutul Fetzer a finanțat primele faze ale proiectului de cercetare. Un raport preliminar a fost înaintat Institutului Fetzer în 1994.

A patra conferință Mind and Life, „Somnul, visele și moartea", a avut loc în octombrie 1992, Varela fiind din nou coordonator științific. În afară de Varela și de Sanctitatea Sa, au mai fost invitați Charles Taylor (filozofie), Jerome Engel (medicină), Joan Halifax (antropologie; moarte și procesul morții), Jayne Gackenbach (psihologia viselor lucide) și Joyce McDougal (psihanaliză). Sinteza acestei conferințe este disponibilă acum cu titlul *Sleeping, Dreaming and Dying: An Exploration of Consciousness with the Dalai Lama* (Wisdom Publications, 1997).

A cincea conferință Mind and Life a avut loc în Dharamsala, în aprilie 1995. S-a intitulat „Altruism, etică și compasiune", iar coordonator științific a fost Richard Davidson. În afară de Davidson și de Sanctitatea Sa, au mai participat printre alții și Nancy Eisenberg (dezvoltarea copilului), Robert Frank (altruism în economie), Anne Harrington (istoria științei), Elliott Sober (filozofie) și Ervin Staub (psihologie și comportament de grup). Volumul care sintetizează întâlnirea este intitulat *Visions of Compassion: Western Scientists and Tibetan Buddhists Examine Human Nature* (Oxford University Press, 2002).

A șasea conferință Mind and Life a deschis o nouă arie de cercetare, dincolo de științele vieții. Întâlnirea a avut loc în octombrie 1997, avându-l pe Arthur Zajonc (fizică) în rol de coordonator.

Lui Zajonc și Sanctității Sale li s-au alăturat David Finkelstein (fizică), George Greenstein (astronomie), Piet Hut (astrofizică), Tu Weming (filozofie) și Anton Zeilinger (fizică cuantică). Volumul care a sintetizat întâlnirea se intitulează *The New Physics and Cosmology* (Oxford University Press, 2003) (*Noua fizică și cosmologie*, trad. de Dan Crăciun, Editura Tehnica, București, 2006).

Dialogul pe tema fizicii cuantice a continuat cu a șaptea întâlnire Mind and Life, care a avut loc în iunie 1998 la Institut für Experimentalphysik din Innsbruck, Austria, în laboratorul lui Anton Zeilinger. Au fost prezenți Sanctitatea Sa, Zeilinger, Zajonc și translatorii Thupten Jinpa și B. Alan Wallace. Întâlnirea a fost transcrisă pentru a constitui articolul de fond al ediției germane a revistei *Geo Magazine*, din ianuarie 1999.

A opta conferință Mind and Life s-a ținut în Dharamsala, în martie 2000, avându-l din nou pe Daniel Goleman în rol de coordonator științific, iar pe B. Alan Wallace în rol de coordonator filozofic. Subiectul a fost „Emoțiile distructive", iar participanții au fost venerabilul Matthieu Ricard (budism), Richard Davidson (neuroștiințe și psihologie), Francisco Varela (neuroștiințe), Paul Ekman (psihologie), Mark Greenberg (psihologie), Jeanne Tsai (psihologie), Bhikku Kusalacitto (budism) și Owen Flanagan (filozofie). Goleman a povestit această întâlnire în *Destructive Emotions: How Can We Overcome Them?** (Bantam Books, 2002).

A noua întâlnire Mind and Life a avut loc în 2001, la Universitatea Wisconsin din Madison, în cooperare cu Institutul de Cercetare a Emoțiilor și Sănătății și Centrul de Cercetare a Interacțiunilor Minte–Corp. Au participat Sanctitatea Sa, Richard Davidson, Antoine Lutz (în locul lui Francisco Varela, care era bolnav), Matthieu Ricard, Paul Ekman și Michael Merzenich

* Apărută la Curtea Veche Publishing cu titlul *Emoțiile distructive. Cum le putem depăși?*. (*N. red.*)

(neuroştiinţe). Această întâlnire de două zile s-a concentrat asupra celei mai eficiente utilizări a imagisticii prin rezonanţă magnetică funcţională, a electroencefalografiei şi a electromiografiei pentru studiul meditaţiei, percepţiei şi emoţiilor, dar şi asupra relaţiilor neuroplasticităţii cu practicile de meditaţie.

A zecea întâlnire, intitulată „Natura materiei, natura vieţii", a avut loc la Dharamsala, în octombrie 2002. Coordonator ştiinţific a fost Arthur Zajonc, iar participanţi au fost Sanctitatea Sa, Steven Chu (fizică), Stuart Kauffman (complexitate), Luigi Luisi (chimie şi biologie celulară), Ursula Goodenough (biologie evoluţionistă), Eric Lander (cercetare genomică), Michael Bitbol (filozofie) şi Matthieu Ricard (filozofie budistă).

A unsprezecea întâlnire Mind and Life a fost prima care s-a desfăşurat public. S-a ţinut la Boston, în 13–14 septembrie 2003, şi s-a intitulat „Investigarea minţii: schimburi de experienţă între budism şi ştiinţele biocomportamentale pe marginea modului de funcţionare a minţii". La acea întâlnire, 22 de oameni de ştiinţă de renume mondial s-au alăturat Sanctităţii Sale pentru a afla care este cea mai bună metodă de colaborare dintre budism şi ştiinţa modernă în domeniile atenţiei, controlului cognitiv, emoţiei şi imagisticii mintale. Pentru mai multe informaţii privitoare la această întâlnire, puteţi vizita MindandLife.org.

Începând din 2000, ca o prelungire a cercetărilor pornite în 1990, membrii Institutului Mind and Life s-au ocupat de cercetarea meditaţiei în laboratoarele de ştiinţă occidentale, cu deplina colaborare a adepţilor meditaţiei. Folosind rezonanţa magnetică funcţională, electroencefalografia şi electromiografia, aceste cercetări s-au desfăşurat la Centrul de Cercetare în Epistemologie Aplicată de la l'Ecole Polytechnique (CREA) din Paris, şi la universităţile Wisconsin, din Madison, şi Harvard. Măsurătorile expresiilor emoţionale şi ale psihofiziologiei autonome au fost efectuate la universităţile Berkeley şi California.

Dr. Paul Ekman, de la Universitatea California, San Francisco, a dezvoltat un proiect de cercetare numit „Cultivarea echilibrului emoțional". Acesta este primul proiect de cercetare pe scară largă și în mai multe etape întreprins de Institut, urmărind predarea și evaluarea impactului meditației asupra vieții emoționale a celor care încep această disciplină. Proiectul are două obiective principale. Primul constă în elaborarea și testarea unei programe care să-i învețe pe oameni să facă față emoțiilor distructive, bazată pe practicile contemplative budiste și pe cercetarea psihologică occidentală. Cel de-al doilea este evaluarea impactului programei asupra interacțiunilor dintre participanți și a vieților emoționale ale acestora. B. Alan Wallace a fost consilier pentru elaborarea acestui proiect și apoi a predat meditația. Ekman a cooptat-o pe Margaret Kemeny pentru a dirija desfășurarea proiectului, iar el a supravegheat activitatea. Institutul Fetzer și Dalai Lama au furnizat sprijinul inițial pentru acest proiect.

Institutul Mind and Life
Lafayette Drive 2805
Boulder, Colorado
80305

MindandLife.org

Despre participanți

Dr. Francisco Varela (1946–2001) a fost director de cercetare la Centre National de la Recherche Scientifique (CNRS) din Paris. A scris multe articole științifice și unsprezece cărți, printre care și *Embodied Mind*.

Dr. Clifford Saron este psiholog la Albert Einstein Medical School din New York.

Dr. Richard Davidson este directorul Laboratory for the Affective Neuroscience la Universitatea Wisconsin.

Dr. Daniel Brown este profesor asistent de psihologie la Facultatea de Medicină de la Harvard. A scris opt cărți și a cercetat tradițiile legate de meditație timp de 25 de ani.

Dr. Lee Yearley este profesor de religie la Universitatea Stanford. Este autorul cărții *Mencius and Aquinas: Theories and Conceptions of Courage*.

Dr. Daniel Goleman este colaborator științific al *The New York Times* și autorul cărții *Emotional Intelligence**.

Sharon Salzberg este profesor la Insight Meditation Society din Barre, Massachusetts. Este autoarea cărții *Lovingkindness: The Revolutionary Art of Happiness*.

Dr. Jon Kabat-Zinn este director la the Stress Reduction and Relaxation Program la Universitatea Massachusetts. Este autorul cărții *Wherever You Go, There You Are*.

* Apărută la Curtea Veche Publishing cu titlul *Inteligența emoțională*. (*N. red.*)

Indice

A

abuz sexual 113
activitatea cerebrală
conștiința și 101–102, 240, 241
emoțiile și 114–115, 241
sistemul imunitar și 110
măsurarea 94–95, 247–248, 269
și stările meditative 268–269
și temperament 98–99
Adler, Robert 77
adevăr
limbaj pentru 6
știință și 258
afecțiune (umană) 48, 276–278, 280
agresiune 218
„al doilea creier" 69, 70–72, 87
altruism 231, 276
al doctorilor 275
la animale 45
și etică 37
amăgire 87
amigdala 100–102
anatman 135
animale
altruism la 45
comparate cu oamenii 62, 116, 193, 242–244
anticorpi 71–72, 73
experimente cu 86
viziune clasică 75–77
antidot 226
anxietate 153–155
anticipativă 115
chestionarul pentru măsurarea anxietății somato-cognitive 153
în societatea înstărită 212
percepție vizuală și 250
și programul de reducere a stresului 160–161, 163
apatie 194, 229
d'Aquino, Toma 43, 191, 192–195, 196
Aristotel 43
arme de distrugere 208–210
armonia corpului 112, 152–153, 159–160
artrită 225
Aryadeva 202
asimetrie (a creierului) 97

astm 113, 115, 187–188
atașament
ca perturbare mintală 103–104, 198
compasiune și 40, 111
furie stârnită de 201–202
lipsă de 147, 148
autocentralitate 222–223
automonitorizare
în cefalee 177–178
în medicina comportamentală 172–175
în terapia astmului 187–188
avariție 194
aversiune 90, 213, 269

B

Barefoot, John 53
Benson, Herbert 58
bindhu 261
boală autoimună
ca iluzie a corpului 87
experimente cu 77–78
lupus 86, 157–158
medicina comportamentală și 114
natura mortală a 85–87, 209
boală coronariană 156
Bodhisattva
etică 204, 206
și sinele 223, 229, 230
Bohm, David 170
boli de inimă
depresie și 55–56
furie și 53–55
medicină comportamentală și 151–153
recuperare 225
reducere a 141
boli pulmonare 166
Buddha
emoții 104
învățăturile lui 140, 202, 256
uciderea lui Devadatta 202
Buddhadharma 52, 137
budism Mahayana 256
budism
accesibilitate pentru nonbudiști 137–138, 152–153, 232
compasiune pentru ignoranță 125–127
conștiența corpului 84, 87
conștiință 239–240, 260–261, 266
în Tibet 20, 41, 123
karma 36, 127, 197–199, 205
sistemul Abhidharma 56, 57, 199
sistemul Prasangika 111, 198, 252
starea de liniște 109–111
stări spirituale afectate 103, 110–111
și știință 23, 256–258, 264
virtuți și vicii în 197–199
bunătate iubitoare (*metta*)
ca stare emoțională benefică 53, 63

comparată cu caritatea
creștină 196
în terapia aprecierii de sine
216–217, 219

C

canale (*tsa*) 260, 261, 263
catecolamine 177, 183
cefalee
învățare viscerală și 182–185
medicina comportamentală
și 113, 175–180
migrene și 176
stres și 117
celule
boli autoimune și 87–88
indivizi analogi 278–279
nervoase 94
receptori 70–72
Churchill, Winston 208
ciclul de răspuns la stres 176,
182
circulația sangvină
control asupra 180–181
și cefalee 175–176
și hipertensiune 185
și stres 117
clarviziune 257
compasiune
cultivare a 275–276
furie și 200, 201–202
în etica budistă 35–37, 39–41,
42
în etica occidentală 28, 32–33,
38–39, 42
în practica mindfulness 147
la animale 46–48, 242
la medici 168–169, 275
la victimele traumelor
125–127
natura umană și 36–37,
48–49, 277
perturbări mintale și 110,
197–199
stres și 161
și inegalitate 40, 41
conferințele Mind and Life 17,
18–20, 255
conștiență
a alimentației 154–155
a corpului 83, 87, 149–151
a respirației 151
a viețilo anterioare 257–258
apariție a 242–243
emoțiile și 244–245, 268–269
îmbunătățită 262–264
în meditația *vipassana* 136,
154, 268
natura oscilantă a 245
conștiența fericită 109
„conștiență intrinsecă“ (*Rigpa*)
240
conștiință
activitate cerebrală
preconștientă 101, 107
comparare a viziunilor
budistă și occidentală 239
energie și 262–265
în budismul tibetan 262–264,
266

niveluri subtile ale 23, 240–241, 244, 257, 264
percepție senzorială și 251–254
cortexul cerebral 89, 90, 101, 214
credință 196–197
creștinism
american 195–196
natura umană în 49
nedreptate și 32
ortodox 235
virtuți și vicii în 192–195
cunoaștere
a sistemului imunitar 74–77
fără emoții 107
sems 240
și emoție 90, 105–106, 245–246, 247
curaj 192, 195

D

Darwin, Charles 92
Davidson, Richard 89, 247
de Boulogne, Duchenne 96
depresie
practica mindfulness și 161, 166
respect de sine și 217, 234
studii clinice asupra 55–57
și emoții 52, 97–98
disperare 228, 232
dispreț
expresii culturale ale 215
față de sine 224
Dumnezeu
ca judecător 221
etică fără 34, 280
și religie 45–46
viziuni creștine 195–196
durere
ciclul de răspuns la stres și 176
medicină comportamentală și 114, 172, 184
pacienții și 163–165

E

Ehrlich, Paul 76
Ekman, Paul 91–92, 93, 107, 216
electroencefalogramă 65, 94, 98, 100
electromiograf 180
emisfera dreaptă
comportament de retragere și 91
depresia și 97–98
emoțiile și 89, 95, 103, 110
la copii 95–96, 98–99
procesarea informațiilor 247–248
temperament și 99–100
emisfera stângă
amigdala și 101
la copii 95–96, 99

procesul de informare
247–248
sentimente pozitive și 89–90,
91
temperament și 99–100
emoții
componente ale 106
definiția 90, 107–109
discrete 91
nesănătoase 99–100, 107, 110
părți ale corpului și 149–151
sănătoase 58–64, 99–100,
107, 110
suferință emoțională 151
termeni budiști pentru 103,
108–109
empatie 169
energie (*lung* sau *prana*) 260
în procesul morții 265–268
conștiență îmbunătățită și
262, 264
Engle, Adam 18
ereditate 52
etică
biologia ca fundament al 88
budistă 42, 44, 202–207
compasiune și 35–41
cultură și 41–46
fundament nereligios pentru
33–35, 39, 46, 64, 274
fundament universal al
46–50, 279–280
occidentală 28, 39–40,
42–43, 44
virtute și 27
existență
ciclu al 127
trei indicatori ai 135, 136
expresie facială
cultură și 215
emoții și 90
la copiii nou-născuți 95
studii ale 91–92, 93, 107

F

familie 48, 277–278
fericire
ca emoție 90, 91, 215
dorința de 197, 221–223
efect pozitiv al 53, 62–63
mulțumire de sine și 217
natură umană și 276
și activitate cerebrală 89, 97,
99–100
Fox, Nathan 96
Friedman, Howard 57
furie
aspecte culturale ale 215
ca viciu creștin 193
natură afectivă a 48, 52
orientată către sine 216–218,
224
studii clinice asupra 52,
54–55
și cefalee 179
și reducerea stresului 161, 163
viziune budistă 103–104,
111, 199, 200–201
viziune psihologică 91, 215

G

gândire (gânduri)
  anterioare cefaleelor 183–184
  meditație și 133, 134, 135, 152, 168
  odihnă și 110
  respect de sine scăzut și 225
Goleman, Daniel 153
Guhyasamāja-tantra 150

H

hatha yoga 153
hipertensiune 113, 164, 185–187
hipnoză 112, 174

I

iluminare 40
imunologie 74, 76, 86
imunotransmițători 79
individualism 27, 28–29, 31, 42, 203
insomnie 173–174
invidie 193
iubire
  descoperire a 227–228
  iubire de sine 227
  prețuire și 233–233

Î

îndoială 105
înțelepciune
  a corpului și a minții 85–85, 139
  antrenarea mindfulness 142, 147
  ca virtute creștină 195
  viziune budistă 36–38, 136

J

Jackson, John Hughlings 91
James, William 136, 263
jurnal 172, 177–178, 185

K

Kalachakra-tantra 262
Kant, Immanuel 31, 38n, 43–44
Keller, Helen 222
Kuhn, Thomas 255

L

Lama Vairochana 20
lăcomie 192–193
LeDoux, Joseph 101
letargie 120, 124
libertate
  în etică 34–35
  și compasiune 32–33, 110
Locke, John 38n
lupus 86, 157

M

mantra
  în psihoterapie 225–226
  în *samatha* 136
mâhnire 247
mândrie 103, 105, 194
McClelland, David 63, 163
medici
  compasiune la 169, 275

stres la 168–170
medicină
budistă 264, 275
imunologie și 86
și „meditație“ 169
psihosomatică 114
medicină comportamentală
112–114
astmul și 187
bolile de inimă și 152
cefaleele și 175–180
hipertensiune și 159, 164
medicină tehnologică și 143
tratamente 171–173
meditație
activitate cerebrală în timpul
268–269
conștiență și 245
în beneficiul sănătății 58, 112
în terapia relaxării 174
în tradiția budistă 20, 240,
260
perspectivă incompletă
asupra 137–138
efecte medicale ale 160–163
în Occident 131
principii predate în 145–149
respect de sine scăzut și 218,
224
utilizări clinice 137–142,
165–168
meditație la masă 154–155
meditație stând așezat 150,
152
miastenia gravis 67, 78, 86
mintea începătorului 145–149
moderația 195

N

natura de Buddha 228, 229, 240
natură umană 47–50, 216, 276
neocortex 101
neuroni 70–71, 76, 79, 82, 83
neuroștiințe 80, 108, 243

O

ochi 251–252
odihnă
starea de liniște și 109
stres și 217
optimism 53, 58–60

P

panică 165
perturbări mintale (*kleshas*)
103, 110
cunoaștere și 108
echilibru și 110
karma și 197–199
obiect al furiei 202
picături (*bindhu*) 261
poziția lotusului 149
practica mindfulness
Pratyekabuddhas 231
prețuire 225, 226, 227
procesarea informației
247–251
psihoterapie
și respect de sine 223,
225–228
victime ale traumelor și
121–122
psoriazis 166–167

R

rațiune 29, 30
răbdare 145–146
răspuns biologic
în anumite terapii 174, 180, 188
obținerea calmului 59
și medicina comportamentală 112
rău 48–50, 199
reacție „luptă sau fugi“ 112, 116, 156
realizare tantrică 262
receptori (celule) 71, 76, 77, 79
recitarea Vajra 150
reflexe 73, 253–254
reflexe de salvare 73–74
relativitate (etică) 43
religie
fundament pentru 46–50
etică și 21, 29, 34–35, 45–46, 274
victimele traumelor și 124–127
respect de sine
creștere a 225
depresie și 234
în cultura tibetană 211–212
în Occident 218–224, 228–229, 233–236
terapii pentru 218–224
respirație
conștiență a 149, 150
exerciții 183, 185, 188
în procesul morții 265–266
și meditație 133, 136, 165, 168, 268
și terapia relaxării 174
și *samatha* 136
rușine 215
rutină 119

S

samadhi 261, 263
samatha 136, 268
samsara 127
scanarea corpului 149–150, 153
scepticism 103
schizofrenici 258
Schwartz, Gary 57
sentimente
a fi deconectat de la 138
dificultate de măsurare a 108
la oamenii paralizați 106–107
și „emoții“ 103, 108
senzații
emoții și 90
practica mindfulness și 132, 149, 151, 152
și sistemul imunitar 84–85
sexualitate 192, 277
Shantideva 198
Srāvaka 231
simplitate 140
simțuri 240, 262
sindrom de stres posttraumatic 113, 124, 126–127
sinucidere 169, 205

sistem Abhidharma
absență a fricii 199–200
ignoranță 57
neliniște 56
sistem imunitar
activitate cerebrală și 100, 102, 110
ca „al doilea creier" 69, 70–72, 87
comparație cu sistemul nervos 71–72, 75–77
comunicare în 75
efect al stărilor spirituale 52–53, 56–58
fundament al sistemului etic 51–52
măsurare a 64
moartea și 265–266
periferic și central 75–77
senzații corporale și 83
sistemul Madhyamika Prasangika 111, 198, 252
sistemul Prasangika
percepție vizuală 252
perturbări mintale 110–111, 198
somatizare 161, 163
speranță 196
Spiegel, David 61
stare de spirit 246
stânjeneală 215
suferință
ca oportunitate spirituală 123–125
compasiune și 35, 41, 198
eliberarea de 197
karma și 127
viziuni occidentale ale 34

T

tăcere 145
temperament 98–100
terapie cognitivă 225–228
în medicina comportamentală 172, 174–175
respect de sine scăzut și 232–233
terapie prin relaxare 58–59, 172, 174, 188
program de relaxare 139, 140, 142–143, 155
de Tocqueville, Alexis 220
tortură 122–127
tristețe 55, 91, 215

U

ucidere
justificație pentru 202–203
sinucidere 205–207

V

Vajrayana 263
vanitate 193
vină 215, 217, 235
violență
evitare a 204
în Vinaya 203–204
la zeități mânioase 200–201

și respect de sine scăzut 218–220
viziune limpede 138, 148–149
vizualizare
a emoțiilor negative 201
compararea practicilor budiste cu cele nonbudiste 150
în medicina comportamentală 183–184, 188
în tratamentul psoriazisului 166–167
și etica occidentală 38–39
și victimele traumelor 122–123
vorbire
procesarea informației 247–248
realizarea tantrică și 262–263
vulnerabilitate 195

W

Williams, Redford 53

Y

yoga 152–154

Z

zaharide 176